献给我的父母

批 判 法 学
——一个自由主义的批评

CRITICAL LEGAL STUDIES:
A LIBERAL CRITIQUE

《美国法律文库》编委会

编委会主任 江 平

编委会成员（按姓氏笔画排列）

方流芳 邓正来 江 平 朱苏力
吴志攀 何家弘 张志铭 杨志渊
李传敢 贺卫方 梁治平

执行编委

张 越 彭 江

美国法律文库

THE AMERICAN LAW LIBRARY

批 判 法 学
—— 一个自由主义的批评

CRITICAL LEGAL STUDIES:
A LIBERAL CRITIQUE

安德鲁·奥尔特曼　著

Andrew Altman

信春鹰　杨晓锋　译

中国政法大学出版社

批 判 法 学
——一个自由主义的批评

CRITICAL LEGAL STUDIES:
A Liberal Critique
by Andrew Altman

Copyright © 1990 by Princeton University Press
All Rights Reserved

No part of this book may be reproduced or transmitted in any form or by any means, electronic or mechanical, including photocopying, recording or by any information storage and retrieval system, without permission in writing from the Publisher.

本书的翻译出版由美国驻华大使馆新闻文化处资助
中文版版权属中国政法大学出版社，2006年
版权登记号：图字01-2007-0835号

出版说明

"美国法律文库"系根据中华人民共和国主席江泽民在 1997 年 10 月访美期间与美国总统克林顿达成的"中美元首法治计划"（Presidential Rule of Law Initiative），由美国新闻署策划主办、中国政法大学出版社翻译出版的一大型法律图书翻译项目。"文库"所选书目均以能够体现美国法律教育的基本模式以及法学理论研究的最高水平为标准，计划书目约上百种，既包括经典法学教科书，也包括经典法学专著。他山之石，可以攻玉，相信"文库"的出版不仅有助于促进中美文化交流，亦将为建立和完善中国的法治体系提供重要的理论借鉴。

美国法律文库编委会

2001 年 3 月

致　谢

本书的写作得益于很多个人和机构的帮助。如果我没有参加 1983 年由国家人文科学基金为大学教师所主办的夏季讨论会，就不可能有这本书。在威斯康星—麦迪逊大学，由乔尔·格罗斯曼（Joel Grossman）作指导，本次讨论会集中关注于法院在美国社会中的角色。就是在那里，我第一次开始了解批判法学，并开始逐步理解法律和法律制度，这种理解使我感到需要写一本法律哲学方面的书。那个夏季，我也十分幸运地遇到了戴维·特鲁贝克（David Trubek），后来他和邓肯·肯尼迪（Duncan Kennedy）一道，帮助我获得了哈佛法学院 1984～1985 学年文科方面的一项奖学金。我用一年的时间学习了许多有关批判法学研究、法哲学以及美国的法律原则（legal doctrine）* 的知识。我很感激哈罗德·伯曼（Harold Berman）、刘易斯·萨金特士（Lewis Sargentich）、莫顿·霍维茨（Morton Horwitz）、邓肯·肯尼迪以及弗兰克·米歇尔曼（Frank Michelman），感谢他们和我讨论了他们对法律和哲学的思想；感谢约翰·杜威基金会为我在该年度提供的慷慨的财政资助。

乔治·华盛顿大学为我的研究和写作十分慷慨地提供了时

---

* doctrine 可以译为原理、原则、教义、学说、理论等，运用得比较混乱。法律界普遍译为原则，作者在本书中频繁运用 doctrine 和 principle，而且多次在同一个段落中运用这两个词，二者应有所区别。为了行文方便和尊重学界惯例，暂都译为原则，在同一个段落都出现二者的时候，前者译为理论或者学说，后者译为原则。——译者注

间和资金方面的支持。学校在1987年和1988年的夏季为我提供了研究资助,还为我提供了1988年秋季的公休假。所有这些都极大地促进了研究和写作的进度。

杰弗里·利(Jeffrey Lea)技术熟练地打印了本书前三章的初稿。凯瑟琳·费德曼(Kathryn Fadem)出色地帮助我完成了手稿的最后准备工作。马克·图什内特(Mark Tushnet)、弗雷德·凯洛格(Fred Kellogg)、保罗·肖勒迈耶(Paul Schollmeier)以及罗伯特·帕克(Robert Park)阅读了某些章节的最初版本,提出了有益的评论。要特别感谢的是约翰·费勒斯(John Fellas),他是我在哈佛大学那一年最先认识的朋友,之后他不断地激励我写作,是我思想的一个不竭源泉。约翰仔细地通读了初稿并且详尽地和我讨论了手稿内容。在他的帮助下,这部作品最终才有了实质性改进。

序　言

在过去的 10 年间，一批法律学者创造了一个重要的思想体系，这个思想体系对当代西方法律和政治思想最为珍视的某些理想提出了挑战。这个思想体系是法学学术中被称为批判法学（此后称为 CLS）这一潮流的组成部分。该运动的主要理论目标是对自由主义法律哲学和政治哲学进行一个批判，批判的焦点集中于法治的概念。批判法学的学者们认为，自由主义所接受的法治实际上与自由主义政治思想中其他非常重要的原则不相容。因此，他们指责自由主义在逻辑上是不一致的，这种不一致性必然涉及到自由主义对法治理念的承诺。批判法学的研究学者也认为，法治在当代自由主义国家中并不存在，因为这些国家的法律原则充斥着诸多的矛盾和不一致。此外，一些批判法学研究者主张，法治根本不可能服务于自由主义理论所信奉的目标。法律不可能完成自由主义的任务，即限制权力，保护民众免受不宽容和压迫。因此，即使法治确实存在，它也不能实现自由主义的这些目标。

本书对批判法学的这些立场做了一番审慎的考察。本书通过揭露批判法学主要论点的缺点和局限性，维护了自由主义的理想。我对批判法学批评的一个重要部分基于这样一种观念，即批判法学著作中存在两股难以相容的思想——一种是激进的，一种是较为温和的。激进派的理论建立在语言和社会现实

IV 批判法学

这些站不住脚的概念基础上。温和派的理论建立在大体上站得住脚的概念之上,但是从这些观念出发,根本就得不出任何显著地损害自由主义核心要素的结论。尽管批判法学存在这些严重的缺陷,但是,正视批判法学的思想将会为自由主义思想提供有价值的贡献:它有助于为自由主义的核心主旨、基本假设、关键论点以及它的局限提供更加清晰、更加有力的解释。

在第一章概述了批判法学与自由主义之间的论辩之后,第二章展示了自由主义法律哲学和政治哲学的基本原则。本章有两个主要目标:描述法治观念的一种解释,并把法治观念的角色定位在自由主义政治哲学这一更为宽广的语境中。在致力于上述目标的过程中,本章还考察并力图解决当代自由主义法律哲学内部中的一个核心论辩:德沃金和哈特之间的辩论。本章把这一辩论解释为基于相互竞争的法治概念的论辩。通过考察这一论辩,本书阐述了自由主义所描述的法治概念,这一法治概念对哈特和德沃金著作中的某些不足之处作了某些补救。

本书第三章开始详细考察批判法学对自由主义的抨击,审查了批判法学的命题,即法治原则与自由主义政治哲学的其他核心原则不相容。该章展示并批判了批判法学著作中对这一命题的三种主要论证思路。这三种思路中,有两种属于批判法学思想中温和派理论的组成部分;另外一种则属于激进派理论的组成部分。我认为温和派的观点不能颠覆自由主义,因为它们犯了结论不合逻辑的错误,并且混淆了自由主义许多主张的含义。在批判法学著作中,对自由主义的主张——国家应该在"善"(good)的问题上保持中立——的含义,特别普遍地存在混乱。为了解开这些混淆的纠结,我把自由主义的中立区分为四种类型,并且证明了当人们记住这些区分时,自由主义理论这些表面上的不一致性是如何消失的。另外,我认为,批判法学观点中的激进派的思路建立在一个不连贯、站不住脚的语言含义概念基础之上,我辩护了另外一种思路,这一思路与自由主义原则是一致的。

第四章致力于研究批判法学的指责,即诸如美国、加拿大等自由主义国家的法律原则充斥着矛盾和不一致性。在批判法学的著作中,该指责与这一假设相连,即自由主义所理解的法治与法律原则中存在的矛盾和不一致性现象不相容。批判法学的思想家们因此得出结论说,实际存在的自由主义法律与自由主义所信奉的法治之间有着致命的不相容性。

在第四章中,我区分了三种与原则性矛盾有关的命题,并审查了每一个命题的观点。第一个命题认为,法律原则就是那些源自于明显不相容的伦理观点的诸多规范的一个拼凑物。本书批判了拼凑命题的主要论证思路,因为它依据的是一个错误的观点,而这个观点认为法律原则和支持法律原则的伦理观点之间存在逻辑联系。此外,批判法学拼凑命题的推理把历史描述的法律发展同理性重构的法律发展混淆了。

第二个命题认为,法律原则的结构可以以根本不同的方式展示出来,从而对具体的法律案件导致相互冲突的结果。在批判法学的著作中,可以看到这种命题的两种解释版本——一种与批判法学的激进派相联系,一种与批判法学的温和派相联系。激进派的说法认为,法律原则的结构,实际上,在旁观者

VI 批判法学

看来，在任何意义上都根本不存在客观的法律结构。我认为，依据激进派的解释，该命题以极其靠不住的社会本体论为依据。对这一社会本体论的详尽而又严格的审查留给了本书的最后一章。温和派的说法尽管承认存在客观的法律结构，但他们却主张，随着时间的推移，那些试图将法律中目前仅有微弱意义的原则的范围扩展开来的律师们（lawyers）可以彻底改变法律结构。尽管根据温和派的解释，这一命题是可接受的，也是十分重要的，但我想证明，该命题也与自由主义的思想完全一致。

第三个命题认为，那些支撑法律规则的原则并不能始终如一地适用于所有他们主张有道德权威的案件；这些原则被剪裁，因而未能适用于这些原则的提倡者们愿意由其行使管辖权的范围。我主张，剪裁命题是合理的、重要的，正如其被适用于英国和美国的法律原则所表明的那样，但是这并不能证明自由主义所理解的法治与该命题的合理有效之间存在不相容之处。实际上，自由主义国家的道德多元化特征促使人们期待剪裁命题精确地描绘自由主义国家的法律原则。剪裁是妥协和调和过程的结果，而妥协和调和对于自由主义政治秩序运转来说是必不可少的。

第五章，也就是本书的最后一章，考察了批判法学关于法律不能实现限制权力、保护民众免受不宽容和压迫这一自由主义目的的主张。该主张依据的是一个有关社会现实本体论的观点，而这一观点以社会结构没有客观存在性这一观念为主要内容。本章表明，这一观念是前两章所考察的激进观点的基础。我批判了这一观念以及与它相关的本体论，论证了社会结构是客观的含义，并解释了法律是如何限制权力的。此阶段的论证完成了对批判法学著作中激进观点的批判。另外，本章的研究证明批判法学著作中还有一个更加温和的社会本体论观点，然而，这一观点实际上是拥护自由主义关于法律能够有效地限制权力，保护民众的主张。我在此阶段的论证也完成了证明批判法学中温和派的观点与自由主义的观点相容的任务。

本书最后一章所提出的问题揭示了自由主义依赖法律来保护民众免受不宽容和压迫的局限性。自由主义思想家们时常夸大法律限制权力从而保护民众的能力，与此相似，他们低估了法律需要从其他的文化实践和制度当中获取支持的程度。批判法学的思想家们不止一次地指出当法律被用来保护民众的时候，它并没有实现这一目的。然而，我主张，自由主义能够接受批判法学的这些建议。它必须是这样一种形式的自由主义：它承认，在众多的用来塑造我们生活的道德品质的文化制度中，法律只是其中的一员。然而，即使是这样的自由主义，它仍然可以坚定地坚持，对于保护民众免受不宽容和压迫的邪恶之任务，法律可以作出一个重要的贡献。

凡是读过此书的人都不应该产生这样的想法：该书已经详尽无遗地介绍了批判法学。本书主要是从近几十年来占据英美法律哲学问题的视角对批判法学进行了考察。毫无疑问，还可以从其他的观点对批判法学进行富有成果的探讨：社会科学的、法律的以及其他的哲学方法。读者不应期待这本书对批判法学的每一个重要方面都做了考察。然而，读者应当期待从中找到对批判法学的哲学意义的一个清晰而又系统的介绍，以及找到对批判法学有关自由主义的主要抨击的一些反驳，这些反驳即使不是结论性的，也是强有力的。

/目录/

I 致谢
Ⅲ 序言

第一章 批判法学对阵自由主义
1 上场队员
4 法治
10 批判法学的抨击
14 被指责为极权主义
17 批判法学内部的冲突

第二章 自由主义和合法性
21 法治：一个自由主义的普遍模式
28 普遍模式的一个问题
33 哈特：法律和社会规则
38 德沃金：最为健全的法律理论？
41 对德沃金和哈特的评价
58 法治的解构？

第三章　自由主义法治的可能性

- 66
- 68　昂格尔：自由主义的矛盾
- 78　权利与善的区分
- 86　自由主义的中立性：四种形式
- 92　重新审视批判法学的抨击
- 94　法律的中立性和法律—政治的区分
- 109　极端不确定性
- 119　权力、中立性和法条主义
- 124　小结

第四章　法律中的矛盾

- 126
- 129　形式和实质：肯尼迪论私法
- 143　拼凑命题
- 159　鸭子—兔子命题
- 171　剪裁命题
- 182　小结

第五章　法律和社会现实

- 183
- 183　规则和社会现实
- 192　昂格尔：作为一个人类产品的社会
- 203　极端理论对阵超级理论
- 224　法律的结构
- 228　法律和政治
- 231　基本矛盾
- 235　抽象概念和法律
- 243　作为保护者的法律

索　引

- 251

第一章

批判法学对阵自由主义

上场队员

本书描述了当代法律思想舞台上两个队员之间的持续交战：批判法学（CLS）与自由主义（liberalism）。队员们是对手。这种对抗如此之深，以至于一方很少情愿在那些把他们划分开来的最为深刻的问题上与另一方进行一番严肃而又持续的辩论。因此，罗纳德·德沃金（Ronald Dworkin），可能是当代自由主义法律理论的最重要人物，曾宣称批判法学的主要论点"迄今为止一直蔚为壮观，但却避免不了尴尬的失败"。[1] 因此，德沃金在近期两本多达800多页的著作中，仅为批判法学奉献了几页纸的篇幅，这也就不足为奇了。

批判法学的理论家们也从未慷慨地评价过德沃金及他的自由主

---

[1] Ronald Dworkin, *Law's Empire* (Cambridge: Harvard University Press, 1986), p. 274.

义同僚。伊丽莎白·曼赛奇（Elizabeth Mensch）仅用一个脚注中的几行字就打发了德沃金和约翰·罗尔斯（John Rawls）。对于后者，曼赛奇写到，他"多少有点离奇古怪，只不过复活了17世纪的社会契约理论以努力使自由主义的思想普遍化罢了"。几行字之后，德沃金被这样的断言所处置，即他"只不过是在含蓄地依靠自然法理论和依赖司法传统的内在合法性之间摇摆而已。"[2]艾伦·弗里曼（Alan Freeman）和约翰·施莱格尔（John Schlegel）以同样的语调来描写自由主义理论家，他们用不到半页的法律评论就打发了罗尔斯、阿克曼（Ackerman）和洛克（Locke）。[3] 在如此这般地处置自由主义的主要代言人之后，批判法学与自由主义传统一直没有进行过严肃的辩论，这也就不奇怪了。[4]

因此，一般来说，自由主义理论家和他们的批判法学的批评家对彼此的著作一直都不屑一顾。当然也有某些例外。在自由主义方

---

[2] Elizabeth Mensch, "The History of Mainstream Legal Thought," in *The Politics of Law*, ed. D. Kairys (New York: Pantheon Books, 1982), pp. 18~19.

[3] Alan Freeman and John Schlegel, "Sex, Power, and Silliness: An Essay on Ackerman's Reconstructing American Law," *Cardozo Law Review* 6 (1985): 855.

[4] 在马克·图什内特近来对宪法性法律进行批判法学式的批评中，表面上出现了令人困惑的、与批判法学对自由主义理论的通常态度有别的分歧。一提到自由主义传统，图什内特写道："对于传统中内在固有的问题，绝大多数的、自成体系的政治思想家们比起那些我即将描述的人们有着更加精细的理解。"他继续使用"业余的政治理论"这一措词来描述这样一类的自由主义，而这正是他批判性论述的焦点。Tushnet, *Red, White, and Blue: A Critical Analysis of Constitutional Law* (Cambridge: Harvard University Press, 1988), p. 5 n. 9; see also p. 13 n. 35.

假如图什内特想对有关自由主义的理论争辩有所贡献，那么这些评论就有些让人困惑了。因为人们可能期望的是：批判法学对自由主义思想的批评应当令人心悦诚服，它所可能对付的对手应该是最为成熟老练的并能够自成体系的辩护者，而不是一个业余爱好者。当然在很大程度上，图什内特的工作是历史性的，他的目标就是分析那些最能广为人们所接受的自由主义观念的说法，而不是去分析哲学上最为强劲有力的说法。然而，这一工作并不完全是历史性的，并且它的确力图对批判法学与自由主义之间的理论辩论有所贡献。

面,劳伦斯·索勒姆(Lawrence Solum)和约翰·斯蒂克(John Stick)就写过很有启发性的文章,他们认真地对待批判法学的观点并将批判法学的批评视为很有思想性的批判。[5]在批判法学这一方面,罗伯特·昂格尔(Roberto Unger)为了把越来越多的自由主义观念吸收到他的思想中来,多年来一直对自己的观点进行重大修正。[6]然而,实际情况依然是这样的:在法律哲学和政治哲学著作中,对于那些将这两派划分开来的最为深刻的问题上,许多著作并没有展

我相信图什内特有关自由主义观点的业余爱好者地位的评论(该自由主义观念的业余爱好者地位是他批判性论述关注的焦点)源自于这样一种认识:他还必须要说服其他大多数的批判法学的作者们。这一认识就是,自由主义的图像(这也是批判法学实施抨击的基础)并没有公正地对待自由主义的大多数成熟老练的理论家们所倡导的观点。这一认识,正如我在后面的章节里所表明的那样,确实是对的。但是,图什内特却没有采取下面的逻辑步骤,即由于批判法学未能对付最为成熟老练的自由主义理论家,因而就应该公开承认它对自由主义的抨击很有问题。与此相反,他却坚决主张,对自由主义传统的业余爱好者地位的抨击是成功的!替图什内特说句公道话,尽管必须承认,他实施毁灭性批判所瞄准的某些自由主义的宪法理论家们在法律圈内绝不是处于业余爱好者的地位——例如,埃利(Ely)。但是,上述这些批判仅仅局限于宪法性理论的领域内,并没有触及到自由主义的基本哲学基础。

〔5〕 Lawrence Solum, "On the Indeterminacy Crisis: Critiquing Critical Dogma," *University of Chicago Law Review* 54 (1987): 462~503; John Stick, "Can Nihilism Be Pragmatic?" *Harvard Law Review* 100 (1986): 332~401. 然而,自由主义对批判法学的这些谨慎的反应却是非典型的。科内尔·韦斯特(Cornel West)以这样一种方式来描述最近几年来自由主义对批判法学评论的大体趋势:"在近来的评论浪潮中,不幸的是,敌对的、直觉的反应已经替代了谨慎的、恭敬的反应;消极的政治性评价和文化评价已经代替了斟酌权衡的理智的评价。"West, "CLS and a Liberal Critic," *Yale Law Journal* 97 (1988): 757~58. 我赞同韦斯特所说的,自由主义近来大多数的评论已经表现出敌意有余而谨慎分析不足,但我认为,就此而言,自由主义早期的评论也好不到哪里去。自由主义近来反驳批判法学的过激的辩论事例可以在威廉·埃瓦尔德的文章中找到。William Ewald, "Unger's Philosophy: A Critical Legal Study," *Yale Law Journal* 97 (1988): 665~756.

〔6〕 当威廉·埃瓦尔德声称,昂格尔近来著作中的论点是以其第一本书《知识和政治》中的论点为基础建立起来,他充其量是在迷惑人。参见埃瓦尔德:"昂格尔哲学"(Ewald, "Unger's Philosophy"),第729页。埃瓦尔德并没有意识到,昂格尔的思想已经发生了急剧变化,这些变化使得昂格尔在许多重大问题上已经转变得非常接近于自由主义阵营。在本书的最后一章,我将讨论昂格尔思想观念中的某些重大变化。

开过全面的、系统的、严密论证的探究。

本书就是试图努力填补这一空白的产物。它以这样的假设为前提，即认为批判法学理论家和自由主义理论家相互之间不屑一顾的态度是错误的。每一方若能够更加谨慎系统地对待另一方的主张，那么彼此都会受益匪浅。这并不是暗示这样做的结果是双方的想法应该发生剧烈的转变。而是认为，如果自由主义者和批判法学家能够与他们的对手在观念上进行一场严肃而又认真的辩论，那么双方对他们自身的立场、长处和弱点、核心观点和附属观点都会有一个更好的理解。

我并不想假装以一个中立于自由主义理论和批判法学理论的观点来写本书。我的观点是信奉自由主义法律哲学的基本内容。我的目标是，表明批判法学对自由主义法律思想的批判并没有造成任何严重的损害，自由主义思想本身就包含着那些能够成功地应对批判法学所提出的挑战的资源。当然，我还要表明，自由主义的法律理论与批判法学的辩论能够为自由主义的基本原则、中心论点及其自身的一些局限性提供一种更加清晰、更加有力的解释。

在本章中，我粗略地勾画出批判法学和自由主义之间争论的轮廓。每一个观点都是以非常初步的方式处理的，而更为全面的处理和评价则留给后面的章节。

法　　治

批判法学是法律学术中的一个流派，在过去的 10 年间，它已经发表了大量的法律评论文章和少量的重要著作。其观念被认为极富争议，以至于美国某一个知名法学院的院长宣称，凡是批判法学的信徒都不适合在法学院教书。[7] 这一争议大部分源自于批判法学对现代自由主义思想当中某些最被珍视的理想提出的挑战。对自由主义法律思想的一个主要原则——法治，批判法学尤其大加鞭挞。批判法学的主要观点是法治是一个神话。

毋庸置疑，我把这一观点以这样的方式提出来，这个方式太不成熟，需要澄清和定义。然而，它对批判法学的核心观点首次提出了一个恰当的概括，这一概括的作用在于划定了一个主战界限，批判法学选择沿此界限对自由主义法律哲学发起战斗。它对自由主义法律思想的攻击在很大程度上随着它对自由主义思想所理解的法治观念抨击的效果而起起落落。

毫无疑问的是，自由主义法律哲学一个至关重要的要素就是这样的原则：每一个社会都应该依据法治来运作。它对法治的信奉起源于 17 世纪现代自由主义的诞生。在当代自由主义理论中，对法治的这种信奉仍然长盛不衰。虽然自由主义理论的某些方面一直都处于变化之中，即使自由主义者内部对它也存在某些深刻分歧，但是自由主义所赞成的法治的条件仍然保持不变。在《政府论》的下篇中，洛克运用下列话语表达了他的看法：

> 处在政府之下人们的自由，应有长期有效的规则作为生活的准绳，这种规则为社会一切成员所共同遵守，并为社会所建立的立法机关所制定。这是在规则未加规定的一切事情上能按照我自己的意志去做的自由，而不受另一人的反复无常的、事

---

[7] Paul Carrington, "Of Law and the River," *Journal of Legal Education* 34 (1984): 227.

前不知道的和武断的意志的支配。[8]

洛克继续论述道:

> 立法或者最高权力机关不能揽有权力,以临时的专断命令来进行统治,而必须以颁布过的经常有效的法律并由有资格的著名法官来执行司法和判断臣民的权利。[9]

法治对于洛克思想的重要性在其《论宽容》一信中被简明地表述为:"人们之间有两种类型的竞争:一种是受法律管制的竞争,另一种则是通过暴力的竞争;这些都是天生的,一种竞争结束总是另一种竞争的开始。"[10]

几个世纪之后,霍布豪斯(Hobhouse)主张重建自由主义理论,但是,他或含蓄或明确地拒绝接受洛克早期的重要观点。霍布豪斯主张,国家应该采取适当的经济政策来减少由市场运作所产生的大量不平等现象。他要求对基本的经济资源加强社会控制,并且反对那些他所认为的传统自由主义过分地依赖私有财产和市场机制的做法。然而,毫不含糊地赞成法治的态度却一如既往:

> 自由政府的第一要件就是,政府不是由统治者随心所欲的决定来管理的,而是由确定的法律规则来管理的,统治者本身

---

[8] John Locke, *Second Treatise of Government* (Indianapolis: Bobbs-Merrill, 1952), p. 15.

[9] Ibid., p. 77.

[10] John Locke, *A Letter Concerning Toleration* (Indianapolis: Hackett, 1983), p. 49.

也要受制于法律规则。[11]

在霍布豪斯再次经典而又系统地阐述自由主义几十年之后，对于霍布豪斯式的自由主义所具体体现的、当时正为西方自由主义民主国家所广泛接受的、朝向社会主义和国家计划经济的趋向，哈耶克（Hayek）给予了批判。尽管如此，哈耶克也赞成法治原则，他甚至继续宣称，社会主义的经济政策应该遭到拒绝，因为它们必定与法治原则不相一致：

> 没有比遵守自由国家的、众所周知的法治这些重大的原则更能够清晰地辨别出自由国家的状况和处于专制政府之下的国家的状况了。排除所有的技术因素，这意味着政府在其所有的行动中都要受到确定的和事先宣布的规则的约束——只有规则才有可能使人们确定地预测权力机构在特定情况下将如何运用其强制性力量，也只有规则才能使个人基于这种知识来安排其个人事务。[12]

近年来，约瑟夫·拉兹（Joseph Raz）拒绝接受哈耶克反对社会主义经济政策的论点，他认为哈耶克夸大了严格遵守法治的价值。但当拉兹宣称"很清楚，故意漠视法治侵犯了人类的尊严"[13]时，表明他认为遵守法治具有很高的价值，并且他是明确站在自由

---

[11] L. T. Hobhouse, *Liberalism* (New York: Oxford University Press, 1964), p. 17.
[12] Friedrich Hayek, *The Road to Serfdom* (Chicago: University of Chicago Press, 1944), p. 72.
[13] Joseph Raz, *The Authority of Law* (New York: Oxford University Press, 1979), p. 221.

主义传统这一边的。

最后，我们可以举出近半个世纪以来、最有影响力的两位美国法哲学家——隆·富勒（Lon Fuller）和罗纳德·德沃金。这些重要的自由主义思想家的著作体现了强烈的信奉法治的精神。富勒写道：

> 毋庸置疑，法治的精髓在于，在对公民采取行动的时候（比如将其投入监狱或者宣布他据以主张其财产权的一份契据无效），政府将忠实地适用规则，这些规则是作为公民应当遵循、并且对他的权利和义务有决定作用的规则而事先公布的……反过来讲，忠实地适用规则意味着规则必须采取一般宣告的形式……法治的基本原则是，一个法律权力机构向公民作出的行为必须通过被带入到一套事先公布的一般性规则的约束范围内而获得正当性。[14]

德沃金以这样一种方式来描述法治的最为一般的形式：

> 法律实践的最为抽象和最为根本的要点就是指导和限制政府的权力……法律强调的是不应当使用强制力量，也不应当保留强制力量，而不管该做法将多么地有利于处于考虑当中的目标，也不管这些目标是多么的有益或者高尚，除非得到个人权利和义务的许可或要求，而个人权利和义务则源自于过去的、

---

[14] Lon Fuller, *The Morality of Law*, rev. ed. (New Haven: Yale University Press, 1964), pp. 209~10, 214.

关于什么时候使用或保留集体强制力量才是正当的政治决定。

这样说来,一个社会的法律就是对符合下列复杂标准的权利和义务的安排:它们允许强制力量的存在,因为它们源自于过去正确的决定。[15]

援引由洛克到德沃金这样的自由主义思想家,我的意思不是说他们正好都有着同样的法治观念。实际上,他们之间有着重大的差异,对此我们将有机会在下一章中予以探究。考虑到年代跨度以及他们在政治哲学问题上的重大分歧,正是这些分歧把这些思想家区分开来;尽管如此,他们的观念和看法仍有巨大的相似之处。

法治在自由主义思想家的理论中有着如此重要和持久的地位,因为这些思想家们断定,法治是一个为了确保他们传统上所珍视的主要价值——个人自由——和那些与个人自由交织在一起的价值观念,例如,宽容、个性、隐私以及私有财产所不可或缺的制度性机制。自由主义者相信,若缺乏法治,那么实践中将无法确保其理论中所珍视的个人自由这一价值。法律是规制公共权力和私人权力的不可或缺的机制,它以一种能够有效地防止个人免受他人和制度压迫和控制的方式规制公共权力和私人权力。这样的法律不足以实现这样的目标,所以每一个自由主义者都承认,压迫性的法律不仅是一种逻辑上的可能,而且也是历史现实。但是,自由主义法律思想认为,至少在现代民族—国家的世界中,法治是确保个人有一个充分宽广的自由区域的必要条件。此外,在实践中,它也是使我们迈向防止对个人的压迫和个人的控制目标具有重要意义的道路的一个

---

[15] Dworkin, *Law's Empire*, p. 93.

必要条件。根据自由主义的思想，法治能够做到这一点，因为法律有权力对社会和政治权力的行使予以抑制、限制和规制。

批判法学的抨击

对于自由主义所接受的法治，批判法学的抨击主要有三个分支。批判法学的这三个主要观点指责法治，正如自由主义对其定义的那样，是一个神话。这三个分支中的每一个分支都将分别在后面的第三、四、五章中予以详细的考察。但是在这里对它们给予初步描述是可行的。

第一个分支基于以下的主张：即在自由主义观念所赞同的那一类个人自由盛行的社会环境中，法治不可能存在。这样的社会环境的特征是以根本不相容的道德和政治观念的多元化为特点的。在多元主义条件下确立法治可能要求某些类型的法律推理能够明显地与道德和政治考虑和选择相区别。因此，这个论点认为，在法律作为一方，与道德和政治作为另一方之间，应该有一个清楚明显的区分。没有这样一个区分，法官和其他行使公共权力的个人可能就会把他们自己道德上或政治上的善的观念以法律的幌子强加于他人。然而，这样的强加行为将会毁坏法治和法治意图保护的自由主义的自由。

因此，自由主义观念要求，法律推理——也就是说，有关人们根据法律有什么样的权利和为什么有这样的权利的推理——能够清楚地与有关政治或伦理价值观念的推理区分开。法律推理不应当被混同于裁决案件的哪一方拥有最佳道德或者政治观点。然而，在批判法学看来，恰是这样一类的法律推理根本就不可能在道德和政治多元主义的环境中存在。法律—政治的区分界限坍塌了,于是,法律推理变得等于裁决哪一方拥有最佳道德或者政治观点了。卡尔·克拉尔(Karl Klare)简明地表达了批判法学的立场:"[自由主义]有关法律推理的主张——法律是自治的、独立于政治的和伦理的选择——是一个谎言。"[16]

邓肯·肯尼迪甚至表达得更加直率,但基本观点一样:

> 当教师让学生们相信法律推理,作为一种获得正确结果的方法,它一般区别于伦理的或者政治的论述,他们在胡说……对于法律问题,从来就没有一个与正确的伦理或者政治解决方法有别的"正确的法律解决方法"。[17]

批判法学抨击法治的第二个分支以下面的主张为中心:即当代自由主义国家的法律原则充满了矛盾。这些矛盾由作为法律原则的权威因素而起作用、由相互之间根本不相容的几对规范组成,法律权威的这些权威因素实际上在所有的法律部门中都起作用。人们认为这些矛盾粉碎了当代大多数自由主义哲学家视依据法治而运作的政治社会为重要范例的社会中,法治的的确确起支配作用这一观念。肯尼迪声称,这些矛盾与这一事实相关,即法律原则并没有给我们一个协调(coherent)的方式来谈论个人根据法律而享有的权利:"权利话语(rights discourse)内在不一致(internally inconsis-

---

[16] Karl Klare, "The Law School Curriculum in the 180s: What's Left?" *Journal of Legal Education* 32 (1982): 340.

[17] Duncan Kennedy, "Legal Education as Training for Hierarchy," in Kairys, *Politics of Law*, p. 47.

tent)、空泛、或者循环往复。法律思想能够为几乎任何结果提供貌似有理的权利正当性的证明。"[18] 克拉尔重复了肯尼迪的主张："法律推理是开放性、不确定性和矛盾的结构。"[19]

正如克拉尔和肯尼迪所提出的,批判法学的观点是:这些原则性矛盾所导致的后果就是普遍的法律不确定性——也就是说,权威性规则和原则普遍地不具有为法律案件指明一个确定结果的能力。这些矛盾使得律师和法官在大多数的法律案件中能够为任何一方作出同样合理的论证,这取决于他们选择依赖相互矛盾的法律规范中的哪一个了。此外,不确定性的存在与法律和政治之间的区分的坍塌相连。在裁决两个相互不相容的法律规范当中哪一个规范可以作为他们判决基础的过程中,法官能够并且的确是变换地依赖于道德和政治因素的考虑。在现在的自由主义国家中,我们所拥有的不是法律之治,而是政治之治。约瑟夫·辛格(Joseph Singer)把批判法学这一时期对法治的抨击精确地总结为:

> 虽然传统的法律理论家们承认,某些不确定性不可避免,也是可取的,但是传统法律理论要求作为法治的一个基本前提条件,只要有相对大量的确定性就可以了。然而,我们的法律制度,从来就没有达到过这一目标。[20]

与上述批判法学抨击法治的前两个分支紧密相连的是这样一个

---

[18] Ibid., p. 48.
[19] Klare, "Law School Curriculum," p. 340.
[20] Joseph Singer, "The Player and the Cards: Nihilism and Legal Theory," *Yale Law Journal* 94 (1984):13.

命题：法治的真正意图是充当压迫和统治的工具。戴维·凯瑞斯（David Kairys）以一种带有批判法学写作风格的方式表达了这一普遍的观念：

> 法律是维持现存社会关系和权力关系的主要工具……法律所理解的合法性把更为广泛的合法性授予给了一个社会系统……一个具有统治特征的社会系统。对法律合法性的这种看法主要是基于……扭曲的法治政府而不是民治政府的概念。[21]

由此，在批判法学看来，我们的政治社会是根据法治而运作的这一观念，其作用在于使不合法（illegitimate）的权力关系永久化。在批判法学运动中，揭示出法治是一个神话被认为是一个意图破坏上述权力关系战略的核心组成部分。

我并不想在本书中详细探究批判法学的前提假设，即当代自由民主社会中到处弥漫着不合法的权力关系。任何此类的探究将可能使我们偏离构成本书中心的法律哲学命题，也会使我们深深陷入规范性政治哲学的复杂关系之中。尽管我发现不可能完全避免规范性政治理论的命题，这样做也不是本书的目的；但是，本书的中心在于法律哲学领域。然而，就我为法治的可能性和现实性所作的辩护而言，我的论点直接指向批判法学的这一观念，即我们社会中的权力关系，不管是非法的还是合法的，都是由这样一个虚幻的信仰所支撑。

批判法学抨击自由主义的第三个分支集中于这样的观念，即法律有能力对社会和政治权力的行使进行约束。批判法学提出这一观

---

[21] David Kairys, "Introduction," in *Politics of Law*, pp. 5~6.

点的意图是,把法律看成具有这样的约束能力是采取了一种拜物教的形式——把一个由人类创造出来的东西视为一个独立的权力,它几乎能够控制实际上创造并维持它的那些人,人们应该为这一想法感到羞愧。这种形式的拜物教剥夺了人类的能力;这一观点将人类置于他们能够而且应该是主宰者的力量之下。因此,在批判法学看来,法治的观念必须受到批判,这个批判是对剥夺人类能力的观念进行普遍抨击的一个组成部分。

被指责为极权主义

鉴于批判法学对法治的抨击,这个运动在法律理论家当中激起了一个不寻常的争议和反对,应该不足为奇。然而,批判法学对法治的抨击还是争议的另外一个源泉。批判法学著作时常被其反对者解释为具有一种强烈的彻底摈弃自由主义价值观念的趋势。他们对法律的抨击被认为是反对个人自由的、更为普遍的极权主义倾向的一个阶段,而个人自由则与自由主义政治哲学传统紧密相连。[22] 我相信,对批判法学著作进行一番公正的审视将不会支持这种解释。这种指责充其量只是一个简单的讽刺。许多批判法学的作者经常主张,自由主义的价值观仅展现了人类历程的一个方面,还有许多人们确实珍视并且也应该珍视的事物,但在自由主义的画卷中,它们却要么被忽视,要么被扭曲了。在这一方面,团结和社群就是最经常被援引的价值观念。然而,从批判法学所谈论的团结、社群等推导出某些

---

[22] 近来抨击批判法学、隐约透露出批判法学带有极权主义或者法西斯弦外之音的自由主义著作之一,参见埃瓦尔德,"昂格尔哲学"(Ewald, "Unger's Philosophy"),第733、741~753页。

类型的极权主义倾向，这本身就是一个错误；批判法学思想家们强烈地信奉基本的个人自由，而这一基本的个人自由是自由主义同绝对主义者、法西斯主义者以及极权主义者这些宿敌进行斗争而努力保护的。批判法学三大著名作者的著述证明了这一结论。

首先，考虑一下批判法学著作当中最为重要的著作，罗伯特·昂格尔的《知识和政治》（*Knowledge and Politics*）。该著作被理解为是一部彻底摈弃自由主义价值观念的著作。确实，昂格尔反复强调，我们所需要的是"彻底批判"自由主义，而不是迄今为止的许多思想家所做出的"局部的批判"。[23] 然而，昂格尔并没有将"彻底批判"等同于"彻底摈弃"。[24] 正如昂格尔所运用的语言表述的那样，彻底批判自由主义，是把自由主义视为一个整体，一个独立的，与人类心理学、道德、法律和政治的原则和假定相互联系的系统。昂格尔明确阐述说，个人自由的自由主义价值是自由主义体系的一部分，而这一体系必须被珍视和保持。在提及英国伟大的自由主义者——包括洛克、边沁和密尔时，昂格尔宣称：

> 许多的自由主义思想家们都致力于自由……假若正是基于他们对自由的奉献而不是别的什么原因，他们将被永久地列为人类种族的英雄和导师，而且英格兰的所有罪过将因为她对自由的贡献而被宽恕。[25]

---

[23] Roberto Unger, *Knowledge and Politics* (New York: Free Press, 1975), pp. 1~3, 10, 15, 17~18.

[24] 卡斯滕·哈里斯（Karsten Harries）看起来好像在这一点上误解了昂格尔，参见 Harries, "The Contradictions of Liberal Thought," *Yale Law Journal* 85 (1975~1976): 842.

[25] Unger, *Knowledge and Politics*, p. 277.

昂格尔的目的并不是要摈弃自由主义对个人自由的贡献，而是主张人类生活还有其他方面应当得到珍视，而这些却没有得到自由主义理论的充分说明。认为自由主义无法充分地说明社群、团结等，这可能是一个错误。但是，具有启发性的是，主张自由主义的哲学家们并没有摈弃这些价值观念的重要意义；恰恰相反，他们认为自由主义理论能够充分地解释这些价值观念。[26] 自由主义理论家们提出这一观点证明了下列推理是谬误的，即由于批判法学坚持承认社群和团结在人类生活当中的重要意义就由此推论出它有反对个人自由的、极权主义倾向的罪过。

批判法学的另外一个作者，马克·图什内特，重复了昂格尔的观点，即自由主义的价值观念不应被摈弃，而应被视为人类行为和人们应当珍视的东西的一个组成部分而作出进一步的阐释。在图什内特看来，恰是现代政治思想中的市民共和主义传统提供了这一必需的补充。他宣称"正如共和主义传统正确地强调了我们彼此之间的相互依赖一样，自由主义传统也正确地强调了我们的个体性以及我们对彼此造成的威胁。"[27] 邓肯·肯尼迪也毫不犹豫地接受了自由主义的自由。在讨论自由主义个人权利概念时，肯尼迪主张，"内嵌于权利概念之中的是我们文化中的一个自由的成就：它是对自由人主体反对群体生活限制的一个肯定，与此同时，也是对群体生活教条的一个平衡，它创造并培育了个人自由的能力。"[28]

---

[26] 可参见 Joel Feinberg, "Liberalism, Community, and Tradition," *Tikkun* 3 (May/June 1988): 38~40, 116~20. 范伯格宣称"自由主义应当由承认共有对于人类本性和康乐的基本价值来开始"(39)。

[27] Tushnet, *Red, White, and Blue*, p. 23.

[28] Duncan Kennedy, "Critical Labor Law Theory: A Comment," *Industrial Relations Law Journal* 4 (1981): 506.

上述这三个最主要的批判法学作者的论述很难作为证据来证明他们赞成以极权主义否定个人自由。确实，批判法学力图给法治贴上神话的标签，因此，自由主义的理论家们往往会将此行为看作是对自由的一个威胁。但是，批判法学的这一观点仅仅是对两派之间诸多争议焦点中一个焦点的具体回答。与那些宣称批判法学带有极权主义色彩的观点相反，批判法学并不否认个人自由的重要性。相反，批判法学否认的是法治能够或者可能保护此类自由，并且主张还需要创造其他的社会机制来实施此类保护。我将论述批判法学的这一立场是错误的，但我的论点与个人自由在批判法学思想中占据着一个关键位置的观点是完全一致的。

批判法学内部的冲突

对批判法学—自由主义之间的辩论做一番简单的叙述，而没有对那些将批判法学分离开来的许多分歧中的某些观点加以介绍，可能是一个错误。批判法学决不是铁板一块，其内部存在许多根本分歧，正是这些根本分歧把这个运动划分为各种各样的派别。我特别关注贯穿批判法学著作中的两个不相容的思想分支，一个以激进为特征，另一个以温和为特征。[29] 激进派这一分支把在法律词语意义上和规范意义上大体被形容为解构主义的思想同认为法律或者任何社会制度都没有客观结构的观点结合在一起。这一思想认为，构

---

[29] 索勒姆根据批判法学主张法律不确定的不同程度，把批判法学区分为强势解释和弱势解释两种，这多少类似于我将批判法学的思想区分为激进的和温和的两类。然而，我通过表明不确定性命题在批判法学内部有着各种不同的看法，而这源自于完全不相容的语言和社会现实的概念，并且更为详尽地考究了这些概念的合理性以及政治含义来试图超越索勒姆的解释。See Solum, "On the Indeterminacy Crisis," p. 470.

成法律规范和原则的语言没有稳定或者固定的涵义,而只是"空荡荡的容器",个人可以往里面倾倒他或者她所选择的任何含义。[30] 这一观点与下面的立场相连,即认为法律或者社会现实的任何其他要素都有着独立于任何个人对其所感知的结构的看法只是一个幻觉。图什内特在支持美国法律现实主义运动中某一特定思想分支的过程中,就法律原则的结构发表了这种激进的看法:

> 构成法律原则的材料几乎没有标准,可接受的法律推理技术——基于事实的区分,在出现类似问题时,将类推适用于其他法律领域等——是如此的灵活多变,以至于它们允许我们把多种多样的先例装配到我们所选择的不管什么样的模式中来。[31]

批判法学的温和派拒绝了解构主义关于含义的观点和法律与社会现实不具有客观结构的观点。它主张语言的确具有固定的中心意义,但是,法律判决所要求的解释不可避免地服务于个人道德和政治信仰。它主张,我们的法律的确具有客观结构,但是,该结构是某些有争议的和不充分的伦理观点的活动场所。昂格尔对批判法学中的温和派观点给予了一致和系统的表述。他从来没有调侃过解构主义,并且他近来形成的社会理论完全摈弃了社会现实和法律并不是由客观结构所组成的这一观点。昂格尔通过他的社会理论描述了他的种种解释,他提出:

---

〔30〕 克莱尔·多尔顿(Clare Dalton)将法律范畴描述为"空洞的容器",参见 "An Essay in the Deconstruction of Contract Doctrine," *Yale Law Journal* 94 (1985): 1002; see also, in the same article, 1008~10.

〔31〕 Tushnet, *Red, White, and Blue*, pp. 191~92.

对例行公事式的交易或争执与那些通常发生的、顽强的、制度性的和虚构的框架加以区分给予重要的意义……在当代西方民主国家中，社会框架包括法律规则和制度性安排，法律规则将财产权用作经济分权的工具；宪法性安排在阻止好战的同时也提供了代表性机制。[32]

　　昂格尔关于一个社会和法律框架塑造和指导常规活动，并且抵制变化的观点建立在摈弃激进派假设的基础之上，这个假设认为社会现实和法律并不独立于任何具体个人所选择的对它们的看法。

　　在讨论批判法学抨击自由主义概念化法治的三个主要观点时，批判法学内部的激进派和温和派之间的主要差别会产生观点差异。激进派的抨击以它的解构主义和它认为法律根本就没有客观的结构的观点为依据。温和派的抨击则以它所主张的法律解释以及现存的法律结构与特定的（据他们宣称的）不完善的伦理观念之间的关系为依据。

　　我用来为自由主义法哲学进行辩护的策略现在可以很简明地表述出来了，尽管该方式稍微有点简单化。一方面，该策略目的在于说明，批判法学的激进派论点在有关语言和法律理论假设是有缺陷的：解构主义有关含义的观点和认为法律和社会现实并没有客观的结构的观念，都站不住脚。另一方面，我的目的还在于证明，尽管温和派的理论假设基本上合理，但是它并没有揭示出自由主义法治

---

〔32〕 Roberto Unger, *Social Theory: Its Situation and Its Task* (New York: Cambridge University Press, 1987), p.3. 昂格尔的社会框架理论与批判法学在抨击法治的过程中提出的第三个要素不一致。这种不一致性的内涵将在最后一章中予以探究。

概念存在的任何严重缺陷。实际上，的确有某些特定形式的自由主义理论，它们的法治概念正如可提出证据加以证明的那样，与温和派的观念不相一致，但这也仅仅是说，特定形式的自由主义理论比其他形式的自由主义理论更脆弱，更容易受到批判。温和派的基本观点，就其合理性来说，与更为强硬的自由主义法治概念完全一致。[33]

那么，对批判法学进行这一自由主义批评的首要任务就是研究各种版本的自由主义法律理论，目标在于阐述一个有力的版本。我相信，通过展示现当代自由主义法律理论中某些主要理论家们的观点以及分析这些理论家们之间的论辩，这一任务可以最大限度地予以完成。让我们现在就致力于这些观点和论辩吧。

---

[33] 采取完全不同于本书所运用的方法对批判法学予以批判，方法是多种的。例如，某些评论者就已经证明批判法学早已暗中破坏了它自身公开宣布的转型社会的目标，因为它太着重于关注法律原则和有关法律的哲学理论了，而对实际的社会行为和思想未给予足够的重视。我不想探究这些批判，也不想考察这些批判，因为我的兴趣确实正好是哲学理论和法律原则问题，但是这并不意味着否认了这些批判的重要性或说服力。有关此类批判的合适论述，参见 Frank Munger and Carroll Seron, "Critical Legal Studies v. Critical Legal Theory," *Law and Policy* 6 (1984): 280. 对于批判法学削弱了其自身的政治计划这一观念，还有一些稍微不同的版本，参见 Donald Brosnan, "Serious but Not Critical," *Southern California Law Review* 60 (1987): 264~65, 356, 375, 392.

第二章

自由主义和合法性

法治：一个自由主义的普遍模式

社会应该依据法治来运作的原则已经为法律和政治思想家们所信奉长达两千多年之久。它是古代贤哲和现代思想家们所赞同的政治哲学的少数几个原则之一。对合法性原则的辩护——更确切地讲，法治——不仅会在洛克、边沁、贡斯当（Constant）以及其他现代自由主义理论家们著作中见到，而且还会在柏拉图和亚里士多德的著作中找到。柏拉图谴责了民主的雅典对苏格拉底的不公正定罪，认为它嘲弄了法治。[1] 他的《法律篇》中的政治社会就是一个法律统治的社会。[2] 亚里士多德也像柏拉图一样坚持认为，实

---

[1] Plato, Crito, in *The Collected Dialogues of Plato*, ed. Edith Hamilton and Huntington Cairns (Princeton: Princeton University Press, 1961), p. 54b~c.

[2] Plato, *The Laws of Plato*, trans. Thomas Pangle (New York: Basic Books, 1980), p. 715d. 《共和国》（The Republic）的权威解释把它理解为暗示哲学王并不受法治的约束。我接受这样的解释，但是在柏拉图后来的对话中，例如《法律篇》，有一点很清楚，即他相信在我们这个并不完美的世界中，法治对于任何模式的政治生活都是绝对必要的。

践中最好形式的政治社会就是依据法律治理的社会。[3]

然而，现代自由主义思想家们信奉合法性原则的理由却极其不同于柏拉图和亚里士多德所述的理由。确实，对于古人和现代人来说，当公权力和私权力都受到法律的规制和约束的时候，一个政治社会就是凭藉法律运作的社会。古人和现代人也都认为法治是预防政治腐败——为私人目的运用公共权力——不可或缺的机制。对于古人和现代人来说，法治涉及依据法律的平等：只有单一的一套平等地适用于所有公民的权威性规范。[4] 然而，对于古人来说，政治社会的最终目标，因此也是法律的最终目标，就是在其公民当中进行品德教化。这些品德一般被理解为品质，是构成人类美好生活或者是实现人类美好生活条件的品质，而且古人对于此类生活的构想有一个相对有限的观念。参与政治事务和哲学思考是其中的主要元素。经济活动即使在美好生活中有什么地位的话，它也很卑微、不重要，体力劳动则根本没有任何地位可言。柏拉图和亚里士多德把法律看作一种在公民当中进行品德教化的手段，这些品德是人类美好生活所必需的。他们，也像许多其他的古代思想家们和政治家们一样，相信为了所有实际目标，政治社会必须凭藉法律来运作以实现品德教化这一根本的任务。

为法治进行辩护的现代自由主义切断了法律与个人品德的联

---

[3] See Aristotle, *The Politics of Aristotle*, trans. Benjamin Jowett (Oxford: Clarendon Press, 1885), p. 1287a.

[4] 当然，对于哪一种人在城邦中应当享有公民地位的问题，古人无疑比现代思想家们有更为严格的观念。但是，法律之下所有的公民都是平等的，这一观念到了公元前6世纪末就已经在古希腊的政治生活中被清楚地表达出来，并为人们所赞同。See Chester Starr, *Individual and Community: The Rise of the Polis* (New York: Oxford University Press, 1986), p. 90.

系。政治社会的最高目标就是促进某些有限的美好人类生活的观念被抛弃了。一个自由的政治社会是一个国家和社会有着明显区分的社会。社会是群体内部以及群体之间相互作用的领域，每一个群体都围绕着一系列有特色的相互连结的信仰、倾向以及价值观念组织起来。相互作用的群体对善、品德、崇高、神圣、正确、公正和美有不同的观念。国家是凌驾于这些形形色色群体之上规制它们之间相互作用的制度性权力。公民没有必要把国家看作一个完全异己的力量，也不能把它看作为他们对世界规范性看法的代表而欣然接受。公民们只是在特定的社会群体中才能够找到一个客观的、体现他们规范性看法的一种客观表达。国家的价值主要在于保护社会群体免受彼此伤害并维护个人自由，以塑造一个合乎规范的观念，并且在追求这一目标的过程中使那些具有类似看法的其他群体联合起来。

在现代自由主义看来，法治服务于政治道德的两个重要的原则：公正告知和法律责任。前一原则要求国家应确立一个明确确定的自由区域，在该区域中，每一个人都能够实现他或者她自身有关美好人生的理念并追求这一理念。伴随着由此划定好的自由区域，人们将会被公正地告知，国家会在什么时候和怎样来干预他们的生活。法律责任原则要求，国家机关行使权力应得到预先存在的权威性法律规范体系的授权。这些行使公共权力的人们不仅必须对他们自己意识到的公共利益负责任，而且还要对那些授予他们权力并同时限制他们权力的规范体系负责任。

公正告知和法律责任的观念在逻辑上显著不同。一个政治社会的机构向公民公正告知它所意欲的行为在理论上是可能的，但对那些超越该机构合法授权的行为却无法给予公正告知。同样，一个政治社会的机构创造了一个不确切的自由区域，因此未能提供公正告知，却能够在其合法权威范围内行为，这在理论上也是可能的。自由主义的普遍法治模式坚持要求，公正告知和法律责任这两个原则都应当得到满足。

从自由主义的观念来看，公正告知和法律责任都十分重要，因为它们与个人自由相联系，个人自由是塑造并身体力行合乎规范的人类生活观念的自由。罗尔斯清晰地表达了公正告知和自由之间的联系；诺伊曼（Neumann）则写出了法律责任和自由之间的关系。首先，罗尔斯写道：

> 法治和自由之间的关系是足够清楚的……如果没有法律就没有犯罪这一规诫被违反，比如说，如果法律是含糊的、不确切的，我们所能够自由地从事的一切事情同样也就是含糊的、不确切的。我们的自由的界限是不确定的。在这个意义上，也就是说，自由要受到对行使自由的合理的恐惧的限制……因此，在理性人同意为他们自身确立最大程度的平等自由方面，合法性原则有一个坚实的基础。为了对拥有并能够行使这些自由抱有信心，一个秩序良好社会中的公民通常会希望用法治来维持该社会。[5]

诺伊曼叙述了一个依据法治运作的自由主义国家中行使公共权力的法律责任与个人自由之间的关系：

---

[5] John Rawls, *A Theory of Justice* (Cambridge: Harvard University Press, 1971), pp. 239~40.

国家可以干涉个人的自由——但首先必须证明它可以这样做。这一证据只能依据"法律"来予以引证,并且,作为一个规则,它必须被提交给国家的特定机关:法院或者行政法庭……国家用来证明它有权来干预个人权利的"法律"只能是积极的法律……因此,自由主义的法律传统,以极其简单的声明为依据:仅当国家根据一部普遍的法律来证明其主张的时候,国家才可以干预个人权利。[6]

因此,从现代自由主义的角度来看,一个依据法治运作的政治社会与一个并不是这样运作的社会之间的关键差别,就是围绕着个人自由展开的。法治被认为是任何政治社会中一个不可或缺的要素,它保证个人有一个充分宽阔的领域。这并不是说,自由主义的法律理论认为,法治自身,能确保自由主义的自由有一个充分的区域。当然,政治社会可能有压迫性的法律。但自由主义相信,若缺乏了法治,即使自由主义的自由还能够存在,那么它也只是在一个令人难以接受的、危险的境况下存在。在实践中,法治是使得这类自由尽可能广泛和安全的一个必要条件。

古代政治思想家们和现代的政治思想家们都认为法治的内容是通过法律来限制和规制公权力和私权力。但是保证个人自由所需要的权力要求一套完全不同于目的在于教化个人品德的规制制度。基于这一原因,自由主义思想家们在他们的法治概念中加入了那些在柏拉图和亚里士多德记述中所没有的、但看起来好像特别重要的特

---

[6] Franz Neumann, *The Democratic and the Authoritarian State* (Glencoe, Ⅲ.: Free Press, 1957), pp. 163~64, 166.

征以使得法治保证个人自由。当然,如果在这一方向上把法治观念扩张得太极端,那么其结果实际上就是,把自由主义政治道德的所有原则构筑为法治本身固有的概念,因此,在概念上确保法治将保障一个充分宽阔的自由区域。把事情做得这样极端是不明智的,因为它使我们不能够说一个特定的国家是一个依据法治治理的国家,而只能说,因为该国家的法律具有压迫性特征,所以,这个国家侵害了自由主义的自由。[7]

一个更为温和的方法是把某些对个人自由事项有影响的、相对正式的要求融入法治观念中来。实际上,在前面的引证中,罗尔斯恰恰就是这样做的。法律规范的清晰程度与法律规范所提供的自由程度是相关的。这种关联并不如此强烈以至于清晰的法律规则就可以确保一个广泛的自由区域。但是人们可以证明,正如罗尔斯所做的那样,在其他各方面都相同的条件下,一个清晰的规则比一个含糊或者不明确的规则更能够提供充分的自由领域。基于这一联系,罗尔斯将根据法治来规制权力的规范必须含义清楚这一要求引入到法治观念当中来。

于是,在自由主义论述法治的经典著作中,起支配作用的规范必须有特定的特征。这一考虑要求规范应该是:①普遍适用的;②公开的;③适用于未来的;④含义清晰的;⑤正式颁布的(也就是说,根据现行权威性法律颁布的);⑥可遵守的;⑦稳定的(即其效力在一段合理的期间内保持不变),以及⑧在与它们含义相协调

---

[7] Cf. Joseph Raz, *The Authority of Law* (New York: Oxford University Press, 1979), pp. 210~11.

一致的意义上予以实施。[8]

这种自由主义的法治概念典型地被扩展至包含了这一观念,即如果法治被确立并得到保障,那么将要求安排某种特定的普遍制度。这一制度安排包括:要由独立的司法机关解释和适用权威性规范;法院向大众开放;以及保障一个公平操作的听证以使得与案件有关的当事人各方能够向法庭提供他们的陈述。[9] 这样的安排被设计为通过确保法律的正当程序来保证法治。

此外,这样的安排还要保证这样一个自由主义原则:在任何一个依靠法治来运作的政治社会中,法律和政治必须分开。自由主义国家的政治领域是这样的:什么是对社会有利的(good)和什么对社会来讲是正确的(right)这些互相竞争的概念相互碰撞,通过妥协与调和的程序,产生出解决方案,而这些解决方案在法律规则中得到具体体现。法律领域是一个解释和适用由政治程序产生的规则的领域。

在自由主义的普遍模式中,法律—政治的区分意味着,解释(或者适用)法律的过程应当与对政治舞台当中相互争斗的规范性观点的实质性是非曲直的评价隔离开,法律就是从这些碰撞中产生出来的。在政治舞台上所达成的解决方案的含义不应当被当作对哪一个规范性观点更合理和哪一个不那么合理进行确定的机制。政治程序的功能在于为有关争议事项的解决提供一个程序,而这个程序对于那些组成社会的具有不同规范性概念的不同群体来讲是公正的。法律程序的功能在于解释和实施这些解决方案的含义,而不必

---

[8] See Lon L. Fuller, *The Morality of Law*, rev. ed. (New Haven: Yale University Press, 1969), chap. 2.

[9] See, e.g., Raz, *Authority of Law*, pp. 216~17.

考虑这些社会群体所持立场的功过是非。只有通过这种方法才能够使政治程序的结果得到人们的尊重。只有采用这一方法才能使解决方案的含义——以及由此而导致的自由和义务、经授权的权力和专断的权力之间的界限——能够以毫无争议的方式划出清楚的界限。每一个人都能够对这些界限是什么达成共识，因为他们所意识到的对这些界限的界定不以政治舞台上不同群体彼此之间争斗的道德和政治立场之相互冲突的评价为依据。

实际上，当代每一位为法治的这种观点作辩护的思想家都承认，在实践中，想要把法律程序与对那些在政治舞台上竞争的各种观点相对功过的判断完全隔离开来是不可能的。但是，有关此类政治和道德判断对法律程序的渗透，自由主义的普遍模式做出了两个重要的声明：第一，这种渗透多少有些让人遗憾，但它毕竟是不完美的世界当中不可避免的缺陷；第二，在一个大部分程序不受这样的判断影响（或者可能做到不受这样的判断影响）的过程中，把这类渗透可以控制到最低程度，使其成为一个微不足道的现象。

普遍模式的一个问题

对自由主义法治的普遍模式可以提出许多的问题。不过，基于当下的目的，有一个问题最为重要。它涉及到下列这一事实：当代自由主义民主国家的法律制度看起来好像违反了前面论述所规定的条件。当代法律包含了许多含糊的和含义不确定的术语，例如，正当程序、恣意妄为和诚信。对这些术语的权威解释似乎时常需要依赖正义（justice）和善（goodness）这些有争议的概念，这明显违反了法律—政治的区分,而且很严重。另外,在诸如侵权法和合同法等领域,法院参与了那些以有争议的政治和道德原则为基础的法律原则的实质重建工作。最后,行政机关和管理机关在执行立法机关交给他们的含糊的委任命令的过程中,他们的自由裁量权实在太广泛了。这些机关既颁布具有法律效力的规则,也裁决由这些规则引起的争议——很明显,它违反了要求独立的司法机关审判和解决争议这一基本的正当程序原则。鉴于20世纪自由主义民主国家法律文化中的这些发展变化,自由主义法治的普遍模式看起来好像已经过时了。

自由主义思想家们对20世纪法律图景的特征的意义并不是视而不见,这一特征似乎使旧的自由主义智慧过时。将近半个世纪以前,哈耶克就察觉到这些特征的萌芽,并谴责它们毁灭法治。哈耶克由衷地喜欢自由主义的普遍观点,即法律的价值就在于它明确划分了个人自由的界限,而且他对自由主义民主国家朝向国家经济计划,偏离自由主义传统智慧的倾向给予严厉的批评:

> 实际上,随着计划变得越来越广泛,经常有必要根据什么是"公正"或者"合理"来越来越多地修正法律条款;这意味着有必要把具体案件的判决愈来愈多地交给与问题有关的法官或者行政管理机关来自由裁量。一个人可以写一部有关法治衰落、法治国(Rechtstaat)消失的历史著作,因为把这些含糊的表述方式引入立法和司法,法律和司法的专断性和不确定性的不断增大,以及对法律和司法蔑视的后果,在这样的环境

中，法律和司法无能为力，只能沦为政策的一个工具。[10]

然而，许多自由主义思想家们采取了不同的方法来回应20世纪法律图景的特征。他们不愿意加入哈耶克的行列来谴责当代自由主义民主国家，而是力图表明这些国家如何可以说是遵守法治原则的。一种思维方式承认，相当数量的（但不是广泛的）公共行为和私人行为领域的存在没有受到法治规制。但这种承认在三个接点上被调和。首先，由人类语言和社会规则性质所决定，任何一个规则体系必然有相当数量的不确定领域；其次，在当代自由主义国家当中，尽管法律不确定的领域不可忽视，但从法律的整体运作来看，它却无关紧要；再次，某些可以促进公共利益的、相当程度的法律不确定性和政府自由裁量权是有利的，因为它给了政治社会机关一个有价值的灵活性，以回应社会出现的问题和需求。

依据上述要点，自由主义的这一思维方式主张，一个健全的法治理论模式必然比法治的普遍模式所可能允许的法律不确定性的空间要大得多。假如也像普遍模式所做的那样，要求将不确定性减少

---

[10] Friedrich Hayek, *The Road to Serfdom* (Chicago: University of Chicago Press, 1944), p. 78. See also Hayek, *The Constitution of Liberty* (Chicago: University of Chicago Press, 1960), pp. 234~47. 对于20世纪法律制度偏离自由主义法治普遍模式的趋向，哈耶克决不是第一个意识到或批判的思想家。弗朗兹·诺伊曼（Franz Neumann）和奥托·柯基黑莫（Otto Kirchheimer）曾分析过并批评了德国魏玛时期的这一倾向。但不像哈耶克，诺伊曼和柯基黑莫是社会主义者。他们相信，在一个社会主义国家中，自由主义的合法性要求应当和可能被扬弃（*aufgehoben*）。See Franz Neumann and Otto Kirchheimer, *Social Democracy and the Rule of Law* (London: Allen and Unwin, 1987), and Franz Neumann, *The Rule of Law* (Leamington Spa, U.K.: Berg, 1986), 其他对于伴随着行政规制国家产生而对法治含义进行较早讨论的是: Lord Hewart of Bury, *The New Despotism* (New York: Cosmopolitan, 1929), and John Dickinson, *Administrative Justice and the Supremacy of Law in the United States* (New York: Russell and Russell, 1927).

到人力所及的最低程度，这是错误的；围绕这一要求建立理论模式，同样是错误的。因此，任何对此的重大背离看起来对法治都有损害。自由主义的这一思维方式认为，一个健全的模式应当为自由主义国家留有极大的灵活性以回应社会当中出现的问题，尽管这种变通不应大到毁灭对自由主义至关重要的自由的程度。并不是每一个对法律确定性的偏离之举都损害法治，我们需要一个理论模式，这个模式不像普遍模式那样严厉地要求减少法律的不确定性和政府的自由裁量权。

哈特（H. L. A. Hart）是当代最有影响力的理论家，他已经详尽阐述了自由主义的这一思维方式。哈特的理论详细地叙述了法治是如何涉及公共权力和私人权力的规制，与此同时，也表明了在这样的法律规制体制中，漏洞不可避免地会产生。他断言，这些漏洞是一件好事。他认为"规则的概念如此详细以至于它能否被适用于具体案件的问题早已事先被解决了……我们对此不应怀有感激之情，甚至把其视为一个理想。"[11] 哈特有关单一规则所主张的一切同样也适用于整个法律制度。由于人类在预见法律不得不面对的未来形势方面存在局限性，因此，在体制中应当留有空间，允许官员让法律规则适应于一些难以预料的情形，而不是让官员完全服从于一个明确而又僵硬的法律制度，这样做会更好一些。

在德沃金的著作中，可以发现自由主义另外一个完全不同的思维方式。在那些哈特认为法律已经"穷尽"，因此个人和国家摆脱了法律严格规制的情况下而运作的案件中，德沃金认为，法律仍应

---

[11] H. L. A. Hart, *The Concept of Law* (New York: Oxford University Press, 1961), p.125.

继续限制和制约公共权力和私人权力。他并不愿意承认当代自由主义民主国家中存在相当程度的法律不确定性。[12] 与普遍模式相反，德沃金主张，道德和政治判断能够并且的确在法律程序中扮演着合法角色。相应地，他开始发展一个自由主义的法治模式，而这一模式既不同于普遍模式，也不同于哈特的模式。

到目前为止，哈特与德沃金之间的论争已经持续了 20 多年，并且已在学界引起了广泛的讨论。我并不想对该论争作详尽的叙述。因此，我的考察将局限于对批判法学建构一个自由主义批评的目的具有特别的和持续意义的那些方面。就此而论，有两个问题极为重要。第一个涉及一个规范的法律权威是否最终只是一个规约的问题；第二个问题集中关注我们的法律制度是否存在相当程度的不确定性。在很大程度上，哈特的理论对上述这两个问题的肯定性回答进行了辩护，而德沃金的理论则对上述这两个问题的否定性回答进行了辩护。我将为哈特的答复作辩护，但我也将提出理由证明德沃金的理论为我们的法律文化提供了某些重要的深刻见解，而这些深刻见解要么难以与哈特的叙述相容，要么很难从哈特的叙述中得到足够的关注。在考察完这两个理论之后，我将返回到这个促使我

---

〔12〕 某些评论家认为德沃金理论的最新版本，在《法律帝国》一书中，并不忠于其早期的命题，即，实际上，处于我们法律制度中的每一个案件都有一个单一的客观的正确答案。例如，米歇尔曼（Michelman）认为，《法律帝国》中的理论做出了完全不同的断言，即在我们的法律文化中，对于要求法官来裁决的案件，存在一个单一的正确答案，法官典型地在主观上对此有所经历。尽管德沃金在《法律帝国》中做出了"主观正确答案"的这一稍后的主张，但我相信他也做出过"客观正确答案"这一较早的主张。当德沃金在《法律帝国》第 89 页（pp. viii ~ ix）提出客观主张时，他并不完全摈弃它（客观正确答案），并且有关怀疑主义的大量章节（pp. 76 ~ 86）致力于维护客观主张以反对特定类型的怀疑主义的抨击。See Ronald Dworkin, *Law's Empire* (Cambridge: Harvard University Press, 1986), and Frank Michelman, "Traces of Self-Government", *Harvard Law Review* 100 (1986): 70 ~ 71.

们考虑哈特理论和德沃金理论的迫在眉睫的问题——即哈耶克和其他的思想家所指出的,法治,自由主义所理解的法治,在当代自由主义民主国家中已不复存在。

哈特:法律和社会规则

哈特的法治模式在很大程度上基于他所描述的社会规则。这是因为他认为法律最终只是一个规约问题而已。对哈特而言,任何规范的法律权威最终依赖于社会规则,而这些社会规则能够在相关人口当中为人们所接受。让我们来考察一下他所叙述的社会规则以及他根据这些社会规则对法律的分析吧。

哈特认为,社会规则由行为和思想构成。正是某些相关人口中的绝大多数人的所做所思才构成了一个特定的社会规则。相对于法律现实主义的行为主义趋势来说,哈特坚持社会规则的"内在"方面。他主张,规则有这样一个方面就意味着存在一个行为模式,其中,人口 p 当中的大多数人从事行为 x 并不足以表明有一个在人口 p 中从事行为 x 的社会实践(或者社会规则)。除了行为模式的趋同外,哈特声称:

> 对于作为一个通常标准的特定行为模式而言,所必需的就是应当对此有一个批判反思的态度,而这应当在批判(包括自我批判)、一致性要求以及在承认这样的批判和要求是正当的态度中加以自我展示。[13]

---

[13] Hart, *Concept of Law*, p. 56.

因此，假如相关人口中的绝大多数人从事 x 并同意对该行为采取一个批判反思的态度，那么就存在一个要求履行行为 x 的社会规则。

哈特把他所描述的社会规则本体论融入到了他的法律理论之中。同其他社会规则构成的实质方式基本上一样，法律是一个社会规则体系，而这些社会规则由行为和思想构成。一个法治社会的不同之处是因为该社会的体系由主要规则和次要规则组合而成。主要规则对相关人口当中的人们设定了以特定的方式做什么或者不做什么的义务。所有的社会都有这样的主要规则，即使缺乏任何法律制度的社会也是如此。当次要规则被添加进来的时候，法律就出现了。次要规则为确认、执行以及改变主要规则提供了各种各样的方法。在次要规则当中，特别重要的规则分别是承认规则和审判规则。承认规则体现了这样的标准，而该标准必须由任何一个主要规则来予以满足，因为只有这样，它才算得上是一个有效的法律规则。审判规则授权特定的人来提供权威的判决以决定主要规则是否已经被违反，并为该判决的做出制定程序。这样思考是有益的，即上述这些程序性的审判规则被认为包含着（尽管没有为标准所穷尽）确定下面过程的标准：某一系列有效的法律规则是如何被适用于特定的手头案件从而得出判决结果。

在哈特对法律的解释中，正是官员的行为和思想构成了这些至关重要的次要规则。因此，承认规则由法律官员在确认有效的主要规则过程中的趋同行为和他们对在作出这些确认过程中所通常采用的标准的批判反思态度所构成。确认有效的主要规则的系列标准就是法律官员习惯性地运用的系列标准以及他们对该系列标准所采取的批判反思态度。类似地，审判规则是由官员在裁决具体案件过程中习惯性地运用程序以及他们关于此类习惯性程序所共享的批判反思态度构成的。[14]

然而，对于法律问题的答案，法律官员并不总是持相同意见。在相当数量的案件中，存在大量广泛的分歧意见。哈特坚持认为在这类案件中，根本就不存在唯一正确的法律答案。就此类案件而言，法律是不确定的。假定一个法官在煞费苦心地查阅了权威性的资料之后，得出结论说，原告在法律上有权赢得某一个特定的案件。哈特告诉我们，

> 如果这个法官的同行经过同样煞费苦心的过程之后，却得出了一个不同的结论。由此强调认为存在唯一正确答案，而该答案可能会表明这两个法官当中的哪一位是对的，假若只有一个是对的话。那么这样做根本达不到任何目的。[15]

在法律分歧意见与法律的不确定性之间联系的问题上，哈特的观点立场依赖于他对社会规则本质的解释说明。能够重现其理论的最为基本的论点大致是这样的：[16] 假定在一个特定案件中，对于正确的法律判决，法律官员之间存在广泛的分歧意见。这种意见分歧可能是因为某些官员把某一特定规范算作法律的一部分而其他的官员则确认了一个相反的规范有效而引起的。或者它可

---

[14] 哈特也强调，对于法律，它们必须大体上与社会中的主要规则保持一致，而这些主要规则是官员运用承认规则确认出来的。See Hart, *Concept of Law*, p. 113.

[15] H. L. A. Hart, *Essays in Jurisprudence and philosophy* (New York: Oxford University Press, 1983), p. 140.

[16] 我对哈特论点的重构基本上获得了德沃金的帮助，参见 *Taking Rights Seriously*, pp. 49~58.

能是这样发生的：尽管他们都对相关的有效规范持一致看法，但是他们对于如何将规范适用于手头的案件则意见分歧。这一观点认为，在上述任何一种情况下，既然法律是社会规则体系，对案件来讲，它必定是不确定的。在这里，法律必然有漏洞，因为在法律官员确认和适用法律的过程中，他们习惯地赞同什么与作为社会规则体系的法律之间存在差距，法律不是什么别的东西，它完全是这些官员通常所认为是法律的那些东西。法律并不是那些存在于柏拉图式天堂中的规范体系，它只是法律官员惯例地确认和适用的体系。广泛的法律分歧意见意味着根本不存在一个可被惯例所接受的、充分有力的标准来裁决案件；而不存在一个可被惯例所接受的、充分有力的标准来裁决案件意味着法律对此案件有不确定性。

我们所熟悉的哈特对法律不确定性的观点以语言中一般术语的开放结构为基础。在某种程度上，它是赞成不确定性的社会—规约观点的一个特例。[17] 术语的含义和外延由主宰这些术语的社会规则构成。语义规则是社会规则，它不过是运用该语言的人群习惯性

---

[17] 在其近来的著作中，哈特已经指出他的基于语言开放结构而赞成不确定性的论点有缺陷。他承认，他最终认识到：

一个规则是否适用或者不适用于某些特定的事实情形的问题根本不同于这样一个问题，即根据既定的语言惯例，这是否由该规则的语词来确定还是暂不决定。因为一个法律制度除了用来表达其规则的语言之外，经常还会有其他的资源来确定法律规则它们在特定案件中的内容或者意义。(*Essays in Jurisprudence and Philosophy*, pp. 7~8.)

此处需要牢记在心的关键点是，这些其他的资源它们本身也是社会规则，例如，那些为法律术语规定特殊含义的规则，或者那些规定规则的明确目的就是决定它对于某一案件含义的规约。因为这些额外的资源也是社会规则，哈特以法律是一个社会规则体系观念为依据而主张不确定性的基本论点比他当前正遭受批评的以开放结构为基础的论点更有持久力。

地附加在各种各样的语词上面的标准而已。当有关的人群中就某些一般术语的外延方面出现广泛的争议的时候——例如，残酷的和异乎寻常的惩罚——顺理成章的就是，这个观点会继续认为，主宰此术语的语义规则必然是不确定的，而且无法涵盖处于争议中的案件。由于语义规则是社会规则，因此，它至多只能扩展到该语言社区的规约性合意的范围。[18]

哈特理论的重要意义之一就是，当法官裁决有争议的（或者"疑难"）案件的时候，他们是在创造法律，而不是在适用法律。这种"司法性立法"（judicial legislation）并不是某些伦理差错在司法方面导致的结果，而是源自于法律是纯粹规约的特性。若构成法

---

[18] 戴维·布林克（David Brink）最近声称，哈特的观点依赖于一个有缺陷的语义理论。这一理论认为，在一个特定的语言社区中，术语的含义和所指的意义已为语言用法的规约所确定。布林克令人信服地提出理由证明这样的理论无法为物理学中所使用的术语，例如质量，提供一个貌似合理的解释。该理论有着难以置信的含义：既然规约性的看法支配着术语的确切含义和所指的意义，那么那些对有关质量的普遍规约性看法持异议的物理学家可能无法协调一致地表述他们的替代观点。规约主义理论也难以叫人相信地表明，假如由于物理学家之间有关质量的本质存在深度的意见分歧，那么有关该术语的用法将不会有规约性的合意了，有关质量的争议问题将没有确定的答案。布林克表示，在这一方面，法律术语也类似于自然科学的术语，即对法律术语的规约性用法的异议是前后连贯的，并且就它们在一个特定案件的用法没有明确的惯例也不能说，对于它们适用于案件的问题，没有确定的答案。See David Brink, "Legal Theory, Legal Interpretation, and Judicial Review", *Philosophy and Public Affairs* 17 (1988): 106~16.

布林克论点中的主要缺陷是他没有考虑到法律和自然科学在本体论上的差别。自然科学的术语指涉的是一个独立于心智（mind-independent）的领域；质量的本质完全独立于人们的所言或所思或所同意的事情。然而，这对法律就不同了。法律术语指涉的是一个社会建构的现实，该术语若没有人类的活动、思想以及决策就不会存在。哈特有关法律不确定性的论点出自这样一个前提：社会建构的现实至多只能扩展到创造该社会现实的规约性合意所涉及的范围。然而，当把规约主义的语义符号学应用到那些指涉独立于心智的自然世界中的现实术语时，布林克认为他所检验的那一类的规约主义语义符号学将导致一个明显的难以置信的后果。在这一点上，他是对的。但是，对于哈特的运用规约主义解释那些指涉社会建构的法律世界之术语，他想当然地认为他能够运用该论点类比地证明哈特的规约主义解释是不可信的，在这一点上，他却错了。

律的规约是沉默的,法官就不能适用这个法律去裁决案件。假如法官要裁决有争议的案件,那么他们除了行使自由裁量权和为此类案件立法之外,别无选择。

德沃金:最为健全的法律理论?

德沃金认为,我们法律制度中的法官思考和裁决案件的方式与法律仅包含法律官员所能够达成的共识这一观念不一致。[19] 那些能够为习俗所同意的规则和原则以及它们常见的含义肯定是法律的一部分;它们构成了既定的法律(settled law)。但是,德沃金争辩说,法官在裁决特定类型的案件,如"疑难案件"的过程中,他们特别地要比这些既定的法律挖掘得深一些,要比这些规约性的共识挖掘得深一些。为了裁决这些疑难案件,法官特别地要寻找那些隶属于德沃金所称的"最为健全的法律理论"[20] 的许多原则。他们把自己的判决建立在这些他们认为是该理论组成部分的许多原则之上。

最为健全的法律理论是最具有可辩护性的伦理和政治理论,而

---

[19] 德沃金在《法律帝国》这部著作中描述了其最新的法律理论,他对其法理学的辩护部分以一般解释理论为基础。这促使德沃金转化一下他的某些术语并能够为其关键的法理学立场提供额外而又多少有些别致的论点。在考察德沃金法理学主张的过程中,我尽管曾一度介绍了一般的解释理论,但是我多半所关注的是其论点中的、能够被表述的独立于该理论的那一部分。我同意索珀(Soper)的评价,该理论并不特别有助于让人们了解德沃金所关注的法理学主要问题。See Philip Soper, "Dworkin's Domain," *Harvard Law Review* 100 (1987): 1168, 1173。人们并没有在德沃金的一般解释理论中找到其最好的论点。基于这一原因,我在很大程度上依靠其早期的论点和术语。例如,我所运用的法律的最为健全理论(soundest theory of law),在德沃金较新的术语中,相同的表达方式可能是最好的建构性法律解释(best constructive interpretation of law)。

[20] Dworkin, *Taking Rights Seriously*, pp. 66~68.

该伦理和政治理论能够与隶属于既定法律的规范和判决相一致,也能够证明这些隶属于既定法律的规范和判决的合理性。一致性并不一定是完美的,因为德沃金承认,某些既定的法律规范和判决可能被认为是错误的。但是,它们必须与既定法律的实质部分保持一致。假如有不止一种理论能够与既定法律相适合——而且,德沃金认为,在疑难案件中,将时常有不止一种理论——那么最为健全的理论就是在某些适合度和伦理适宜性(ethical adequacy)的权衡上得分最高的理论。

那些隶属于最为健全理论的原则的身份和重要性在法律职业领域很可能是一件有争议的事情。这是因为,每一个人有关最为健全理论的判断往往是他或者她道德和政治信念的变量,在一个规范性信念多元化的社会中,对于最为健全理论的原则是什么以及它们有多大的重要性,不可避免地会出现意见分歧。德沃金对他的理论的这一意义并不是视而不见:"不同法官属于不同的甚至对立的政治传统,而且,不同法官解释的前沿会受到不同意识形态的影响。"[21] 结果就是"法律判决是普遍地可争议的"。[22]

鉴于最为健全理论的这一具有争议的性质,所以,那些法院在疑难案件中关于法律权利的判决也必然有争议。然而,德沃金认为,这并不意味着法律在这些案件中真的是不确定的,也不意味着法官真的是创制法律而不是适用法律。即使在疑难案件中,法律也是确定的;正确的法律结果是由既定法律中的最为健全理论的原则来决定的。从最为健全理论明确地为具体案件提供了什么存在争议

---

[21] Dworkin, *Law's Empire*, p. 88.
[22] Ibid., p. 411.

这一事实并不必然得出最为健全理论在该案件上是沉默的结论。它只是说人们并没有对最为健全理论的内容是什么达成一致意见，而且德沃金坚决主张，最为健全理论的内容已足以明确地裁决案件。因为法律部分是由最为健全理论的内容来决定的，而不完全由法律官员所认可的东西来决定，所以，对于官员们意见分歧的案件，法律上确实能够有并且实际上是有确定答案的。

德沃金承认逻辑上存在这种极小可能性，即可能在某些疑难案件中，赞成原告和反对原告的因素如此地势均力敌以至于最为健全的理论必须宣布这是一个平局。[23] 在这样的案件中，法律可能是不确定的。但是德沃金怀疑在任何一个像我们这样具有丰富结构的法律制度中，人们可能会遇到很多的这样的案件。实际上，所有的案件在法律上都有确定的答案，这些答案由最为健全理论连同既定的法律共同决定。

我们现在可以理解德沃金的法治概念了。在德沃金看来，只有社会机构所提议的任何权力的运用得到既定法律及其最为健全理论的授权而允许开展时，一个政治社会才是一个依靠法治来运作的社会。由于最为健全理论的性质是一件有政治争议的事情，因此，根据德沃金的法治概念，法律和政治之间并没有明显的区分。依据法律做出来的判决时常有政治争议，并且也以有争议的政治道德判断为转移。但是，德沃金认为，一个依据这样的法治观念来运作的政治社会尽管并不能承诺它总能够提供毫无争议的法律判决，但是，它却可以承诺，官员们会把法律当作一个由诸多规范性原则组成的协调而又一致的制度的化身，而不是规则和判决混杂的大杂烩。此

---

[23] Dworkin, *Taking Rights Seriously*, p. 286.

外，这样的社会也能够承诺，它将按照这一原则结构的要求来对待它的公民。德沃金把完整性理解为一种价值观念，这种价值观念要求原则性地对待民众。因此，他声称，一个遵守他所构想的法治的政治社会在对待它的公民方面将会展示其完整性的品格。他认为，这种完整性，并不是那些把法律降低到规范和习惯性地由法律官员所同意的含义的政治社会所能够承诺的，也不是它们所能够提供得了的。

德沃金继续论述说，像美国这样的政治社会（可能还有其他的自由民主国家）实际上就是根据他的法律理论所构想的法治来运作的。他暗示，其他模式的法治，像哈特那样的模式，因为它并不符合我们的法律实践和制度，所以应当给予有力的批判。德沃金主张，对他的法治模式不存在与前一种批判完全相当的批判。他的模式不仅能够表明法律如何保证完整性这一极其重要的价值观念，而且还能提供一幅准确描述我们法律文化的画像。

对德沃金和哈特的评价

在本节中，对于德沃金和哈特之间争议的主要问题，我考察了其中的两个：法律权威到底是否是一个纯粹的规约问题以及在我们的法律中是否存在相当大程度的不确定性。对于这两个问题，尽管我宣布站在哈特这一边，但我也认为，德沃金的理论为我们的法律提供了某些重要的深刻见解，这些深刻见解与承认法律权威的纯粹规约性特征以及承认法律存在相当大程度的不确定性是一致的。

规约和法律权威

德沃金认为，法官通常推理疑难案件的方式表明，哈特所认为的一个规范的法律权威只依赖于规约的想法是错误的。有关疑难案件的法律推理揭示出了法律中存在一个非规约性要素。这个非规约性要素就是伦理适宜性检验，它有助于确定哪一个原则属于既定法律最为健全的理论。某些规范是否是最为健全理论的组成部分，以及是否因此就是法律的组成部分，这不仅部分地依赖于法律社会内部习惯上同意什么，也依赖于规范的实质伦理合理性。

让我们暂且假定德沃金所认为的最为健全理论的原则本身就是法律的组成部分：这样的原则具有法律权威，而它们之所以具有法律权威，是因为它们是最为健全理论的组成部分。但由这一假定并不必然得出哈特的观点就是错误的，即一个规范的法律权威最终只是规约的问题。在推断出哈特就是错误的之前，我们必须问一个更进一步的问题：凭什么说这些属于最为健全理论的原则就是法律的组成部分呢？如果答案是"一个规约赋予这些原则具有这样的地位"，那么我们就没有理由拒绝接受哈特的论点，即法律最终是一个规约问题。因为这里的关键词是最终。哈特意识到法律规约有这样一种可能性：它使规范的法律权威部分地依赖于其理论合理性。哈特的观点是这样的：就伦理合理性考量扮演的这样一个角色而言，正是某些规约才能够解释为什么它们会扮演这样的角色。[24]

---

[24] See Hart, *Concept of Law*, p. 199. Cf. Jules Coleman, "Legal Duty and Moral Argument," *Social Theory and Practice* 5 (1980): 377~407.

德沃金默默地承认了这一点,因此,他反对哈特的论点失败了。当他说为什么最为健全理论的原则具有法律效力这一问题时,他援引了他以前所做的描述,即在我们的法律文化中,法官是如何典型地推理和判决疑难案件的。[25] 他告诉我们,法官们推理的目的典型地在于发现既定法律中最为健全理论,而且他们的判决以他们的推理所指向的、属于最为健全理论最有可能的候选者的原则为依据。但是这些有关司法推理实践的主张可能并没有表明最为健全理论的原则具有法律权威,除非有人假定法官的习惯性实践将法律权威赋予了这些原则。换而言之,德沃金的论点以这一前提假设为依据,即最为健全理论的原则是法律的组成部分,因为惯例性的司法实践认为它们是这样的。[26] 但是,假如上述观点是对的,那么哈特的法律权威最终是规约性的主张得到了进一步的巩固,而不是被击败。

还有另外一种论点可能会被用来反对哈特的观点,即恰是法律的本质最终赋予最为健全理论的原则以法律权威。但是德沃金没有接受也不能接受这样一种选择,因为他承认一个法律制度存在既定法律——非争议性规范、原则以及判决使得一个法律制度趋于穷尽的可能性。他认为,确实,在其他条件都相等的情况下,一个以他所描述的方式超出无争议的法律之外的制度,与其他并没有这样做

---

[25] Dworkin, *Taking Rights Seriously*, pp. 283~84.
[26] 我对德沃金所主张的为什么最为健全理论的原则具有法律权威所给出的解释也可以在菲利普·索珀的著作中看到。Philip Soper, "Legal Theory and the Obligation of a Judge: The Hart/ Deworkin Dispute," *Michigan Law Review* 75 (1977): 513. 然而,与索珀不同,对于德沃金所准确描述的、我们的法律文化中有关司法推理的规约性实践的观念,我相信会有很好的理由来摈弃该观点。我稍后将在本节中来详尽阐述我的这种信念的根据。

的法律制度相比，是一个更好的法律制度。但是，这样的论点预先假定了法律文化存在这样的可能性，即这个法律文化将法律权威规范和判决限制在法官对此都能够同意的范围内，该预先假定与下述观点不一致，这个观点就是，正是法律的本质赋予既定法律的最为健全理论的原则以法律权威。[27]

不确定性和法律推理

即使正如哈特所认为的那样，法律权威最终仅仅以规约为依据，但仍然可能正确的是，我们的法律制度并不存在相当大程度的不确定性。德沃金的论点是，既定法律和它的最为健全理论的原则为每一个具体案件都提供了一个明确的答案。接受哈特的观点，即法律权威，在根本上，只能是规约性的，并不必然使德沃金的观点无效。假如有一个规约性的实践，将最为健全理论的原则视为具有法律权威，并且假如这些原则的含义和重要性足以精确地确定几乎所有的结果，而这些结果可能是既定的法律单独无法确定的，那么德沃金就是正确的，因为他主张我们的法律制度大部分具有确定性。然而，对于前面的两个假如，却可以提出许多严肃的疑问。

反对德沃金观点的一个思路可被表述如下，即使承认支持既定法律的原则具有法律效力并且诉诸这些原则能够有助于解决某些既定法律所不能决定的案件，也仍然存在相当程度的法律不确定性，因为相关的基本原则时常还是不够准确，或者它们将与其他同等重

---

[27] 对于德沃金观点，即法律权威部分地是非规约性的，一个更为详细的评判可在朱尔斯·科尔曼的著作中找到。Jules Coleman, "Negative and Positive Positivism," in *Ronald Deworkin and Contemporary Jurisprudence*, ed. Marshall Cohen (Totowa, N.J.: Rowman and Allanheld, 1984), pp. 28~48.

要权威性的基本原则相冲突。哈特就采取了这样的论证思路来反对德沃金有关法律不确定性的观点。[28]

我宁愿强调另外一个批判德沃金观点的思路。他的论点以含糊的观点为依据，即法官思考和裁决疑难案件的典型方式可被准确地描述为查找既定法律的最为健全理论的含意。德沃金表示，当法官在思考和裁决此类疑难案件的时候，他们并没有将法律书籍撇在一边而不予考虑。尽管在这一点上德沃金是对的，但并不能由此就得出结论说，法官把他们的判决建立在他们认为是既定法律的最为健全理论的基础之上。在本节的下一部分，我认为有许多令人满意的理由认为，在我们的法律制度中，并没有以（被认为）最为健全理论的原则为理由来裁决案件的规约性实践，而且我还认为，当罗尔夫·萨特里厄斯（Rolf Sartorius）提出，对逻辑合适性（logical fit）的考虑，以及单单这样的考虑最终就可以确定那些支持既定法律的权威性原则的特征和价值的时候，他接近真理。我届时会建议，德沃金的推理在我们的法律文化中还有某些空间，尽管它并不能占据他认为应当属于它的中心地位。

萨特里厄斯和逻辑一致性

萨特里厄斯是这样来解释其观点的：

> 法官的职责就是努力达到能够与权威性法律标准的整个部

---

[28] 哈特承认，当既定法律看似无法解决一个法律问题的时候，法官就会诉诸基本原则，而且他看起来赞同德沃金的观点，即这样的原则具有法律权威。但是他接着主张，这样一来，法律不确定性还会在相当范围内存在。Hart, *Essays in Jurisprudence and Philosophy*, pp. 6~7, 136~40.

分最佳协调的判决，而该权威性的标准的整个部分是他必然要适用的。在一个特定的案件中，正确的判决就是，根据形式上确定的、系统性的协调来对现行标准达到"最佳解决"的那一个判决，而不是根据要么由某些最高的、实质性的原则，要么由法官自身个人的价值观念系统所确定的、最大限度的可取性来对现行标准达到"最佳解决"的那一个判决……相对于立法的制度化角色而言，司法的制度化角色的鲜明特征就是，它可能并不直接地把其判决建立在对相互竞争的社会政策的价值观念的实质考虑这一基础之上。[29]

萨特里厄斯主张，我们法律文化中的一般规则是，裁决疑难案件所依据的基本原则必须有它们的身份和分量，而它们的身份和分量是依据它们与既定法律的逻辑合适性来确定的，道德适宜性的考量并不扮演独立的角色。[30] 换而言之，他认为，起支配作用的规约规定法律判决以及用来支持它们的推理都应当最大限度地与既定规范、原则以及判决相一致。

德沃金指出，确定哪一个判决与既定法律最佳一致并不是一个

---

〔29〕 Rolf Sartorius, *Individual Conduct and Social Norms* (Encino, Calif.: Dickenson, 1975), pp. 196~97. 注意，萨特里厄斯在该段的最后部分坚决主张法律—政治之间的区分，并含蓄地表明了他与德沃金是截然不同的。坦恩（C. L. Ten）也据理反对德沃金，内嵌于既定法律当中的原则最终由它们同既定规则的逻辑合适性来确定，而不是由独立的道德适宜性的考量来确定。See Ten, "The Soundest Theory of Law," *Mind* 88 (1979): 535.

〔30〕 当然，可能有一个规范，它属于既定法律的组成部分，它规定，对伦理合理性的考量应当在特定类型的案件中加以考虑，参见注释32。萨特里厄斯的主张是这样的，在我们的法律制度中，法律推理的规约排除了诸如这样的伦理考量，除非该考量以上述那种方式被规定了。

机械的程序。[31] 它涉及确定哪一个潜在的判决原则能够给予既定法律本身以最大限度的系统一致性这样一个极其复杂的任务。德沃金在此处的观点完全与萨特里厄斯的观点一致，对伦理合理性的考量所扮演角色不独立于指导我们制度中法律推理的规约中的一致性检验。德沃金别具特色的主张就是，除了确定判决的潜在原则可能会与既定法律保持逻辑一致性程度这一复杂任务之外，法律推理还传统地包含着此类原则的伦理合理性的独立考量。

尽管我认为萨特里厄斯对起支配作用的规约的描述基本上是对的，但是对处于我们制度中的法律推理的运作，规约并没有说出全部故事。在这个制度的边缘部分，存在德沃金所描述的道德适宜性考量的空间。我不认为在制度的边缘部分确实存在一个德沃金式的反规约（counterconvention）在起作用是正确的。这是因为我相信，对于何时，或者即使依赖德沃金所描述的道德考量是一个合法的法律推理模式，法官们并没有达成充分一致的意见。但我提出，尽管如此，德沃金式的推理的确在法律制度中扮演着一个极其重要的角色，即使它并不是该理论所赋予它的中心角色。[32]

促使我得出结论说不存在德沃金式的规约性的司法实践的这些考量源自于一个普通观点，这个观点是那些对某些法律判决的合理性有争议的法官们提出来的。该观点认为，所谓有缺陷的判决正是

---

[31] Dworkin, *Law's Empire*, p. 247.
[32] 在我们的法律制度中，某些权威性的规范包含着一些或多或少明确要求法官将伦理考量添入他们判决理由中的术语——例如，那些用公正或者正当程序等字眼表述的规范，这有争议。然而，德沃金的理论对我们法律文化中的推理只提出了一个一般的要求，而不管该规范与案件的相关程度是什么样的。为了检验德沃金的理论，那么我们应当在很大程度上把我们的精力限定在那些涉及法律规范的案件上来，而这些涉及法律规范的案件并没有明确准许法官可以进行伦理推理。

以那些不合法地包含了伦理考量的推理为依据所作出的。有一个很有代表性的观点主张,判决所依据的原则是一个因其伦理合理性而被欣然接受的原则,即使相反的原则比该原则能够更好地适合于既定的规则、原则以及判决。批判法学的这一思路主张,此类推理实质上是不合法的,判决的原则应当是一个能够最好地适合既定法律的原则,而不是较好地适合既定法律但却在伦理理由上占优势的原则。批判法学的这一思路还特别建议,伦理考量的适当范围属于立法领域的事情,(被指责为)有缺陷的判决表现了对立法权威的篡夺。

如果德沃金式的规约起支配作用,对法律判决的此类批判可能会因为在原则上误导而被普遍抛弃。然而,实际情况是,批判法学并没有那样被抛弃,重新加入这种批判的法官们试图在承认这一批评的前提下论证其判决的合理性,法官们认为,如果判决实际上是基于批评家们所指责的伦理考量作出的,那么这种批判会很有力量。重新加入的法官们试图表明,判决的原则比其他可选择的原则的确能够更好地适合既定的法律,而不是说该原则在伦理层面上比另外其他的原则更具有合理性。法官们极不愿意承认伦理推理在他们判决中起作用。即使在伦理推理很显然起着重要作用的案件中,法官时常拒绝承认这一点,他们仅以该判决如何完美地适合于既定规则、原则和判决的整体的措辞来制作他们的判决理由。

德沃金模式的案例之一,麦克弗森诉别克(MacPherson v. Buick)案,说明了我正要说的观点。[33] 在该案中,原告因其汽车的一个车轮破裂而致使其受到伤害,于是原告起诉车轮制造商。原

---

[33] *MacPherson v. Buick*, 111 N. E. 1050 (1916).

第二章 自由主义和合法性 49

告不是从制造商处而是从经销商处购买的汽车。卡多佐（Cardozo）基于这样一个原则做出他的判决：尽管缺乏当事人之间的相互关系，如果制造商因疏忽大意而制造的产品给生命造成了危险，那么制造商负有照顾（care）第三者的义务。卡多佐事实上承认该原则是对托马斯诉温彻斯特案[34]（*Thomas v. Winchester*）这个关键性先例所规定的规则的扩展。根据该规则，尽管缺乏当事人的相互关系，如果从制造商所制造的产品自一开始设计就对生命或者身体具有危险意义上来看，具有"内在的危险"，那么该产品制造商负有照顾第三者的义务。事实上，卡多佐不仅扩展了托马斯案确定的规则，而且还把原则的结构彻底地翻了过来。托马斯案确定的规则被认为是——不存在相互关系就可以对第三者不负有照顾的义务——这个一般原则的例外。卡多佐对托马斯案确立的规则的扩展有着至关紧要的结构性效果，它使得当事人利益的相互关系要求成为一个例外的规定而不是一个规则；更精确地讲，这使得曾经一度仅是卡多佐的原则成为了为法官们所普遍接受的原则。

对于最高法院首席法官的不同意见，卡多佐据理力争说，他之所以扩展了托马斯案规则，因为它所体现的法律原则能够更好地适合于既定的法律。他没有明确地诉诸更大的道德或政治适宜性以扩展托马斯案中所确立的规则的观点。他的意见书的推理试图表明，他的判决以及该判决所依赖的原则比其他别的原则能够与既定法律的相关部分更一致。

我认为，从卡多佐在麦克弗森案件中的判决可以得出一个非常有说服力的结论，即他所依据的东西非常类似于德沃金的推理。然

---

[34] *Thomas v. Winchester*, 6 N. Y. 397 (1852).

而，事实是，卡多佐的理由和持不同意见的法官们的理由都把他们的论点描述为最佳地适合于既定的规则、原则以及判例的问题；对于构成判决理由的原则，没有一方诉诸伦理适宜性。此外，在首席法官巴特利特（Bartlett）的反对意见书中，他指出，卡多佐依据伦理考量是违法的。他声称，假如托马斯案件中的规则随着新技术的发展，例如汽车，而变得不受欢迎了，那么"这种变化应当由立法而不是法院来完成"。[35] 这个含蓄的表示不可能被误解：卡多佐已经违反了立法角色与法院角色之间的区分，因为他在其判决中引入了伦理推理。

德沃金的理论不能用来解释麦克弗森案件中持异议的法官们的论证思路是应该坚持的或者受欢迎的，这一思路批评一个法律判决，因为这个判决把伦理考量引入判决理由。[36] 德沃金的理论也不能解释为什么新加入的法官们拒绝承认独立的伦理推理在判决中有任何作用，它也无法解释诸如卡多佐之类的意见如此拒绝承认那些看起来明显的东西——伦理合理性的考量在法律推理中确实发挥作用。假如德沃金式的推理确实是规约实践，那么人们

---

[35] *MacPherson v. Buick*, 111 N. E. 1050, 1057 (1916), Bartlett, C. J., dissenting.

[36] 批判主义的这一思路绝不限于持异议的意见书。乔治亚州（Georgia）有一项法律规定，对于搞同性恋的成年人之间的鸡奸行为要予以刑罚处罚，并且该法律已用来对那些在同性恋之间搞鸡奸行为的人员提起公诉。在因该法律的合宪性问题而引起的案件中，在绝大多数的判决意见书中，法官怀特（White）写道："对于法律是否只是一般地反对成年同性恋之间的鸡奸行为，还是特别地反对同性恋之间的鸡奸行为，这一案件并不要求做出判断，这样做是明智的或者可取的"。*Bowers v. Hardwick*, 478 U. S. 186, 190 (1986). 怀特的声明，既含蓄地批评了首席法官伯格（Burger）的赞成意见，也含蓄地批评了法官布莱克蒙（Blackmum）的反对意见。这后两种意见都很明确地将伦理判断引到判决理由中来了。当然，伯格和布莱克蒙对因此案件所引起的事件却做出了截然相反的伦理判断。

可能会期望，主张法律结论（部分地）仰仗于伦理推理的批判法学的思路可能会被法官们看作是错误的而普遍拒绝接受，而新加入这一批评的法官们可能会很高兴地承认伦理推理在判决中是起作用的。人们可能会期望，诸如卡多佐之类的判决可能会明确地引入伦理适宜性的考量。然而，实际上，这些期待的结果是令人失望的。

德沃金式推理的作用

尽管德沃金的理论有着这样那样的问题，但是很难否认在一些案件中，不管法官承认与否，伦理推理大体上确实按照德沃金所提的方式在起作用。卡多佐可能根据判决适合于既定的法律来精心制作他的判决意见书，但是，异议的观点很难否认：如果适用既定的法律是判决的唯一基础，那么大多数法官都会作出错误的判决。而且，在许多案件中，法官的确明明确承认伦理推理的作用。[37]

我们需要一种理论，这种理论既认可德沃金式的要素在我们的法律文化中起作用，也认可非德沃金式的要素在我们的法律文化中起作用。我建议的解决方案是，起支配作用的规约就是萨特里厄斯所描述的规约，但是该规约会在一些案件中失效。当它失效的时候，一些法官开始进行德沃金式的推理但拒绝承认这种推理；其他法官进行此类的推理也承认它；还有其他一些法官反对任何德沃金式的推理的合法性，并坚决主张最大限

---

[37] 例如，在 *Escola v. Coca-Cola Bottling Co.*, 24 Cal. 2d 453（1944）案件中，法官特雷纳（Traynor）明确把伦理考量引入判决理由当中来了。当伦理推理以这样的方式被引入法律论证中来的时候，它通常归于"公共政策"类目下。

度一致性的标准。[38]

因此，德沃金式的推理是我们法律文化的一部分，但是不管它在哪里出现，不管是明确地还是含蓄地，对于伦理考量所扮演角色的解释都会引起争议。我们需要牢记在心的是，我所指的争议并不是有关判决正确性的根本争议，而是有关导致该判决的推理模式合法性的争议。在我们的法律文化中，德沃金式的推理不是规约的，而是内在地有争议的。

在为德沃金辩护的过程中，可能需要指出的是，基于既定法律的最为健全理论而做出的判决与基于不受现行法律规约限制的伦理推理而做出的判决之间有着重要的区别。在德沃金的描述中，即使在疑难案件中，既定法律对法官的道德和政治信仰都给予相当大的约束。

德沃金陈述的这一部分应当得到认可，但是它仍然不符合我批评他理论的中心意思。在我们的法律文化中，在法官们之间起支配作用的规约规定，法律判决应当最大程度地符合既定法律，而独立的伦理考量在法律推理中起的作用，事实证明，这种推理很可能是争议，而不是证明了规约。当然，德沃金主张，疑难案件的判决本来就是有争议的。但是，再重复一次，我所指的争议不是针对结果，而是针对推理的模式。

德沃金可能还会主张，法律解释总有价值负荷（value-laden）。实际上，他的一般解释理论暗示所有致力于解释人类社会行为的努力都包含着一项非常重要的而且是不可排除的价值维度。该

---

[38] 在某些法律领域中，规约的失效要求与既定法律的最大限度一致，相对地比其他领域发生的频率要高一些，此类失效发生最频繁的领域，我认为，在宪法性法律领域，也许部分原因在于那些经常成问题的道德和政治问题的不寻常的严重性。

理论声称"为了使得被解释的对象可能成为它被认为应当属于的、形式或者样式当中最佳的事例,解释是一项对客体或者实践强加目的的行为"。[39]

尽管人们承认德沃金所声称的解释具有价值负荷的特征,但是,人们并没有放弃这样一种主张,即在我们的法律文化中居于支配地位的规约要求判决必须与既定法律保持最大限度的一致。德沃金仍然尊重解释和发明创造之间的区别。[40] 与发明创造的含义不同,解释要受独立于解释的客体特征的限制。我反对德沃金的观点。我的观点是,我们的法律文化有着许多显著的特征,它们尽管与德沃金的陈述并不相容,但却完全适合于这一观念,即起支配作用的规约要求判决必须与既定法律保持最大限度的一致,而不管任何独立的对这些判决所依据的原则的伦理合理性的判断是什么。

确定哪一个判决最符合既定法律,这一任务也可能是一个价值层面的问题。例如,在确定哪一个法律原则指导特定类型案件过程中,简明或者"简洁"的考量可能起作用。其至更为真实的是:当下更多的案件在与既定法律达到最大程度的一致时,它们被规约赋予了更重要的分量,对这一实践的合法性就可以在这一基础上得到证明,即法律是而且应当是不断的努力以便解决社会生活中的问题。然而,承认在制作法律判决的过程中存在这一价值维度,决不意味着它与下列主张不相容:我们的规约性实践要求法官做出的判决能够最大限度地与既定法律一致,而不管对该判决所依据的原则

---

[39] Dworkin, *Law's Empire*, p. 52.
[40] Ibid., pp. 67~68.

的道德或者政治合理性的独立判断是什么。[41]

它的争议特征并没有妨碍德沃金式的推理对原则的形成产生极其重要的影响。看起来要发生的是：当最大限度一致的规约失效的时候，某些法官所做出的判决则明确地或者默示地诉诸原则的道德和政治适宜性，而这些原则能够与既定法律的实质部分保持一致。其他一些法官反对这一推理并持异议，声称这样的判决不符合最大限度地与既定法律保持逻辑一致的规约的要求。但是每当一个法官做出一个依据德沃金式的推理的判决的时候，下一个法官依据最大限度逻辑一致性来在一个类似的案件中做出一个类似的判决则相对比较容易了。较早的判决成为了先例，那么判决结果（如果不是推理）就会成为既定法律的组成部分。先例原理因此创造了一类自助效果，它最终会导致一种局面，在这个局面中，即使是最大限度一致规约的严格信奉者也将承认，最初有争议的原则比它的竞争者能够更好地适合于既定的法律。法律原则和理论最初是有争议的法律推理的产物，如此，经过继承而成为法律当中无可争辩的组成部分了。然而，最初求助于原则的那一个一般的推理模式仍是有争议的。

---

[41] 德沃金可能倾向于把我所提议的理论归于他所称呼的柔性规约主义（soft conventionalism）范畴。这一范畴包括那些主张法律不仅仅由习惯性地商定的规范和含义组成，而且也由这些规约性材料中不言明的原则组成的种种理论。他声称，柔性规约主义只是他有关法律陈述不成熟的说法。See *Law's Empire*, pp. 124~28.

德沃金有关柔性规约主义的主张依据一个他所给予术语含蓄的特殊阐释。See *Law's Empire*, p. 123. 基于这一阐释，那些在规约性材料中不明言的原则，就是这些材料的逻辑一致和在与内在的伦理合理性两个方面的结合上得分最高的原则。假如这就是含蓄的含义，那么柔性规约主义就是德沃金陈述的一种说法，而我的理论则并不是柔性规约主义的一种形式。另一方面，假如一个原则因为最大程度地与规约性材料相协调，而不管其伦理合理性如何，就被称为含蓄的，那么我的理论就是柔性规约主义的一种表现形式了，但是还有许许多多类型的柔性规约主义并不是德沃金描述的那种说法。

不确定性的根源

假如我一直辩护的法律推理的说明是合理的,那么它就会挫败德沃金的观点,即在我们的法律制度中,基本上所有的法律案件都有一个唯一正确答案。它也表明在我们的制度中法律不确定性有许多潜在根源,而且,不确定性是我们法律文化的一个重要现象。

不确定性的主要根源是那个规定判决和推理要最大限度符合既定法律规约的破产。[42] 这种破产可能发生的案件有好几种类型。举个例子,考虑一下这些案件情形,法官们通过对法律资料苦心的审视后得出结论说,更符合法律的或不那么符合法律的相互竞争的判决原则,没有一个单独的原则成为决胜者。法官们或许会承认,一个特定原则的适合度可能真的比另外一个原则好上千分之一;问题在于,他们把适合度上的差异看作是受法律不关注细节(de minimis non curat lex)——这一原则的规定支配的。在这种情形下,法官们在制作判决的过程中可能会超越要求法官所作的判决应当最大限度地符合既定法律这一规约。禁止法官选择那些适合于既定法律程度稍低的原则而不选择在一致性标准方面得分最高的原则作为判决的理由,这一规约可能依然起作用。然而,单独一个这样的规

---

[42] 有些理论家认为,即使当法律并没有规定一个单一的确定结果,它仍然能够确立一个框架,在该框架中,其结果以及对它的推理都是确定的。我认为这样的观点是对的。See Hans Kelsen, *Pure Theory of Law* (Los Angeles: University of California Press, 1967), pp. 351~52. and Kent Greenawalt, "Discretion and Judicial Decision: The Elusive Quest for the Fetters that Bind Judges," *Columbia Law Review* 75 (1975): 382.

即使当规定判决的原则最大限度地与既定法律保持一致的规约完全破产了,那里仍然还有一个规约在起作用,它要求判决的原则应当适合于既定法律的实质部分。要求最大限度一致的规约的破产并不意味着法律文化当中有关推理的所有规约都破产了。当我们考察批判法学抨击法律—政治区分的时候,这一点将会变得十分重要。

约可能并不足以确定一个唯一的法律结果,而且,不同的法官为了结案和从诸多最佳适合的原则中间选取合意原则起见,可能会援用互不相容的标准。

一些法官会以德沃金的方式诉诸批判性道德的原则以确定一个判决规范——当然,对这些原则是什么,他们之间可能会有很多分歧。另外一些法官可能求助于诸多实证道德原则——同样也会有类似的意见分歧。还有一些法官可能会求助于立法目的,对于这些目的是什么,还会有争议。仍然有一些人会坚持最大限度一致标准而探求这千分之一的差异,反对在这里适用法律不过问细节原则的观念。然而,在此类的案件中,最大限度一致标准可能只是被降低为判决的另外一个有争议的基础;对于这些案件来说,它的规约性地位可能暂时被取消。仍然有效的法律推理的规约(例如,要求判决的任何原则应当与既定法律保持实质性一致的规约)可能并不足以确定一个唯一的法律结果。法律因而可能是不确定的。

即使当判决的一个可能的原则比它的竞争者能够完全更好地符合既定法律的时候,最大限度一致原则有时也会失效。举例来讲,有时一个在一致性理由方面站不住脚、但在道德上却无疑是较好的原则的规范,会基于此原因而成为判决的根据。既然法官们多少有点儿不太愿意承认他们偏离了最大限度一致原则,他们有时会拒绝承认他们的推理采取了这种形式,也拒绝承认他们以某种含糊的方式引用了"公共政策"的要求。但是我相信,把许多案件看作适合这一模式,包括卡多佐在麦克弗森案件中的判决意见,也说得通。

重要的是要指出我关于法律不确定性的论点中,没有一个是以法律官员之间对案件结果的分歧导致了不确定性这一前提为转移的。德沃金主张,法律职业者之间对案件的正确结果具有的真实的不一致看法并不意味着不存在正确的法律结果的结论。我对此论点没有异议。实际上，我有关法律推理的陈述与这一论点完全一致。

有些法官可能会比其他一些法官更好地领会众多论点当中各个要素之间的逻辑关系，并能够判断出哪一个判决（的原则）能够与既定法律最佳一致。认知能力方面的这些变量可能会导致法官们对案件的意见分歧，即使有一个判决能够比其他判决更好地与既定法律相一致，情况也会如此。在这种情形下，尽管一个案件会有一个唯一正确的法律答案，但法官对于正确的结果也会有不同意见。考虑到最大限度一致是一个起支配作用的规约，并且也考虑到我们的法律极其复杂，完全可能的是，法官之间的意见分歧并不表明法律存在漏洞，而表明了法官们认知能力的差异。

因此，我们法律文化中的推理受这样的一个规约指导，这个规约使法官们和律师们对一个案件的正确结果有不同看法，这种不同看法又不意味着对这个案件不存在一个正确的判决。哈特不确定性观点的前提是对于结果的分歧意味着法律的不确定性，该观点忽视了一个这样的规约的上述可能性，因而是不合理的。当然，还有一种有说服力的例子是相当程度的法律不确定性的情况不以上述前提为转移。我已经论述过，法律推理通常按照判决应当最大限度地符合既定的法律这一规约展开。该规约尽管有时会失效，但主要是在这种失效所造成的空间里面才产生了不确定性。

法律和政治

有人可能会说，我所描述的法律推理事实上已经承认批判法学提出来的论点，即法律—政治的区分和法治都是虚幻的。当最大限度一致的规约失效的时候，伦理的和政治的判断看起来就会以颠覆自由主义对法治的信奉的方式渗透到法律推理中来。但是,就此而得出的结论所依赖的可能是一个明显错误的前提假设:凡是缺少绝对差别的事物就根本没有区别。

我们已经考察过自由主义好几个类型的法治模式,它的每一个模式都允许不同程度的伦理或者政治判断渗透到法律推理中来。德沃金式的法律模式确定无疑地涉及到这种渗透,而且比那个依赖最大限度地与既定法律保持一致的规约体系的渗透程度要大得多,即使当规约有时以我所描述的方式失效的时候,也是如此。而且,那个我为之辩护的、并把其看作表现了我们法律文化中推理特征的法律推理模式比可选择的其他模式,如普遍模式,确实允许更多的渗透。但是不能仅从这些论点上就令人信服地得出结论说,我的模式,甚至德沃金的模式,有效地毁灭了法律—政治之间的区分,随之也毁灭了法治。这一结论依靠的可能是一个站不住脚的观念,即假如两个领域共享某些重要的相似之处,那么它们之间就没有真正的区别。另一方面,承认伦理或者政治判断对法律推理的明显的渗透肯定会引起这样的问题,即批判法学的立场是否正确合理?因此,我们需要详尽地考察批判法学反对法律—政治的区分以及自由主义法治的这些论点。本书的下一章将开始这一考察。本章的最后一部分致力于研究哈耶克和其他一些自由主义者的主张,即在当代自由主义国家中,由于行政—规制机关的兴起,法治已经彻底失败。

法治的解构?

来自于自由主义传统的最有力的论点,即法治已经在当代自由主义民主国家中彻底失败,源于对这些社会当中存在的行政规制体制含义的思考。在当代自由主义社会中,法治能够有效地约束和规制国家机关的权力,行政规制国家的出现给这一观念罩上了严重的怀疑。行政性和规制性机关通过操纵最含糊不清的标准实行广泛的自由裁量权。对这些机关行为的司法审查,在最好的情况下也是宽松的。即使当一个问题被认为可由法院来审查——并不总是这样认为——对规制机关总是实际上遵从其判断,其理由是他们所称的在其相关社会生活领域的专业性。另外,在没有独立的司法机关进行全面而又公正的审判情况下,人们可能会被规制机关剥夺财产或者自由。这些事态的发展看起来使得下述观点是在胡说八道,即国家机关以一种真正规制和限制它们权力的方式对它们的行为承担法律责任。指出了这些发展,自由主义者对当代自由主义国家的行政规制机关持敌视态度,这种敌视态度有力地证明法治实际上已经毁灭。[43]

很明显,随着行政—规制国家的发展,法治的某些构成要件已经彻底被置于过时状态。正如洛兰德·彭诺克(J. Roland Pennock)所指出的,戴雪关于法治的有影响的表述明显地与行政规制体制中的制度不一致。戴雪主张法治要求"任何人不受处罚,也不能合法地遭受肉体或者财物的惩罚,除非他明显地违反了以通常的

---

[43] 必须认识到,在诸如哈耶克之类的自由主义者认为法治已经彻底失败了的主张和与批判法学指控自由主义的法治是一个有关神话的主张之间有着重大差异。在上述那些自由主义者看来,自由主义法治的确曾经存在过而且可能会复兴。批判法学的一个主要论证思路,这将在下一章中得到考察,就是自由主义的法治从来就没有存在过,并且永远也不会存在。另外,那些为法治的死亡而感到悲痛的自由主义者并没有把法治的破灭归因于普遍的法律不确定性,以至于使得行政性和规制性机关有了广泛的自由裁量权。问题不是法律是不确定的,而是法律完全对这些机关授予了去做随它们所愿的权力。另一方面,对于批判法学而言,恰是法律不确定的普遍性构成了说法治是一个神话的主要理由之一。

法律方式确立起来的法律,并由国家普通法院审理"。[44] 彭诺克指出,在20世纪自由主义民主国家的规制体制之下,"有不计其数的事例表明,人们因违反了以其他方式确立的而不是以'通常的法律方式'确立的法律而'遭受财物的惩罚'。"[45] 而且彭诺克也补充说,这些损失时常经完全不同于普通法院的机构之手强加给人们。

但是,从前面所述就得出结论说法治原则已经毁灭了,未免太仓促了些。戴雪的法治说法过于受制度性细节的束缚。所有自由主义的论述都主张,法院或者和它们功能有相同之处的机构,在实践中,都被要求确立法治。但是像戴雪那样,主张法治要求除了普通法院之外的任何其他机关都不能对任何人施以处罚,那就走得太远了。法院必须是整个政府结构的一部分,但是,它们怎样精确地被纳入整个政府结构,这是一个随着情况的不同而不断改变的问题,法治的概念不应该包括这一问题。正如在德沃金和哈特理论中所主张的那样,法治应当在一个抽象的层面予以表述,以便为制度性的变化留有相当的空间。只有通过这种方式才能够使我们警惕法治的道德导向性目的,并且能够将该目的的实现与具体制度性安排的确立区分开来,而该制度性安排仅在一个特定而又有限的社会或者历史背景中才有可能实现这样的目标。

既然如此,那些首先宣称法治解构的自由主义者实质上接受了戴雪有关法治的说法,这也就没有什么奇怪了。[46] 假如戴雪有关法治的说法就是法治,那么它早已经被20世纪国家的行政—规制

---

[44] A. V. Dicey, *An Introduction to the Study of the Law of the Constitution*, 6th ed. (New York: Macmillan, 1902), pp. 183~84.

[45] J. Roland Pennock, *Administration and the Rule of Law* (New York: Farrar and Rinehart, 1941), p. 10.

[46] See, e. g., Lord Hewart of Bury, *The New Despotism*.

体制毁灭了。然而，一旦我们开始理解较少受制度性细节束缚的法治，那么说法治已经被刚才简要概述的发展毁灭了就有些言过其实。问题实际上还不是很清楚。

德沃金为我们处理这一问题提供了一个有用的线索。他告诉我们，如果法治有权威，它就必须要求一个规范性的原则至少应与既定法律有一些实质程度的逻辑一致性。然而，这就引出了多大程度的一致才是"实质的"这样一个问题。德沃金指出，对于该问题的答案部分地依赖于对规范性政治哲学问题的回答；尤其依赖于对法治所服务的伦理和政治目的问题的回答，以及这些目的在整个人类有价值的目标中的重要性。[47] 我相信，对于法治是否已经毁灭了的问题，同样也是如此。该答案部分地以规范性政治哲学问题为转移。我并不打算在这里回答这些问题。相反，我建议采用一种更为谦虚的态度表明，那些声称法治已经被解构的自由主义者和那些对此予以否认的自由主义者之间的争论是如何以自由主义政治哲学传统当中的规范性冲突为基础。

想象一下法治整个坍塌的情形是可能的，但是没有一个理性的人，不管他或者她的政治哲学是什么，会断言这种情形存在。在自由主义的争论中，没有一方认为我们就处于这种情形当中。假如法律规范能够限制和规制公共权力和私人权力——所有的自由主义者认为它们能够——那么在当代自由主义国家中，至少在相当程度上存在这种限制和规制。

首先，法律原则的实质领域保持不变，其中，规则的表述准确得到坚守——特别是刑法。其次，国家否定个人自由或者财产权的

---

[47] Dworkin, *Law's Empire*, p. 257.

行为仍然要受到正当程序的保障。再者，当行政性和规制性机关发布权威性规则和法令的时候，那些指导它们的模糊标准依然在一个比较广泛的、限制这些机关权力的规则框架内作用。没有任何一个政府机关被赋予不受限制的命令以"最大化社会功利"或者"做正义所要求的事情"。消费者产品安全委员会有为消费者的商品颁布安全规则的授权，它甚至有禁止使用被认为超越情理的不安全商品的授权。但委员会不能为企业颁布产品安全之外事项有关的规则（例如，工作场所的条件）；即使有充分的理由认为这样做可能会提高产品的安全性，它也不能将企业国有化。最后，不受控制的国家权力和受到模糊法律控制的国家权力以及受宽松司法监督的国家权力之间是有区分的。模糊的法律对国家权力的限制与明确的法律对国家权力限制力度不同。但是，假如我们相信法律能够限制权力，那么就没有充分理由否认模糊的法律实施了某些限制性约束。在很大程度上遵从行政机关裁决的司法监督限制国家权力的效力可能无法与严格司法监督的效力相媲美。但是，假如我们相信司法监督能够对其他政府机关的行为构成独立的制约，那么就没有充分的理由否认宽松的司法监督能够实施某些限制性约束。

当代自由主义国家可能比早期自由主义国家有更多的权力和权力类型。然而，并不能因此就说，国家机关有权做它所喜好的任何事情，也不能因此就说，国家机关有权去做它认为有利于政治社会的任何事情。

上述这些论点并不意味着法治是否已经毁灭这一问题已经得到解决。恰恰相反，它们是想帮助我们确定有关所谓的法治毁灭这一问题争论的真正根源。假如所有各方都同意法律对权力的运用实行了某些限制，那么争议的根源必然是是否有足够的限制。多少限制才算是足够的呢？

各种类型的自由主义者都认为，法治的主要目的在于通过限制非法的权力运用来确保个人的自由。限制的适当程度是一个需要保证个人自由有一个充分广阔的区域这一程度的变量。这并不是说，一旦确定了所需要的限制程度，它就自动地足以确保这一自由区域。回想一下我在本章一开始就反对的法治会自动确立一个充分的自由主义自由范围这一观点。"足够的"限制是一个最低的基准，低于它，一个充分的、广阔的个人自由范围要么不存在，要么仅在一种难以接受的、不牢靠的环境下存在。

什么是充分的、广阔的个人自由区域？恰在这儿，我认为，我们开始涉及自由主义内部论战的根源。像哈耶克这样的自由主义者可能会主张，对行政—规制国家机关的法律限制太虚弱了，以至于国家不可能保证个人自由有一个充分广阔的区域。哈耶克赞成一种政治哲学，根据这一政治哲学，受到行政—规制国家组织机关侵犯的自由如此重要，然而它们受到的侵犯却如此严重，以至于国家履行保证个人自由的职责成为不可能。从哈耶克的角度看，自由主义的基本自由已经丧失，丧失的原因是当代国家的特定机关被允许以不受法治实质限制的方式来运作。因此，哈耶克所主张的法治已毁灭的观点在很大程度上基于他对国家新的规制和行政权力的道德评价。像哈耶克那样，一个人可以批评这些权力，谴责它们严重侵犯至关重要的自由，一个人实际上的确有理由说法治已经毁灭。在这个观点看来，法治道德目的已经被颠覆了。

另一方面，许多自由主义者对自由主义国家的规制和行政权力却做出了相反的道德评判。[48] 他们否认自由主义中的基本自由已经受到此类权力的毁灭,并且认为,尽管某些个人自由受到了限制,但结果是这样一个更接近所有人都享有最大程度平等的自由主义理想的社会。此类自由主义并不需否认这样明显的事实——在许多情形下,行政—规制国家机关的法律责任是相对宽松的。但他们主张,这种宽松并没有损害法治的道德目的。因此,他们可以争论说,没有充分理由说法治已经被毁灭。法律限制和规制权力的程度足以保证自由主义的基本自由。

因此,自由主义内部的论战,在很大程度上,以自由主义阵营里面一个更为根本的分裂为前提。这个更为根本的分裂与国家干预经济和社会事务的合法性角色以及受当代政府行政和规制影响的个人自由的重要性有关。批判行政—规制体制的人们有理由得出结论说,法治曾经盛行过但现在已经毁灭了。为该体制辩护的人们也有理由说,法治仍然起支配作用。这两派都同意把法治看作一系列可行的制度性安排,该制度性安排是为达到道德上可接受的、个人自由区域的必不可少的条件服务的。他们的分歧在于对这些条件的判断,即在什么样的条件下这一系列安排可以说成是起作用的,因为他们对于法治所保证的个人自由的种类和程度存在意见分歧。

现在该转向应对法治的另外一个挑战了,它来自自由主义阵营

---

[48] 在拉兹对哈耶克的批评中,他把哈耶克所珍视的个人尊严和经济自治的这些自由的意义贬得很低。然而,拉兹的基本策略主张,除了上述这些由法治服务的价值观念之外,还有许多至关重要的价值观念,而且,当我们通过背离上述这些要求就可以服务上述那些价值观念的时候,我们就不应当僵化地坚持满足法治的要求了。参见拉兹:《法律的权威》(Raz, *Authority of Law*),第226~229页。我的论点不同于拉兹,与此相反,我集中关注这样的事实:有关行政—规制国家是怎样影响法治应当致力服务的上述那些价值观念的,对此,相互竞争的政治哲学将导致相互冲突的判断。

外部，比哈耶克所发起的挑战更加极端，而且伴随着对行政—规制国家的反对。这个挑战的目的就是要表明，鉴于自由主义社会中盛行道德、宗教以及政治的多元化，因此不可能实行自由主义的法治。这就是批判法学的挑战。

第三章

自由主义法治的可能性

批判法学著作充满了这样的论点，即自由主义的法律理论和政治理论是"不协调的"、"内在不一致的"、"自相矛盾的"等。这些论点的核心思想就是指责一个国家不可能既满足法治的要求，也满足自由主义政治性道德的要求。围绕此说法的关键命题就是：在任何一个以道德、信仰和政治多元为特征的社会中，法治不可能不违反关键的自由主义原则，这一关键的自由主义原则就是国家必须在应当赋予人类生活以什么样的意义和价值等诸多问题上保持中立。让我们用自由主义法治（liberal rule of law）这一术语来指代多元化、国家遵守法治和自由主义中立原则情形下的法治吧。那么正在讨论的批判法学的命题会得出结论说，自由主义法治是一件不可能的事情。这实际上是一个极其严厉的指责，它与自由主义思想的核心存在一个不协调。

对于自由主义法治是不可能的这一命题，批判法学论著中有三种主要的观点。第一种观点主张，在道德、信仰和政治多元化的背景下制定法律规则不可能存在一个中立的程序。尽管自由主义的法治要求这样一个程序,但它却必然是不可能的。批判法学沿此论证思路的主要论述就是罗伯特·昂格尔的《知识与政治》一书[1]。

第二种观点主张,在道德、信仰和政治多元化背景下,法律规则的解释程序不可能中立。该观点有两个变种。其较为极端的观点主张,法律规则本来就没有含义,其语义内容只能通过非中立的程序填补。该观点可在加里·佩勒(Gary Peller)、克莱尔·多尔顿(Clare Dalton)、吉拉尔多·斯潘(Girardeau Spann)的著作以及詹姆斯·博伊尔(James Boyle)的某些限定性论述中看得到[2]。不太极端的观点尽管不认为法律规则与生俱来就缺乏含义,但却主张,对法律规则的全面解释必然涉及到一个不中立的程序。批判法学对这一观点的主要论述再一次在昂格尔的《知识和政治》中可以看得到[3]。在这两个观点的任何一个看来,自由主义的法治都垮台了,因为它所要求的某些东西无法实现——这就是一个中立的法律解释程序。

第三种观点关注法律与政治的区分,自由主义认为这种区分的

---

[1] Roberto Unger, *Knowledge and Politics* (New York: Free Press, 1975), pp. 83~88. Also see Unger, *Law in Modern Society* (New York: Free Press, 1976), p. 180. 昂格尔多年后改变了他的观点,并不再认为自由主义的法治观念是不一致的。实际上,正如我们将在最后一章看到的,昂格尔最近的立场在许多重要的方面是十分接近于自由主义的立场的。详尽地考察其早期的立场和论点的根本原因在于,它们已经并且继续在批判法律研究运动中产生着巨大的影响力。

[2] See Gary Peller, "The Metaphysics of American Law," *California Law Review* 73 (1985): 1167~75; Girardeau Spann, "Deconstructing the Legislative Veto," *Minnesota Law Review* 68 (1984): 534; Clare Dalton, "An Essay in the Deconstruction of Contract Doctrine," *Yale Law Journal* 94 (1985): 1102; and James Boyle, "The Politics of Reason," *University of Pennsylvania Law Review* 133 (1985): 712 n. 90.

[3] Unger, *Knowledge and Politics*, pp. 88~100.

制度化对于保持法律程序的中立性至关重要。这个观点认为，自相矛盾的是，把这一区分制度化会削弱中立性，因为它展示的只是多元化背景下特定的善与正确观念的偏见。维护法律程序的中立性，对于维持法治是一个十分关键的任务，结果却表明其具有规范性的偏见，因而也就违反了自由主义的中立性原则。这一观点可以在许多的批判法学作者们的著作中发现，包括佩勒、博伊尔以及马克·凯尔曼（Mark Kelman）。[4]

在本章中，我考察对自由主义法治概念的一致性进行抨击的这三个思路。在考察过程中，精确地描述自由主义所信奉的中立性显得必要。概要地描述一下法律含义和法律解释也是必要的。根据我为之辩护的描述，我的结论是，批判法学的这三种思路均没有证明自由主义理论是不一致的。我的结论对任何特定的自由主义国家的法律原则，如美国的或者英国的，在某种意义上是否不一致或者自相矛盾未给出答案。在下面一章中，我将开始研究批判法学的主张，即现有的法律原则，尤其是美国的法律原则，具有上述的特征。

昂格尔：自由主义的矛盾

在《知识与政治》和《现代社会中的法律》中，昂格尔认为，自由主义政治理论和法律理论的核心，存在两个致命的矛盾。在昂格尔看来，这两个矛盾都源自于同一个基本的缺陷，它们都毁灭了

---

[4] Peller, "Metaphysics of American Law," pp. 1153~55; Boyle, "Politics of Reason," p. 696; and Mark Kelman, *A Guide to Critical Legal Studies* (Cambridge: Harvard University Press, 1987), chap. 9.

自由主义法治的可能性。这一缺陷就是自由主义"对社会生活中规则与价值之间的关系无法达到一个一致性的理解"。[5] 在批判法学的著作中，人们可以发现许多理论观点赞成这一命题，即自由主义法治是不可能的直接源自于昂格尔的一个主张，那就是自由主义的法律理论和政治理论无法对规则与价值*（rules and values）之间的关系提供一个一致的解释。

两个矛盾中的第一个矛盾归因于自由主义关注制定法律规则的程序。昂格尔认为，不存在一个能够满足自由主义政治的道德所要求的中立的立法程序。第二个矛盾关注的是解释法律规则的程序。昂格尔认为，也不存在一个能够满足自由主义政治的道德所要求的中立的解释程序。第二个矛盾是"规则与价值的二律背反"。[6] 尽管他并没有对第一个矛盾给出一个名称，但我们可以把第一个矛盾称为立法的二律背反。

根据昂格尔的解释，这两个二律背反植根于这样的一个事实，即在自由主义理论和自由主义社会中，价值被认为是主观的。昂格尔所使用的价值术语既包含着人们追求的目的或者目标，也包含着人们认为什么是人类生活中的善的和什么是恶的观念。为简洁起见，本书将集中关注于作为观念的价值而不是作为目的的价值，尽管价值的观念和目的这两种含义清楚地联系在一起。

价值观念的主观性意味着，对于什么是人类生活中的善的或者

---

[5] Unger, *Knowledge and Politics*, p. 63.

* Values 一词一般除了有价值含义之外，还有价值观念、社会准则、标准的含义，鉴于下文中昂格尔运用这一术语时具有双重含义，即价值目标和价值观念，故文中凡涉及 rules and values 以及 the antinomies of legislation and of rules and values 之处，仅将 values 翻译为价值，其余地方翻译为价值观念。

[6] Ibid., pp. 88ff.

是恶的观念，没有任何保票能够保证它超越了既定个人的选择。在可靠的意义上，不存在可以说成是"正确的"的观念，不管任何人想什么或者选择什么，任何这样的观念都不能许可接受此观念的个人有权力强迫那些不遵从其指示的人。

在自由主义国家中，生活中的善恶观念可能为许多人共享，但是，就这些观念本身的客观正确性或者准许它们具有强制的权威性来讲，这一共享在自由主义理论看来并没有任何意义。共享只是社会情势偶然的附属的特征，并不能因此就被认为是一个证据，以此来证明所共享的观念具有任何超越个人选择的基础，或者被认为保证对那些拒绝选择由该观念所建议的生活方式的人们具有强制力。无论如何，这就是昂格尔归结于自由主义的价值主观性原则的含义。

此外，自由主义理论试图解决两个极为重要的问题，对价值观念的主观性而言，这两个问题一旦为反思意识所察觉，就会很快显现出来。第一个问题是秩序问题：假如没有客观价值观念，围绕着这些价值观念，社会秩序被建立并稳定化；而且，假如每一个价值观念的共享必须被看成社会生活偶然和暂时的特征，那么社会秩序如何能够确立并被维持下来？第二个就是自由问题了：社会秩序如何确立和维持以避免一些人不合理地屈服于其他人的主观性选择呢？

昂格尔告诉我们，自由主义对这些问题的回答是"人们彼此之间永恒的敌意要求秩序和自由应当由依据法律的政府来维持"。[7] 这可以理解为，规则是明确的实证性规范，所有人都同意这些规

---

[7] Ibid., p.67.

范。"对规则的需求产生了……因为不存在一个能够超越冲突而保持不变,并能够对它施加限制的善的观念……因此和平必须由规则建立。"[8]

根据昂格尔重述的自由主义,自由主义一个关键观念是,即使人们选择接受并追求互相竞争的关于什么是人类生活中的善和恶的观念,但他们仍然能够同意在追求他们认为值得他们努力的目标过程中遵守一套基本规则。此类基本规则的确立和实施就是法治。正如同体育竞赛中的对手一样,虽然双方所追求的目标直接冲突,但他们能够同意比赛规则。对于居住于同一地区但对什么样的生活方式较好,什么样的较差持不同意见的人们来讲,他们仍然能够同意用一套规则来管理他们相互的行为、交往和竞争。然而,在一个存在诸多什么是人类生活中善的观念,并且没有一个被认为具有独立于个人选择的权威的自由主义社会背景下,仅依赖于什么是人类生活中善的观念生活是不稳定的,或者是不可能的。自由主义相信,依赖一套规则来管理社会生活可以带来稳定。假如规则在互相竞争的良好生活观念之间保持中立,那么所有人就会接受这些规则,结果将是一个稳定的社会和政治秩序,在这个秩序中,没有一个人会遭受另外一个人的不合法的政治统治。

因此,权威性规则和明确规则之治,也即法治,是自由主义解决在多元主义背景中创造一个稳定的社会秩序以及预防不合法统治方法的一个重要的组成部分。立法和规则与价值之间的二律背反意味着,在自由主义思想特定的框架下,这种解决方法不可能起作用。昂格尔认为,价值主观性原则削弱了法治作为一种方法解决秩

---

[8] Ibid., p.68.

序和自由问题的可能性。对自由主义而言，这个原则有两个难以克服的困难。首先，它使得任何颁布权威性规则的程序必须中立成为不可能。一个非中立的立法程序会对信奉某些关于人类生活中的善和恶的观念的人们有偏见。其次，价值主观性原则使得任何解释权威性规则的中立程序成为不可能。非中立的解释程序会有与前面类似的偏见。既然自由主义政治道德要求这两个程序都应是中立的——如果不是中立的话，不是每一个人都自愿地同意权威地解释的规则，那么其结果可能是不合法的统治——结果自由主义法治就是一个在理论上不一致的概念。这就是昂格尔的论证。

在昂格尔看来，基于以下两个主要原因，中立的立法程序不可能存在：

> 首先，程序无法与结果相分开：每一个程序都必然会使特定的立法选择比其他的选择更具有可能性……其次，每一个立法制度本身都体现着特定的价值观念；它包含着权力应当如何在社会中分配和冲突应当如何解决这样的观念。[9]

然而，即使可能存在一个中立的立法程序，自由主义的法治可能还会被这样的事实所驳倒：即对由立法程序所产生的规则，不可能有一个中立的解释程序。在昂格尔看来，中立的解释不可能存在，主要原因在于，解释规则需要依赖价值观念。他认为，什么是善和什么是恶的观念不可避免地会在解释法律规则含义的程序中起作用。选择不同的善恶观念并根据它们来解释法律规则会对法律规

---

[9] Unger, *Law in Modern Society*, p. 180.

则的含义产生相互冲突的解释。然而，根据自由主义自己的原则，不存在一种客观正确的善的观念，或者准许那些信奉这种观念的人们对那些不同意它的人们具有强制力。不同的人们能够并且会依据相互竞争的善的观念来解释法律规则。既然不存在特许的善的观念，那么也不可能存在特许的规则解释。

假如社会稳定要求规则的含义得到所有人同意，那么这个稳定就会大打折扣，因为对什么是善这些有争议的观念的依赖是不稳定的，这种不稳定将会在那些含义仍有争议的规则依赖中重现。假如免受不合法政治统治的自由禁止任何人把特定的善恶观念强加给对此并不同意的人们，那么自由就会大打折扣，因为对法律规则的权威性解释是价值观念的反映，而根据该价值观念，一个特定的法官或者其他政府官员已经被选择来对法律规则进行解读了。因此，昂格尔主张，鉴于自由主义的前提条件，"法律或者规则（法律正义）不能在司法程序中进行价值观念的考量，也不可能与这样一种考量相一致"。[10]

在自由主义观念的背景下，解释规则依赖于价值观念，这被说成是不可避免的，原因在于某些观念的含义和现实已经被自由主义所接受。这些观念明确地反对语词，包括构成法律规则的那些语词，具有"平白的含义"（plain meaning）的旧观念。平白含义观念以形而上学的前提为基础，即对于事实和事物，存在一些自然的范畴，有些以特许的语法方式来分析现实，这些分析方法遵循现实的范畴和特征，这些范畴和特征在现实中就是它们自身，并且能够为人们所认识。语义含义被用来描绘这些独立的、可认识的范畴。

---

[10] Unger, *Knowledge and Politics*, p. 91.

理解含义就是认识一个既定的语言表述方式所指涉的范畴。含义之所以被认为是"平白的",因为它所对应的现实范畴被认为可以容易地认知。

昂格尔把由平白含义观念引起的形而上学称为可理解的本质(intelligible essences)原则。[11] 他告诉我们,自由主义理论抛弃了这个原则并代之以另外一种观点:所有由人类语言构成和限定的范畴不可避免地要回应人类的目的和目标。语言不是自然的反映,而是对那些讲述它们的人们具体计划和目标的反映。一旦为了支持自由主义对待含义的方法而抛弃了可理解的本质的原则,那么法律规则必须要根据它们所意欲服务的目的来解释。但是,昂格尔主张,此种解释模式恰好把自由主义理论求助于法治解决的核心问题重新提了出来,因为根据法律规则的目标来解释这些规则必然依赖于解释者已选择接受的价值观念。

在昂格尔看来,的确如此,原因有二。首先,一个单一的法律规则会服务于多个目标,而且在许多情况下,不同目标相互之间是冲突的。解释法律的法官必须对哪一个目标是最值得追求的做一个判断。这个判断,昂格尔告诉我们,必然依赖于什么是人类生活中的善的和什么是人类生活中的恶的这些特定观念。对此类观念依赖的需要削弱了自由主义把法治看作稳定、保护自由机制的作用。有关法律规则含义的分歧只有通过国家强制性地采纳一个特定的人类的善的观念才能够得到权威性解决,然而这种强制必然会遭到自由主义政治道德核心原则的谴责。

对于昂格尔来说,还有第二个原因:即在自由主义国家中,法

---

[11] Ibid., p. 92.

律规则的解释始终不可避免地要依赖于解释者的价值观念。有目的的法律解释不能仅仅局限于一个单一规则的目标。总有许多的规则潜在地适合于一个特定的案件，并且会有许多的案件，在这些案件中，不同规则的目标会沿着不同的方向展开。再一次，解释者必须确定哪一个目标是最值得的，这就不可避免地要依赖于他或者她有关哪一种生活方式是最佳的观念。再一次，自由主义法治打了折扣；在一个人口结构多元、对那些被用来稳定社会生活的法律规则不运用某些强制性力量做出一个权威性解释的情况下，人们很难在法律规则的含义上达成充分一致的意见。而且，由政府官员以及他们的代理人对规则进行权威性解释和执行将等于自由主义原则必然认为的是不合法地行使政治统治。

昂格尔有关法律解释方面的主张可以通过鲍伊斯市场诉零售职工工会案件（Boys Markets v. Retail Clerk's Union）[12]来举例说明。这个案件涉及的是，在工会合同有不得罢工的规定并要求争议的解决必须采取有效仲裁的情形下，联邦法院是否有权颁布禁止令命令工会雇工复工的问题。诺里斯—拉瓜迪亚法案［Norris‐Laguardia Act（1932）］否认联邦法院在任何涉及劳动纠纷的案件中具有颁布禁止令的司法权力。塔夫脱—哈特利法案（Taft‐Hartley Act，1947年的劳工管理关系法）授权联邦法院有执行集体谈判（collective‐bargaining）合同的司法权力。在辛克莱冶炼厂诉阿特金森（Sinclair Refining v. Atkinson）这个较早的案件中，最高法院认为，塔夫脱—哈特利法案所授予的司法权力没有扩大到颁布复工禁止令层面；诺里斯—拉瓜迪亚法案实质上概括地禁止颁布此类禁止令的效

---

[12] *Boys Markets, Inc. v. Retail Clerk's Union*, 398 U. S. 235 (1970).

力仍然存在。[13] 在鲍伊斯市场案件中，最高法院重新审查了这个问题，决定否决辛克莱案件的判决。

在昂格尔有关法律解释的分析中，辛克莱和鲍伊斯案件的判决以对政策和目标的表述和评价为转移，这个政策和目标则是两部成文法以及相关法律所要服务的。在鲍伊斯市场案件的多数意见书中，昂格尔认为，这种有目的的解释对于自由主义的法律解释来说至关重要，法官布伦南（Brennan）对这种有目的的解释给出了一个令人钦佩的清晰描述和说明：

> 诺里斯—拉瓜迪亚法案第四部分的字面术语必须与随后颁布的《劳工管理关系法》第301部分（a）项的规定以及仲裁的目标相一致。成文法解释所要求的不只是关注于孤立的语词，与此相反，它要求必须对相关法律的整个主体和那些从直觉上看表面好似与条款不相一致的政策给予考量。[14]

布伦南继续援引那些他认为推翻联邦劳动法目标的话语："鼓励集体谈判和……和平解决产业纠纷的行政技巧。"[15] 另外，他主张，诺里斯—拉瓜迪亚法案的主要目的是"培养劳动组织的成长与独立生存能力……"[16] 根据相关目标的观念，布伦南认为，正确的判决是显而易见的：允许颁布禁止令是一个正确的判决，因为它符合联邦劳动法最重要的目标，也不会使诺里斯—拉瓜迪亚法案的

---

[13] *Sinclair Refining Co. v. Atkinson*, 370 U. S. 195 (1962).
[14] *Boys Markets*, 398 U. S. at 250.
[15] *Boys Markets*, 398 U. S. at 251.
[16] *Boys Markets*, 398 U. S. at 252.

主要目的陷于失败。

尽管布伦南为自由主义的法律解释提供了一个典型的案例,但是他忽略了昂格尔的叙述对此解释模式关注的核心问题:一般来讲,对诺里斯—拉瓜迪亚法案、塔夫脱—哈特利法案以及联邦劳动法背后的目标是什么,还存在着尽管是冲突的但却同样可行的解读方法。从昂格尔的观点来看,布伦南通过推理只是掩盖了这一关键点,似乎对于上述那些目标和它们的相对的重要性就只有一个单一的特许阐释(而这可以通过了解国会的意图推论出来)。援引国会意图并不能解决联邦劳动法目标相互冲突的解释问题,因为有关国会的意图,同样会很容易地提出相互冲突的解释。实际上,这恰好就是辛克莱案件中所发生的情形,也是鲍伊斯案件中法官布莱克(Black)反对意见书里所讲的情况。[17] 人们争论说,通过塔夫脱—哈特利法案的国会并没有剥夺诺里斯—拉瓜迪亚法案主要目标的意图——即对联邦法院颁布的劳动禁止令确立一个一般性的禁止性规定。

在昂格尔看来,援引国会的意图是为了对劳动法目的的一个具体解释给予一个权威性的地位,这只是掩盖这样的事实:即此类考虑只是反映了法官的评价,某些目标和政策好于其他目标和政策。对于布伦南而言,劳动法的主导目标就是寻求产业稳定并且将劳资之间的斗争疏导到冲突解决的行政模式上来,而不是保护雇员的自助行为,让劳方和资方自行解决他们的冲突,而使资方不能运用联邦法院复工令的武器。但是,在法律中不存在对互相竞争的目标和政策做出这样的评价使其成为一个具有特许地位的东西。尽管自由主义的法律推理可能遮掩了处于法律解释后面的、非中立的价值选

---

[17] *Boys Markets*, 398 U. S. at 255, J. Black 持反对意见。

择,但它并不能消除这种选择。

昂格尔对自由主义理论一致性的抨击,归结起来就是,他表明,鉴于自由主义的前提条件,自由主义国家的多元化趋势既使得法治成为必要,也使得法治不可能。自由主义多元化的存在意味着,社会生活秩序不可能围绕着共同的善和恶的观念稳定下来。既然社会冲突在相当大的程度上必然是人类生活中什么是善和什么是恶这些相互冲突的观念的反映,那么社会冲突不可能通过诉诸此类观念就能解决并且得到抑制。能够为那些并不分享这些观念的人们所同意的种种规则必然是稳定的力量——或者,在昂格尔的论述中,自由主义也是这样认为的。但是对于能够以与自由主义政治道德相一致的方式稳定社会生活的诸多规则来说,我们必然——尽管我们在善这一观念上有分歧——能够既在颁布权威性规则的程序,也在解释这些法律规则的程序上达成一致意见。昂格尔的主张是,恰恰是作为自由主义前提条件的多元主义,使得规则能够治理社会秩序显得必要,也恰是它必然使得我们在颁布这些规则以及解释它们含义的程序方面不可能达成一致意见。假如对于那些被用来稳定社会生活条件的人类生活中的善恶概念并没有充分的合意,那么要么对于颁布规则的程序,要么对于解释它们含义的程序也很难有充分的合意,因为这些规则以与自由主义所信奉的中立相一致的方式稳定社会生活的条件。这个问题就是昂格尔所论述的那些折磨自由主义法律哲学和政治哲学的矛盾症结。

权利与善的区分

昂格尔在论证立法的二律背反和规则与价值的二律背反的时候

有许多缺陷,其中,一个关键的缺陷就是,他并没有考虑到自由主义对权利(right)与善之间重要区分的明确表述。昂格尔运用价值这个词汇掩盖了这个区分。确实,我在重述昂格尔论点的过程中,我通过宽泛地使用善(good)和恶(bad)的词汇也掩饰了这一区分,而这些词汇的内涵是宽泛地足以包含实际上任何形式的评价。

然而,对于自由主义传统而言,有两类完全不同的价值观念需要考量。一类是规范性命令,或者价值观念,关注的是有关正义和道德义务的要求。这是权利的领域。另外一类规范性命令关注当我们保证我们生活在正义和道德义务要求所设置的道德门槛之上时我们应当努力实现的目标。这就是善的领域。

尽管在自由主义理论中有这样一种认为善是主观的观念,但是,在自由主义传统中,处于支配地位的理论对"权利"没有提出这样的主张。善之所以被认为是主观的,是在这样的意义上,即没有任何一种善的观念准许那些接受它的人们有权强制那些对这一观念持异议的人们。有时候这与这样一个进一步的主张有联系:不管人们是不是接受善的观念,在可靠意义上,没有哪一个善的观念是正确的或者哪一个是真实的。但是,许多自由主义理论家们都避免提出这一主张。然而,此处的关键问题是,当涉及权利的问题的时候,自由主义并不否认强制的正当性,也不否认客观真实(objective truth)概念的可适用性。假如确实是这样的话,那么就必然会碰到昂格尔所抱怨的那些矛盾,以及自由主义法治观念可能不一致的这些问题。

看起来昂格尔的观点是围绕着错误的前提展开的:自由主义接受所有的规范性命令,包括"善"和"权利"的观念,都是主观性的。因此,看看他对功利自由主义者主张的功利的原则就是为不断聚集的偏好和不断产生的立法结果提供标准是如何回应的。昂格尔主张，假如功利原则就是如此，这就相当于将功利最大化视为并不存在的，"精确客观的善逼着我们努力去设计一个自由主义的立法原则"。[18] 换而言之，他的主张就是，把功利原则作为立法标准会引出一个客观的价值，这个价值与自由主义所信奉的价值主观性是不一致的。

然而，这一主张是建立在下面的一个概念混淆之上的：至少在功利主义理论看来，功利主义原则属于"权利"的领域，而不属于"善"的领域。是否存在一个有说服力的论点，或者需要有一个有说服力的论点来证明原则具有约束力的特性，这是另外一个问题。此处，昂格尔认为不是功利自由主义中的无法为接受他们的原则举出充分的理由，而是他们不能既赞成功利的原则，也认可价值的主观性，二者没有一致性。这一主张恰恰是错误的。功利主义的观念可能被误解，但是它并不是像昂格尔所提出的那样不一致。

类似的问题也困扰着昂格尔有关需要把价值观念引入到法律解释过程的观点。鉴于自由主义对"权利"——"善"区分标准的理解，中立性原则肯定不能被认为是正义和正确观念所要求的中立。它是和善的观念相关的中立性，这是标准的自由主义理论所要求的。这意味着法律规则在实施正义和道德义务的要求时应该有所限制。然而当这样限制的时候，为什么必须要把对善的考量引入法律规则的解释，是不清楚的。而且，假如善的考量不是法律规则的权威性解释所需要的，那么善的主观性对自由主义国家就不造成什么问题。

关于把权利视为一个领域，在那个领域里，规范性概念可能客观真实，并且可以准许其对那些持异议的人们施以强制，自由主义

---

[18] Unger, *Knowledge and Politics*, p. 86.

已经悄悄地承认了昂格尔可能将之描述为可理解的道德本质（intelligible moral essences）的原则。但是这个原则等同于这样的观念：即某些事情的确是错误的或者是不公正的（例如，宗教迫害），而另外一些事情确实是正确的、公正的（例如，宗教宽容）。当然，少数思想家已经试图完全地抛弃所有的客观正确性、真实性、现实性等概念，继续这样做下去就可能会把权利与善所假定的客观性一扫而光。当昂格尔谈及自由主义反对形而上学的本质的时候，他大概已经考虑彻底抛弃客观性和真实性了。但是，很难理解为什么这一观念就是自由主义的特性。这一观点为尼采（Nietzsche）所接受，但十九世纪的自由主义信条的任何一个伟大的捍卫者密尔（Mill）、贡斯当（Constant）、洪堡（Humboldt）都不接受这一观点。当代解构主义者的著作中看到这一观点，但是在当代自由主义思想的任何一个核心人物——罗尔斯、德沃金或者范伯格的著作中则看不到这一观点。

自由主义理论家们试图扔弃的不是真实性，而是目的论。他们所批驳的形而上学的本质的原则是亚里士多德式（Aristotelian）的观点。该观点认为，所有的事物，包括人类在内，都有与生俱来的本质，这种本质由它们追求特定目标的倾向所构成。自由主义实际上是在推翻亚里士多德式的形而上学目的论的知识革命中诞生的。这一革命有助于将政治思想从古典观念中解放出来，而古典的观念认为，存在一个最适合于人类的单一的、相对约束性的生活模式，国家的功能就是反复教育其公民要具有可使他们过这种生活的品质。这有助于确定自由主义关于权利与善的区分。但是，抛弃亚里士多德式的目的论并不等于不分青红皂白地否认真实性和客观性。

不幸的是，昂格尔没有直接抓住其论述的自由主义的权利—善区分观点所产生的有关问题。让我们看看我们是否能够为他构造出一个回应；倘若没有这一回应的话，他的二律背反仅仅只需一推就会崩溃。

昂格尔所做出的一种回应可能大体如下：在自由主义多元化的背景下，在哪儿划出界来区分权利与善会有争议。自由放任政策的倡议者和福利国家的辩护者几乎不可能在正义和权利原则要求什么的问题上达成一致意见。那些谴责堕胎就是谋杀的人们和那些将堕胎辩解为是女性所具有的道德所允许的选择权利的人们不可能在从哪划分限定我们对他人的义务的界限方面达成一致。自由主义多元化的特征就是不仅仅对于好、较好和最好方面存在深刻分歧，而且也在权利与公正方面存在强烈的分歧。现在，鉴于多元化的这一种形式，权利与善的界限恰恰成了一个有争议的问题，以与自由主义国家在关于善的问题上保持中立的原则相一致方式，围绕任何特定的权利观念来稳定社会生活，都是不可能的。因为国家实施任何权利的观念都可能否定善的观念，而这个善的观念在划出善和权利的界限的地方不同，由此也就违反了中立性的要求。

在权利与善之间的界限有争议的背景下，昂格尔的这一观点确实有力，对公共权力是否应以一种中立的方式行使的问题的答案也是有争议的。从主张女性应当自由选择堕胎的道德角度来看，当国家允许每一个女性自己决定是否堕胎的时候，它就在互相竞争的种种善的观念中保持中立。从反对堕胎的道德角度来看，国家并不是中立的，因为选择堕胎并不属于善的管辖领域；这种选择未能满足权利与正义原则的要求。假如国家允许女性选择堕胎，人们在中立性问题上的合意就会坍塌了。

当然，从相反的角度来看，假如国家认为堕胎是不合法的，合意也同样会坍塌。因此，鉴于对在什么地方来划分权利与善的界限这一问题是意见不一，因此，对于善的观念，国家不可避免地会违反自由主义有关政治中立的要求。

对于昂格尔式的这一回应，自由主义的对应观点（counterargument）可能会这样开始，即指出昂格尔在回应中对自由主义所信奉的中立性的解释存在重大的模棱两可。他的一种解释是，国家必须对所有（并且仅仅是）规范性观念保持中立，这些规范性观念承认某些生活方式实际上高于权利和正义的底线。第二种解释是，国家必须对所有善的观念保持中立，而不管他们所赞成的生活方式是什么，也不管他们在什么地方来划分权利与善的界限。自由主义的对应观点认为自己信奉前一种解释，而不是后一种解释。然而，对于国家搁置某些善的观念时它必然违反中立原则这样一种观点，实际上认为自由主义信奉后一种解释。

对于这一辩护的一种回应方式就是，自由主义实际上信奉的是对中立原则采取的第二种解释。如果这一解释是正确的话，那么善与权利之间的区分可能会坍塌，主观性可能会把这两个领域都吞噬掉，不管国家做什么还是不做什么，都可能会违反中立性原则。对于任何一种特定的生活方式，都会有一些可设想的道德立场，这些道德立场可能认为这种特定的生活方式处于正义和义务门槛之上，另外的一个此类立场则可能会认为它处于该门槛之下。从某一个道德角度来看是权利领域的事情，从另外一个道德角度来看，则可能会认为是善的领域的事情，因此，遵照中立性原则，不管这些规则所体现的是哪一组的正义和权利原则，国家都不能实施任何规则。

我们可以这样理解昂格尔的意思，即自由主义应当以这样的方式来解读：自由主义对中立性的信奉最终会导致善与权利之间区分的坍塌，并会将这两个领域淹没在主观性的汪洋大海之中。这种解读可能会解释为什么昂格尔在权利—善区分方面似乎相当粗心大意，昂格尔实际上用他那相当不精确的"价值"概念忽略了权利—善之间区分这一问题。但是，这种有关自由主义的解读在现代西方法律哲学和政治哲学历史上没有基础。即使在批判法学的著作当中，马克·凯尔曼（Mark Kelman）也明确承认，他批评昂格尔未能认识自由主义不完全信奉绝对的道德主观主义。[19] 绝对的道德主观性原则，包含权利和善，在自由主义传统中确实起作用，但是，它所起的作用很轻微。处于主导地位的立场是，权利与正义存在客观标准，这些标准的权威独立于人们的实际选择，并且对人们的此类选择有规范性限制。

然而，有些事情令人忧虑。那就是认为自由主义通过宣称存在某些客观真实的公正和正确的概念，而且，就这一客观概念所设置的门槛之上的任何规范性观念，只要没有国家的偏袒，就意味着政治中立，就可以摆脱掉昂格尔的二律背反的指责。对于这一忧虑，我认为有两个根源。第一，该策略事实上已经抹杀了具有自由主义鲜明特征的中立原则。把自由主义与反自由主义的对手区分开来的所有的实际工作，例如，一个反对自由主义的反对派可能主张反对宗教宽容应当由权利原则来调整。反宽容主义者在一个与权利无关的事项方面可能会要求中立性的原则。因为他们在权利原则的内容方面持不同的观点，所以他们可能只是在不同的地方划界来区分权利与善。接受中立性原则并不是自由主义的独特之处；对于某一理

---

[19] Kelman, *A Guide to Critical Legal Studies*, pp. 83~84.

论所准备接受的自由、多元性或者宽容的程度,这种接受实际上可能并没有告诉我们任何事情。

忧虑的第二个根源源自于这个观念,即妥协和包容的概念必须在自由主义的整体思路中扮演着一个重要的角色。自由主义的妥协和包容不仅要延伸到善的领域,也必须延伸到权利的领域。最好的自由主义不只是认真对待在正义和义务的要求得到满足的情况下我们还要为什么而奋斗的不同观点,也要认真对待正义和义务原则的不同观点。认真对待此类分歧意味着准备接受一个制度性安排,这个制度性安排要求对什么是权利持冲突的群体能够找到他们可以接受的妥协和包容。这样一个制度性安排的结果不以任何一个群体所接受的正义和义务的原则为转移。而且,自由主义不应该这样辩护这种结果,即说它代表了关于权利的全部真理。而是应该这样辩护,说它代表了一个可行的和可维护的妥协。

假如自由主义的这一观念得到接受,那么可能出现的结果就是,自由主义必须把道德真理(moral truth)的考量从政治领域当中清除出去。合意,而不是真理,看起来可能是自由主义准备接受一系列制度性安排的基础。但是,这一表面迹象在某些重要方面却具有欺骗性。对道德真理的诉求不应被逐出自由主义的传统,即便是以合意、妥协和包容的名义也不行。那些对要求有妥协和调整的制度性安排表示赞成的自由主义会含蓄地诉诸道德真理。对自由主义而言,此类的安排并不是随意选择的;它们与那些允许任何一个相互竞争的群体在国家权力和暴力的调动配置上面行使垄断权的安排并不处在同一个水平上。恰恰相反,在一个多元化社会中,此类安排是正义的要求。这是一个自由主义理论必须准备为之辩护的道德真理命题。此外,我们将会看到还有一些关于个人权利的特定的道德主张，对于它们，自由主义必须拒绝妥协。这些主张不能穷尽权利和正义的领域，但是，自由主义必须准备把它们看作道德真理并加以辩护。

不仅如此，上述考量表明，自由主义者们把中立性简单解释为对于那些由正义和权利原则的真实性所设置的道德门槛之上的规范性概念表示冷漠，是错误的。在一个多元化色彩强烈的对权利与善之间的区分有着强烈分歧的社会中，提出来的妥协和交易会如实地追随关于正义和权利的完全道德真理的是不可能的。在多元主义背景下，如果要认真对待自由主义所信奉的妥协和包容，就会要求有一个不同的自由主义中立性概念。

自由主义的中立性：四种形式

在自由主义的传统中，被辩护的中立性至少有四种形式。第一种关注政治的合法界限，并且，它基于这样的理念前提，即人类经验和活动有某些领域处于国家的合法权力范围之外。国家必须在此类人类生活方面保持中立，这就是说，这些方面不应当受那些构成自由主义国家正常政治生活的考虑、妥协和协商程序的支配。

上述领域所涉及事项并不是政治社会关注和管辖的合法对象。相反，它们应当被视为个人自治领域，政治不适合介入。国家的中立性，在第一种形式中，把某些事项排除在合法政治管辖范围之外。

自由主义理论根据个人权利把那些限定合法政治活动的界限概念化。这些权利表达了政治活动可以合法地作为目标或者可以合法地实现的限制。因此，我们可把这一形式的中立性贴上权利中立性的标签。道德自由权（the right of conscience）就是一个例证。财产权在自由主义思想中扮演一个重要角色，尽管它的确切结构和所有其他自由主义权利的确切结构一直以来就是传统中争议颇多的主题。然而这里要说的一般观点是，尽管它们内部存在争议，但是自由主义者们都同意以个人自治名义对可允许的政治范围设置相当的实质性限制。[20]

第二种形式的中立性，关注个人权利对政治的合法角色设置严肃限制主张的认识论基础。更为具体地讲，它关注的是所谓的划分可准许的政治的界限的原则可接受的要求是什么。让我们将之称为认识论上的中立性（epistemological neutrality）。

这种形式的中立性的一种观点主张，划分可接受的政治界限的种种原则（例如，明确个人权利）必须来自于这样的前提，即政治对人类善的问题保持沉默。然而，正如这个观点可被接受的一个要求所表述的那样，这个认识论中立的观点是否成立，值得怀疑。如果有人能够在独立于权利原则之外定义善的范围，很清楚，这是成立的，但是，这样一个独立的定义似乎不可能。一旦有人居于由权利原则所确立的道德门槛之上，有关善的问题实际上就成了关于如何生活和如何组织社会的问题。正是由于这一点，在权利原则已经形成，而且这些原则是真实的前提下，对于善的问题保持沉默的理

---

[20] 关于道德权利的观念，功利主义者有着严重的问题，这使它很难以一种明确允许功利主义就是自由主义的方式来简洁地描述自由主义理论。然而，我们不应当在权利术语问题上过多地耽搁。在确定某一个理论是否信奉我所称的权利合法性问题上，关键的问题是：为了把个人从政治社会的规制下解放出来，这个理论是否赞成对政治的合法界限给予实质的和持久的限制呢？一个功利的自由主义者可能会肯定地回答并且会补充说，将个人从政治社会的规制下面解放出来是一件对的事情，因为这样做增进了功利。一个伦理义务论的自由主义者可能会给予肯定的回答，然后补充说，这是一件对的事情，因为个体有反对社会的道德权利。

论倾向在逻辑上得到了保证。但是，在权利的原则形成之前，看起来没有办法明确善的范围；因此，在明确令人信服的权利原则确定之前，没有办法确定一个既定的理论是否在事实上对善的问题保持中立。

对于这些困难，一个可能的克服办法就是运用反思平衡（reflective equilibrium）方法。对于什么是属于善的范围，一开始我们运用的是直觉的判断，当我们试图对那些代表着对政治的规范性限制的许多原则予以表述和辩护时会调整我们的直觉。但是，运用反思平衡方法还有许多困难。例如，一个人所得出的结论往往深受他一开始时的直觉影响，而且，这个方法对最初的直觉没有限制——或者所设置的限制很微弱。[21]

有些自由主义者已尝试运用另外一种方法。在他们关于认识论的中立性要求的是什么的观念中，一种权利理论，当它的原则能够从所有各方的任何道德争议所能够接受的前提中推导出来时，这种权利理论就满足了中立性的要求。这个观念从相对的非争议的前提条件引申出实质的道德结论——举例来讲，从所有的人都具有意向行为的能力这一前提引申出实质的道德结论。这一理论方案是成立的，但是，从长远看，它存在严重的哲学上的障碍。引申出一个实质正义或者义务原则可能需要

---

[21] 对反思平衡是一个普遍的道德推理方法的批判可在黑尔（R. M. Hare）的《罗尔斯的正义论》一文中看到。R. M. Hare, "Rawls' Theory of Justice," in *Reading Rawls*, ed. Norman Daniels (New York: Basic Books, n. d.), pp. 82ff; Richard Brandt, *A Theory of the Good and the Right* (New York: Oxford University Press, 1979), chap. 1; and Peter Singer, "Sidgwick and Reflective Equilibrium," *Monist* 58 (1974): 494. 重构并维护反思平衡的尝试可在丹尼尔的《广泛的反思平衡和为伦理学所接受的理论》看到。Norman Daniels, "Wide Reflective Equilibrium and Theory Acceptance in Ethics," *Journal of Philosophy* 76 (1976): 256~82.

许多前提条件，而且，对任何一个引申原则表示异议的人都能够拒绝这些前提中的一个，而不是接受这个原则。假如能够多少表明这些前提条件比从它们推导出来的规范性原则有着更大的内在可行性，或者是反对这些前提会在任何人的信仰系统中产生逻辑上令人难以接受的修正，那么这一问题可能就蒙混过去了。但是这些策略上的成功到目前为止仍然处于我们最执著的和最老练的思想家们掌控之外。

某些自由主义者采用了一个认识论上中立性的实用主义概念。他们的观念是，权利原则应当源自于那些能够在特定社会、文化或者时代被广泛分享的前提。与要求在道德问题的各个方面这些前提应当能够为所有的人所接受，而且在这样的程度上，这些前提能够有更大的成功可能相比较，这一概念多少更为宽松些。当然，一个问题就是，一个社会或者文化可能会有这样一个的扭曲意义上的道德，它可能在该社会或者文化中被广泛分享，它可能正好走向错误的方向。另外一个问题就是，自由主义社会的多元化特征可能会使这个社会找不到广为接受的能够有效地产生任何有意义的结果的前提。

自由主义应当采用哪一个认识论的中立性概念？我认为，自由主义最为健全的形式应该形成和采纳认识论中立性的要求，这种中立性要求，和我前面讨论的要求相比，在较高的抽象程度上起作用。它不要求特定形式的论证或者推理。换而言之，自由主义认识论上的中立性应当对个人权利的承诺和作为对政治设置实质性约束相伴的特定道德认识论持沉默态度相一致。当然，任何自由主义都应当保留最低限度的要求，即一个认识论必须在概念上相一致，但是除了这一最低限度要求之外，认识论的中立性观念就是让成千上万的认识论百家争鸣。对自由主义有意义的是承诺以个人自治的名义而不是以隐藏在背后的特定认识论的名义来对政治予以实质的限制。[22] 我认为,当罗尔斯主张自由主义应当被解释为试图将宽容原则扩展到哲学的时候,这一观念是他所辩护的立场当中的一个关键性的要素。[23] 正如罗尔斯和拉莫尔(Larmore)近来所主张的,对自由主义最好的认识是把它看作一个简单的政治哲学,没有自身全面认识论、形而上学以及个人道德。[24] 它是一种政治哲学,和其古代和中世纪前辈不同,自由主义在有关知识、现实以及良好生活的本质的许多问题中故意建构成为的抽象的政治哲学。

第三种形式的自由主义中立性关注的是立法程序。制度性安排应当确保在一个多元化的社会当中政治权力能够充分地普及和均等,以使得每一个群体,秉持其自身善和权利的概念,必须与其他群体一起参与到规范妥协和包容的程序中来,以对国家权力的分配行使产生重大影响。此外,这些安排应当精心计划以确保没有哪个单一的群体能够对政府权力获得持久的控制力,也没有一个固定的联盟能够对政府权力获得持久的控制

---

[22] 这种对待中立性的方法因此与自由主义理论中近年来的著作相一致,这些著作力图把自由主义的政治原则建立在某些人类善概念之上。See, e.g., William Galston, "Defending Liberalism," *American Political Science Review* 76 (1982): 621~29, and Joseph Raz, *The Morality of Freedom* (New York: Oxford University Press, 1986).

[23] Rawls, "The Idea of an Overlapping Consensus," *Oxford Journal of Legal Studies* 7 (1987): See also Bruce Ackerman, *Social Justice in the Liberal State* (New Haven: Yale University Press, 1980), p. 361.

[24] John Rawls, "Justice as Fairness: Political Not Metaphysical," *Philosophy and Public Affairs* 14 (1985): 223~51, and Charles Larmore, *Patterns of Moral Complexity* (New York: Cambridge University Press, 1987), chap. 4.

力。让我们将这称为政治中立性（political neutrality）。对此的经典表述就是由麦迪逊在《联邦党人》第十篇和第五十一篇中所阐述的内容。[25] 然而，必须牢记的是，在这种意义上，政治中立性严格地隶属于权利中立性：前一种类型的中立性所涉及的妥协和协商必须在对政治设置实质约束的范围内运作，而对政治设置实质约束的界限的目的在于保护并促进个人的自治。

第四种形式的自由主义的中立性关注的是司法程序。司法中立性意味着，一旦适当的政治程序已经解决了某些规范冲突并且已经宣布了某些权威性的（或者已经颁布了）具体规则，那么政府官员对规则的解释和适用方式就应当与相互冲突的规范性的观点的新评价的影响相隔离。政治活动领域是相互冲突的观点得到评价和权衡的舞台，也是相互冲突的观点达成解决方案的舞台。法律活动领域是对相互冲突的规范观点不作新的评价或者权衡，而只是解释或者适用已达成合意的解决方案的舞台。在此意义上，法律解释的程序应当排除政治舞台中的规范争议，并且对于在政治领域内表达的规范性观点的合理性评价，不作回应。我们称此为法律的中立性（legal neutrality）。恰恰是这种形式的法律中立性才是那些坚持将法律和政治分开的自由主义者所乐意接受的中立性。

在第二章中，我们考察了好几种自由主义的方法，每一种方法都对法律—政治的区分有着不同的观念。所有的方法都承认，至少

---

[25] 在最近的著作中，昂格尔根据预防国家成为派系斗争的人质这一观念很好地解释了这一形式的中立性。See Roberto Unger, *False Necessity* (New York: Cambridge University Press, 1987), p.369. 然而，这并不是赞成昂格尔的信仰，即自由主义的民主并不能预防国家成为派系的人质。

在实践中,将法律程序与对政治领域内互相竞争的规范性观点的评价完全隔离开来是不可能的。这些方法的区别在于在它们所允许的此类评价渗透程度不同。普遍模式坚持认为,此类的渗透越少越好。哈特和德沃金所提议的模式,以及我所采用的修订后的萨特里厄斯模式都允许法律的解释程序在相当大的程度上依赖于政治判断。

然而,在所有的自由主义的模式中,法律推理,绝大部分,应当在不依赖政治判断的前提下进行,因为这些政治判断与立法领域内互相竞争的观念有关。对于哈特和德沃金而言,只有疑难案件才需要政治判断;在他们看来,简易案件(easy cases)是构成法律制度运作的材料的主体,对这些案件用不着援引在政治领域里互相竞争的规范性观点的评价就能够且也应当作出裁决。根据我所阐发的模式,绝大多数案件(包括许多非简易案件)受一个规约指导,这个规约排除了法官作出独立的政治性判断。因此,法律中立性的观念仍然是自由主义法律概念的主要组成部分,即使在实践中没有一个自由主义理论坚持这一点,所有的案件必须在不诉诸政治判断的情形下作出裁判。

重新审视批判法学的抨击

在这一点上,昂格尔和他的批判法学的同事们可能会重新回到这个观点,因为我所提供的有关自由主义中立性本质的叙述好像又重新提出了昂格尔所描述的二律背反。政治中立性看起来会受到立法二律背反的折磨,因为在任何一个多元主义色彩浓厚的社会中,不管采取的什么样的制定法律规则的程序,对某一特定群体所主张的善和权利的概念总会有偏见。法律的中立性看起来会受到规则和价值这个二律背反的折磨,因为这个二律背反似乎表明,法律解释永远不可能成功地排除规范性争议,这些争议在一个多元主义社会的政治领域内征战不休。

此外,另外两种形式的自由主义中立性也已经成为批判法学抨击的目标。就认识论上的中立性而言,批判法学的思想家们对从无争议的前提引出规范性原则的可靠性提出了挑战(例如,人类的行动是有目的的前提)或者政治对有关善的问题保持沉默的前提提出了挑战。[26] 一些19世纪末和20世纪初期的法律思想家试图从有关无争议的人类的事实中逻辑地推导出明确的财产和契约规则。踏着法律现实主义先辈们的足迹,批判法学思想家们强烈地反对此类推论的逻辑合理性。[27] 批判法学—现实主义的主要观点是,这些所谓无争议的推论对许多颇有争议的道德或者政治性前提条件犯了偷换概念的错误。我们并不审查批判法学—现实主义在这一方面的观点,尽管我认为它们有说服力。然而,正如我们审查批判法学反对法律中立性和政治中立性观点那样,记住下列观点却很有裨益:批判法学—现实主义对所谓的从无争议的前提推理出法律规则的批判并没有伤及对其他三种形式的自由主义中立性——权利、法律以及政治在概念上的一致性。进一步来讲,这些观点,充

---

[26] Unger, *False Necessity*, p. 571.

[27] For a relatively detached CLS analysis, see Duncan Kennedy, "Toward an Historical Understanding of Legal Consciousness: The Case of Classical Legal Thought in America, 1850~1940," *Research in Law and Sociology* 3 (1980): 19~21. For more polemical ones, see Elizabeth Mensch, "The History of Mainstream Legal Thought," in *The Politics of Law*, ed. David Kairys (New York: Pantheon Books, 1982), pp. 23~29; and Morton Horwitz, "The Doctrine of Objective Causation," *in Politics of Law*, pp. 201~11.

其量，也只是证实认识论中立性的某一个说法不可信，而那些由认识论的宽容原则所构成的、较高等级的认识论中立性并未受到波及。

最后，在批判法学对自由主义的批判中，还有一个非常重要的因素，这一因素直接抨击权利的中立性。批判法学思想家们强烈主张，自由主义对政治所设置的限制已经远远超出了合理的范围。自由主义对个人权利的信奉遭到了攻击，理由是此类的信奉不适度地限制了政治活动的范围和权力。在最后一章，批判法学的这一至关重要的论证思路会得到详尽考察。本章的剩余部分集中关注政治的中立性和法律中立性，也关注批判法学所坚持的观点，即在一个自由的多元化社会中，这些形式的中立性都不能实现。

法律的中立性和法律—政治的区分

在其宣言——《批判法律研究运动》中，昂格尔对法律形式主义（legal formalism）立场的解读比传统法学著作更广泛。传统上，形式主义被认为是这样的一种理论，该理论认为法律规则形成一个一致而又完整的整体，从这些法律规则出发，任何法律问题的答案仅通过发现可适用的规则，并把它应用到案件事实就可以从逻辑上推理出来。

昂格尔把这种形式主义仅仅看作是一种观点的极端例子，这种观点在自由主义法律理论家们当中有广泛认可。在它不那么极端的形式中，有一种观点是：法律规则的权威性解释能够，并且也应当与那些在自由主义多元化社会的政治领域中相互竞争的规范性的争议隔离开来。当然,具体有效的法律规则是互相竞争的规范性观点之间竞争和妥协的产物。但是,形式主义的观点是,上述那些解释不应当建筑在政治领域内互相竞争的权利与善的概念合理性的任何新的评价基础之上。换言之,法律的解释能够并且应当在法律与政治的区分的基础之上进行。因此,昂格尔把形式主义泛泛地界定为涉及"对一种法律证明方法可能性的信念,这一种法律证明方法,与有关社会生活的基本条件,以及与人们称为意识形态的、哲学的或者幻想的、无休止的争论相对立"。[28]

法律形式主义,正如昂格尔所描述的,确认我所称为的法律中立性具有可能性的法学立场,这种中立性,自由主义法律理论传统要求的是对权威性解释法律规则程序的中立性。昂格尔对法律形式主义的抨击就是对这种中立性的抨击。拒绝承认法律—政治的区分,批判法学著作中一直重复这一观点,就是拒绝承认自由主义所主张的法律形式主义,也是拒绝自由主义所信奉的法律中立性。博伊尔(James Boyle)直言不讳地提出了批判法学的立场:"大多数批判法学的著作都包含着对这样一个观点的一系列复杂和深刻的解释,这就是对法律的解释不可能是中立的,因此法律与政治之间的区分以及合法化的故事必然不可避免地破产了,而这是自由主义国家所依赖的。"[29]

规则和价值的二律背反是批判法学解释为什么法律中立性不可能的主要原因。作为对自由主义法律形式主义的抨击,二

---

[28] Roberto Unger, *The Critical Legal Studies Movement* (Cambridge: Harvard University Press, 1986), p.1.

[29] Boyle, "Politics of Reason," 697. 博伊尔所指的"正当化故事"涉及自由主义的主张,即自由主义国家在道德上是正当的,因为它对相互冲突的善概念保持中立。

律背反的关键方面是这样的观念，即对法律规则的全面解释依赖于对相互竞争的善和权利概念的某些评价，而这些在政治领域内互相竞争的善和权利概念有助于产生规则。为了对某一既定案件中所涉及到的单一规则的多重目标或者不同规则的相互冲突的目标进行排序，这种依赖是必然的（根据本章中我们先前所考察的观点）。由于这种依赖，政治领域内的规范性争议不能从法律解释的程序中被排除出去。这种解释不可避免地是对互相竞争的善与权利概念的分歧评价的回应。在批判法学看来，此类回应使得法律的中立性变得不可能；它摧毁了法律和政治之间的区分，随之也摧毁了自由主义法治的可能性。

对昂格尔的二律背反重新解释的版本，可以提出一个自由主义的反驳来澄清和批判，这就是哈特在《法律的概念》中所做的区分。[30] 可能有人宣称，这个重新解释了的观点（以及它的最初版本）忽视了哈特对主要规则和次要规则所做的关键性区分，这个区分帮助我们搞清楚在不违背自由主义法律中立性原则的自由主义的多元化背景下法律规则如何得以维持。让我们简要地陈述哈特的区分，为这一观点确定背景。

主要规则是义务规则，它规定人们须履行的社会义务。哈特认为，所有社会都有某些类型的主要规则规范社会的相互交往。但是只有相对简单的、小规模的并且同质的社会才可能仅靠主要规则来维持；当社会逐渐变得规模愈来愈大，异质性愈来愈强（例如，当它们逐渐变得多元化）的时候，恰恰对什么

---

[30] H. L. A. Hart, *The Concept of Law* (New York: Oxford University Press, 1961), pp. 84~96.

是真正具有效力的主要规则产生愈来愈多的争议。这些社会纠纷将威胁到社会稳定，除非能够找到一些方法来预防和/或者解决它们。在其他众多的目标当中，次要规则最为重要的功能就是确立程序来确认那些约束人们的主要规则。"承认规则"就是实现这个目标的最重要的规则，哈特提出，法治就是主要规则和次要规则所构成的制度中的规则。

哈特顺便提及到了次要规则具有下列的可能性：次要规则可能约束由承认规则所确认的有约束力的主要规则的权威性解释。[31] 当主要规则的术语含糊不清、易引起争议或者要求一个特殊的法律含义的时候，就有可能需要此类的次要规则。基于当前的目的，我们尤其对下列情形感兴趣：在这种情形中，来自于冲突的规范概念可能会引起对一个主要规则的含义的争议。在上述情况下，确定含义的次要规则所服务的目标可能恰恰与哈特的承认规则所服务的目标完全相同：假如社会稳定仅靠主要规则的话，那么次要规则就是要预防和/或者解决那些可能会产生的有关社会义务的争议。让我们称此类规则为含义的次要规则（secondary rules of meaning）。但是，一个自由主义多元化社会中的价值分歧将不可避免地会导致对规则的含义，对主要规则是否是唯一有效的规则有广泛的分歧意见，当含义的次要规则被用来为主要规则确定含义时，同样的结果并不一定会发生。正如哈特所建议的那样，既然法治是一个由主要规则和次要规则结合而成的制度中的规则，那么价值分歧并不总是

---

[31] H. L. A. Hart, *Essays in Jurisprudence and Philosophy* (New York: Oxford University Press, 1983), p.106.

导致法律规则含义上面的广泛分歧意见。[32]

对于自由主义的这一反对意见,昂格尔看起来给出了三种答复。第一个答复是,"假如个人能够知道法律的含义,但却无法接受法律含义所赋予法律规则的价值,那么秩序和自由问题就是一个尚未解决的问题"。[33] 他在此处表明,拥有使得每个人精确地知晓法律主要规则的含义的次要规则是一回事,但是让每个人根据上述那些解释来发现可接受的主要规则,则是另外一回事了。对于任何一套含义的次要规则而言,一个自由主义多元化社会将会包含着某些善和权利的概念,从那些依据次要规则赋予的含义的人的视角来看,这些规则是不可接受的。即使承认乐于接受此类规范性概念的人们可能知晓任何既定规则的权威性含义,但是,实施由国家解释

---

[32] 斯坦利·菲什(Stanley Fish)曾提出论点,否认含义的次要规则能够有助于确定主要规则的含义。尽管菲什根本不是批判法学的支持者,但在这一点上,他的结论却与批判法学的学者所主张的内容相互靠拢。菲什的论点直指欧文·菲斯(Owen Fiss)的论点,后者宣称"纪律化的规则"(disciplining rules)约束法律职业者解释法律文本的活动。菲斯的纪律化规则本质上就是含义的次要规则。菲什认为,此类的规则并不能约束解释,因为它们也是文本,在很大程度上也像主要的法律文本一样需要解释。是什么约束着所有的解释活动,包括约束纪律化规则的解释活动,这就是规约性实践的框架,在这一框架内,解释才能开展起来。See Fish, "Fish v. Fiss," *Stanford Law Review* 36 (1984): 1326~34. 然而,菲斯已经令人信服地回答到,菲什的论点是以不根据前提的推理(non sequitur)为基础的。他赞同菲什所说的解释总是在规约性实践框架的范围内活动,"但是这既不能将规则的内容降低至它的各种各样解释,也不能将规则的含义减少至它的各式各样的解释(不管是逻辑意义还是实践意义上),也不意味着一种文本(纪律化规则)不能约束另外一种文本的解释"。See Fiss, "Conventionalism," *Southern California Law Review* 58 (1985): 186. 也应当指出的是,菲什的论点建立在规则是什么的一种狭义理解上面;他认为规则是抽象的语言表达方式,并把它们与行为规则严格地区分开来。然而,哈特的规则概念却清晰地认为规则是行为规则性的类型。他并没有像菲什那样在规则与实践之间做出清楚的对比,并且假如规则的概念是广义的,那么含义的次要规则能够有助于确定主要规则的含义,菲什对此看起来可能会同意的。Cf. Steven Burton, "Legal Reasoning and the Left," *Journal of Legal Education* 36 (1986): 365 n. 28.

[33] Unger, *Knowledge and Politics*, p. 101.

的规则可能仍然等同于自由主义所一定认为的其不合法地违背了中立性的要求。因为与其说国家是在颇具争议的善和权利的概念上保持中立,倒不如说国家通过对那些认为它(权利和善概念)不可接受的人们实施一个特定的概念,实际上采取了一个立场。

在这里,昂格尔的答复建立在混淆法律的中立性和政治的中立性基础之上,并且也建立在对后一种形式的中立性的错误观念之上。自由主义法律中立性原则与某一个法律规则被民众的接受性没有直接联系。只要规则的解释是以一种不依赖于对规范观念的新评价的方式进行的,这种新评价隐含着对规则的政治性考虑,它就满足了法律中立性的要求,即使有人不接受对规则的这种解释。

另一方面,政治中立性与法律规则被民众的接受性有着某些关联,但却并不是昂格尔所假设的那种关联。他假定,政治中立性要求自由主义国家治理社会的规则,包括主要规则和次要规则,不管他们的善和权利概念是什么,必须被社会中的所有人员认为是可以接受的。但这是十足的混淆。确实,早期的自由主义理论家们并不是在这样的幻觉之下工作的,这个幻觉就是他们所为之努力奋斗的政治制度安排必须被他们的反自由主义的对手(例如,宗教宽容原则的坚定反对者)认为可以接受。而且,对于那些善和权利概念如此教条,以至于他们不能自愿地与其他群体就重大政治议题(political issues)寻求合作和妥协的群体来说,自由主义国家的规则都会被认为是不可接受的。

这并不意味着自由主义国家在所有重要的政治道德议题上都开放,权利的中立性禁止这样做。但是,在自由主义国家中,有相当范围的规范性议题是向此类的协商和妥协开放的。昂格尔在这一点上是对的,他认为,会有一些群体拒绝承认一个允许、实际上是要求在相当大范围的政治议题上进行协商和妥协的制度的合法性,这是不可避免的。但是,这仅仅是说,此类群体不接受自由主义在政治领域内所要求的那类中立性,自由主义理论不需要假装此类的中立性会被所有的人接受。同样的观点适用于反对自由主义前提的这些群体,即必须以个人自治的名义来对政治施加实质的限制。当然,有人可能会说,这就意味着,自由主义政治中立性原则并不中立。但是,把这一说法视为自由主义的不一致的标志,就是把不同意义上的中立性观念混为一谈了。

对于运用含义的次要规则的观点,昂格尔的第二个答复是,善和权利的概念上的分歧如此之大,以至于达成的一致意见也会破裂,即使在对次要规则赋予主要规则的含义方面也会有分歧。昂格尔可能十分愿意承认,在一个没有将次要规则纳入其中的制度中,此类的分歧(善和权利概念上的分歧)比那些可能在主要规则含义方面导致的分歧要大。昂格尔的著作并不认为在任何程度上,次要规则都完全无法确定主要规则的含义。但他的确主张,因为人类对善的概念出现分歧,以所有的人能够就正确含义达成一致的方式来确定含义的前景会降低,这种前景会一直降到零。

昂格尔的主张部分基于我早已接受的观念——即实质规范性观念上的重大分歧能够激起语义的反应(semantic reverberations),导致对法律规则的相互冲突解释。诸如人类生活(human life)或者应有关注(due care)这些词汇可被完全不同地解释,这取决于它们是由反堕胎主义者解释,还是由一个拥护选择权者来进行解释,是由自由放任政策的辩护者还是由社会主义的支持者来解释。然而,即使认可了这一观念,将它连本带利地押在含义的次要规则不能解决主要规则的互相竞争的解释问题这一观点上,会有两个严重的问题。

首先，昂格尔从来就没有提出过这样一个观点，即善和权利概念上的分歧如此之大，以至于所有的努力都无法（通过次要规则）为主要规则确定明确含义，该主要规则的明确含义指所有人都同意其作为法律权威性的含义。为了解释禁止杀人的法律，反堕胎主义者和选择权的拥护者可能会在胎儿是否应当被看作一条人命这一问题上产生分歧。假如没有了含义的次要规则，那么毫无疑问，对主要规则正确的法律解释必然会产生没完没了的争执。然而，一旦引进了这样的次要规则，以一种所有各方都能够理解的方式来规定哪一个解释具有权威性的地位，就不会出现这样的问题了。

举另外一个例子，最高法院在辛克莱和鲍伊斯市场案件中所面对的含糊不清的问题，实际上是通过宣布一个含义的次要规则来得到解决的。这个含义的次要规则明确规定了诺里斯—拉瓜迪亚法案规定的禁止颁布劳工禁止令的范围，并具体规定了联邦法院在依据塔夫脱—哈特利法案实施集体谈判协议的过程中有权实施的救济范围。颁布塔夫脱—哈特利法案的国会把此次要规则引入到立法（或者可能被视为权威的序言或者某些文本当中来），这是完全可能的，从而避免法院通过对正被讨论的法律确定一个明确的解释来解决有争议的案件的需要。法院不得不确定含义的事实并没有确定这样的观念，即含义的次要规则并不有助于确定含义。最高法院推翻了它对辛克莱和鲍伊斯市场案件当中产生的问题所做的最初判决这一事实也没有确立这一观点。恰恰相反，这些事实表明，次要规则能够履行确定含义的职责。每一个人都知道辛克莱案件以一种方式解决了问题，而鲍伊斯市场案件则以另外一种方式解决问题。即使那些对鲍伊斯市场案件中的裁决持批评态度的批判法学的作者们，也可通过他们的批判证明了他们知道那个判决给予正被讨论的劳动法规特定的含义。[34]

昂格尔反对运用次要规则来确定含义的观点的第二个问题是：即使承认在善和权利概念上存在的巨大的分歧能够引起语义反应，这种语义反应会使任何力图对法律规则规约性含义确定一个一致意见的努力归于失败，这也不意味着自由主义法治不可能。得出的结论只能是，自由主义依据法治能够容纳的多元化具有局限性。这些局限性并不是前面较早时候所讨论的局限性——上述那些局限性来源于对权利概念更为灵活和折衷的要求，来源于个人自治对政治设置实质性限制的要求。相反，它们可能是这样的一些局限性，超越了它们，即使有了含义的次要规则，对于某些人来讲，还是不可能理解政府官员解释法律的主要规则的方式。假如有些人的观念与权威性解释法律规则的政府官员的观念之间的分歧像昂格尔所认为的那样大，那么这些人可能会处于卡夫卡（Kafkaesque）笔下那种怪诞的场景当中，完全无法理解国家赋予那些支配社会生活义务的规则的含义。国家强制适用于这些人的主要规则可能在一本他们无法破译的密码当中。很难想象还有比这更令人震惊的法治崩溃的情景了。

自由主义法治确实不能包容极端分歧的善和权利概念。然而，尚没有一个有力的观点证明，自由主义国家不可避免地要包容如此极端相反的规范性概念。实际上，可能很难证明自由主义国家曾经这样做过。的确，现实的自由主义社会包括对于那些支配他们的主

---

[34] For a CLS criticism of *Boys Markets*; see Karl Klare, "Critical Theory and Labor Relations Law," in Kairys, *Politics of Law*, pp. 67~82.

要规则的既定权威性解释持反对意见的群体。但是，我还没有看到昂格尔或者其他人举出一种情形，在这种情形中，有这样一些人，由于他们对世界持有极端不同的道德观念，他们不可能理解上述那些解释。并且，即使举出这样一种情形，它也只表明法治在一个极端异常的多元化背景中破灭了。批判法学关于自由主义法治是一件不可能的事情的主张，可能还远远没有得到证实。

对于运用含义的次要规则排除政治领域的规范性争议的可能性，昂格尔的第三个答复就是直接抨击他所认为的自由主义的法律形式主义。这一观点以下列主张为基础展开，即假如法律解释程序完全排除了道德和政治评价，那么法律将会充满不确定性以至于违反法治。昂格尔的核心观点如下：

> 原则的每一个分支都必须，如果不是明确地，也是默示地基于人类联合形式的图景，这些人类联合的诸多形式在社会生活领域内是正确的或者现实的……没有这样一个引导性的观念，法律推理看起来就像一个受到谴责的简单的类推游戏。回过头来看，我们总是可能发现或多或少令人信服的方式去做出一系列的区分，或者不能够做出看起来令人信服的区分的。一个普通的经验就可以证实这一可能性；每一个细心的法律学生或者律师都曾经有过不安的感觉，那就是对许多的相互冲突的解决方案都能够辩论得如此之好，而且如此之容易。因为任何一件事情都可以得到辩护，没有什么事情不能被辩护的；这种类推制造（analogy‑mongering）必须被叫停。[35]

---

[35] Unger, *Critical Legal Studies*, p. 8.

昂格尔继续主张，应当叫停能够带来"类推制造"背景规范性理论的诉求。根据这一背景理论的观念和原则，某些类推看起来有说服力，而其他的一些则无说服力。

考虑一下下面的事例。在赫尔利诉埃丁菲尔德（Hurley v. Eddingfield）案件中，案情是一个内科医生在没有充分理由的情况下，拒绝接受以给他通常的费用照看一个病人。[36] 该病人后来因病死亡，这个医生因该病人不当死亡而被起诉。就这一案件事实可能类似于一个标准合同案件而言，可能没有充分的理由起诉这个内科医生。根据合同法原则，任何一方都没有接受出价的义务。然而，如果把这个内科医生类推为一个旅店老板或者一个公共承运者，就会有充分的起诉理由了。因为传统普通法规则对旅店老板和公共承运者规定了积极义务。昂格尔的观点是，只能根据某些背景性的善和权利概念才能得出哪一个类推能够得出一个更具说服力的辩护性结论，而且这一背景性概念会包含着许多有争议的观念，这些有争议的观念关系到我们对他人积极道德义务的范围和强度。因此，只能诉诸要么明确的要么默示的，某些有争议背景性的善或者权利的概念，才能克服那些在别的情况下可能出现的遍布于法律规则体系中的难以根除的不确定性。如果不这样做，自由主义的法律形式主义就会崩溃，伴随着它的崩溃，法律解释的中立性也就荡然无存。

对于那些相信含义的次要规则能够拯救法律解释中立性的人们来说，昂格尔的观点提出了下列显而易见的二难推理难题：要么规则允许在解释现存主要规则的程序中可以诉诸有争议的权利和善的概念，在这种情形下，中立性会被违反；要么禁止诉诸此类的概

---

[36] *Hurley v. Eddingfield*, 59 N. E. 1058 (1901).

念，在此情形下，规则体系会充满不确定性。

昂格尔的观点存在三个致命的问题。首先，昂格尔再一次混淆了法律中立性所要求的内容。法律中立性并不要求法官（即法律的解释者）避免依赖于那些体现有争议的道德或者政治概念的规范。法官在解释一个主要规则的程序中可能需要遵循某些次要规则，这些次要规则具体体现了某些争议性的道德或者政治立场，这和主题并不相关。所有的法官都需要遵循法律中立性的命令，这也就是说，在适用所讨论的次要规则时不需要对其所隐含的规范性观点做出任何新评价。

另一方面，自由主义的政治中立性原则与规范性观念争议之间存在一些关联，但这并不是昂格尔论点所假定的那种关联。这是昂格尔观点的第二个问题：它假定，政治中立性要求任何法律规则，不管是主要规则还是次要规则，都不能体现有争议的道德和政治观点。但是，自由主义的政治中立性概念并没有要求如此。它要求制度体现某些公正确定的程序，而这种程序要求那些持有争议的道德和政治观点的不同群体能够相互妥协和协商。但这并不是说，有争议的道德和政治观点因此就被排斥在社会的法律规则之外了。它所说的是，在它们得到表达的意义上，它是作为一个公正程序结果而出现的，这种程序会涉及妥协、协商和包容。

然而，可能会有人仍然认为，当法官们把他们自身有争议的政治和道德立场植入含义的次要规则当中的时候——例如，布伦南在鲍伊斯案件当中所做的那样——既违反了法律的中立性，也违反了政治的中立性。之所以说违反了法律中立性，是因为法官在对规范性观念做出新评价，正是因为这些政治领域内相互冲突的规范性观念导致了法律解释的需要。法官不能依赖对政治程序所产生的评价，因为它明确地属于上述情况中的一种，在这些情况下，政治程序达成了一个协议，该协议对于影响法律的各种各样的目标的相对价值故意保持沉默，如鲍伊斯市场案，这样的案件就是以对相对价值判断为转移的。

然而，对昂格尔的观点的详尽论述未能消除法律—政治之间的区分，也未能证明自由主义法治是一件不可能的事情，除非有人增加了一个额外的前提条件——即必须要求法官对有争议的政治和道德立场做出新评价的情形在任何自由主义国家都很普遍，使得它与自由主义的法治模式不一致。昂格尔从来就没有提供过任何接受这一额外的前提条件的理由。这就是他的观点的第三个缺陷。让我们更为详细地审查一下它吧。

作为一个纯粹概念性的事项，一个自由主义法律制度为什么必须包含诸如鲍伊斯市场案这样的案件，在这些案件中，法官为了做出一个判决而不得不依赖于道德或者政治判断，这是没有理由的。为了搞清楚为什么会这样，从考虑一个实在的自由主义法律制度开始，这个制度可能包含相当数量的要求道德或者政治判断的案例。在这些案例当中，可适用的法律规则含糊不清或者模棱两可，以至于法官们若不依赖于此类的判断就不可能做出一个判决。当一个法院在某些含义的次要规则上达成协议时，含义的次要规则可以为即将做出的确定的判决解决含糊不清或者模棱两可的问题。上述那些案例中的每一个案件会得到解决。现在想象一下一个像现实当中的法律制度一样的法律制度，它们之间只有一个关键的区别：法院为了裁决这些案件而诉诸的次要规则全部都是由立法机构在所讨论的案件之前权威地颁布的。例如，在诺里斯—拉瓜迪亚法案与塔夫脱—哈特利法案中，立法机关不是让法院决定怎样处理复工问题，而是在案件出现之前就事先规定了规则。想象一下这样一类情形中的每一个案件在概念上并不是不可能的。这些情形就是某些实际的法律制度需要司法解决。这就意味着,自由主义普遍模式所设想的法律制度中并不存在概念上的不一致,其中,每一个案件都有一个预先确定的法律答案。昂格尔观点的目的是要得出这样一个不一致的结论,就此而言,它失败了。

昂格尔或许只是想证明,在任何一个现实的自由主义制度中,要求法官依赖于道德或者政治判断的案件范围如此之大,以至于任何一个自由主义者都难以接受。尽管这样一个观点在哲学上并不像概念不一致的观点那样惹人注目,但是,假如它具有说服力的话,它仍可能对自由主义观念具有极大的破坏性。然而,昂格尔并没有使其成为一个具有说服力的实例。他只是假定,道德判断和政治判断对法律解释过程的某些渗透足以挫败自由主义的观点。不过,每一个自由主义的法治模式都允许那一类型的渗透。普遍模式对此类评价的排斥有着最为严格的要求,因此对这种渗透留有极少的空间。它要求尽最大可能在法律与政治之间做出区分,但是,昂格尔甚至未能说明为什么竟没有一个现实的自由主义制度可以作为普遍模式的一个合理的类似。

此外,即使他能够表明不可能存在这样的类似,他拒绝前面章节所考察的自由主义其他法治模式也站不住脚。德沃金和哈特的模式,以及我为之辩护的修订过的萨特里厄斯模式,都把法律推理描绘成对道德和政治判断有所依赖。举例来讲,在我所辩护的模式当中,有一个主导的规约,它规定,判决的根据应当最大限度地符合既定的法律,当上述那个规约不能实现时,会另有一个规约,规定判决的根据应当最大限度地符合既定法律的某些实质部分。在后一种情形下,由于判决的根据可能相互对抗,它们的所有部分都能够充分符合既定法律,因此,法官在选择那些潜在的判决理由过程中,时常含蓄地或者明确地诉诸他们自身的道德或者政治信仰。

不管是对还是错,我认为我们的法律制度是根据此类规约来运作的,没有理由认为以这种方式运作的自由主义法律制度在现实中不可能存在。而且这样一个制度要受到法治的支配。尽管法律—政治之间的区分可能并不天衣无缝,但是,法律推理,大部分,不依赖那些在政治领域内相互竞争的规范性观点的道德或者政治评价的情况下运作,而且,当确实有这种依赖发生时,它也是在一个法律规约的限制范围之内,这个法律规约要求,判决的理由应当能够与习惯性接受的判决、原则和规范的实质部分相一致。尽管这个制度可能并不与自由主义的一般模式相符,但是它反映了一个可认知的法治模式,在这个模式中,法律观点与有关社会生活和政治生活基本条件的无穷无尽的意识形态或者哲学的争执之间,实际上有着鲜明的差别。

总而言之,昂格尔反对自由主义的法律中立性的观点和反对法律—政治区分的观点失败了。在提出这些观点的时候,昂格尔的主要目标是想表明,自由主义所理解的法治在概念上是不一致的。他的策略的核心是这一思想,即自由主义的理解为法治设置了一个根本不可能的要求,即要求法律解释和法律推理在那些把自由主义的多元化社会分裂开来的道德和政治争议上保持中立。然而,我们看到,昂格尔的策略以对自由主义所信奉的法律中立性的含义与政治中立性的含义相混淆为基础。他除了错误地理解自由主义的政治中立性要求之外,还把法律领域所要求的那种中立性与政治领域内所要求的那种中立性混淆了。在对不同形式的自由主义中立性进行一番仔细考察之后，我们会发现，一旦这种混淆被纠正，昂格尔的观点就不能证明自由主义的法律哲学和政治哲学不协调或者甚至不现实。此外，昂格尔的论证策略无法说明各种各样的自由主义法治模式相互之间的巨大差异。昂格尔所做的一切表明，自由主义所理解的法治既是完美地协调的，也是可为之辩护的。

极端不确定性

昂格尔抨击自由主义法治一致性的观点在批判法学的著述中得到了广泛的赞同，但是，它们却并不是这些著述当中唯一力图证明自由主义法治不可能的观点。在批判法学观点中，另外还有一个更为极端的分支。这一更加极端的分支以这样的观点为基础，即法律规则是"空荡荡的容器"，个人实际上可以向里面倾倒任何他们喜欢的内容。换个方式来说这个观点，法律规则没有确定的含义，并且不具有在任何情况下都能够有助于指导判决的语义内容。它并不是说，规则自身语义不完整，必须由官员根据背景性的道德和政治原则来对它们加以解释，为诸多法律案件抽象出它们的含义；而是说当官员根据规则含义做出判决时等于为规则创造了含义，因为他们从零开始。

这种有关含义的更加极端的观点是马克·图什内特的主张，他宣称"在一个自由社会里，含义的极端不确定性是不可避免、必然要发生的"。[37] 它也反映在批判法学诸多主张当中的这样一层意思：司法判决的基础是不受现存规则和原则说些什么的限制的价值选择。戴维·凯瑞斯（David Kairys）的主张具有这样的特色："判决的最终基础是社会和政治判断……判决并不以法律推理为基础，也不由法律推理来确定。"[38] 克莱尔·多尔顿（Clare Dalton）通过把法律话语的核心范畴描述为"空荡荡的容器"[39] 生动地表达了这一极端观点。

这种有关法律含义的极端观点必须同昂格尔的观点区别开。[40] 对昂格尔而言，司法判决以法律规则为基础，而法律规则是根据司法的价值选择来解释的。一个人既不可能摒弃价值选择，也无法摒弃规则，因为当把法律解释过程看作与任何价值选择相隔离的时候，法律解释的过程就是一个填补法律规则自身部分的或者不完整含义的过程。对含义的这样一种观念与法律规则在语义上是空荡荡的容器，法官可以向里面填注他或者她所选择的无论什么样的含义内容的观念是不一致的。

这种极端观点认为，法律规则恰恰就是这样的容器，这就意味着，谈论"解释"法律规则的含义完全是误导。一个人参与没有任何限制的创造含义的活动，这就使得任何道德或者政治概念都能够

---

[37] Mark Tushnet, *Red, White, and Blue: A Critical Analysis of Constitutional Law* (Cambridge: Harvard University Press, 1988), p. 63.

[38] David Kairys, "Law and Politics," *George Washington Law Review* 52 (1984): 247.

[39] Dalton, "Essay in Deconstruction," p. 1002.

[40] 法官能够不受现有规则和原则的约束对法律做出他们自身的道德和政治价值观念的解释，对于这一观点，昂格尔并不是批判法学思想家中唯一一位表示反对的作者。See, e. g., Paul Brest, "Who Decides?" *Southern California Law Review* 58 (1985): 663~64, and Joseph Singer, "The Player and the Cards: Nihilism and Legal Theory," *Yale Law Journal* 94 (1984): 23~24.

成为一个司法判决的根据。这些含意被认为源自于含义的特性,因此不能够保障其与含义的次要规则相反。任何此类规则的含义自身会在"解释"活动中不得不被创造出来,并可能以一种允许引入道德或者政治概念的方式被创造出来。假如极端不确定性观点所依赖的含义概念有说服力,那么自由主义的法治确实成为不可能。自由主义的法治模式能够并且确实允许相当程度的道德和政治评价进入法律解释程序。但是,即使更为宽容放任的自由主义模式也完全难以与下列观念相容,即那些被当作法律解释的东西,不过是一个不受限制地创造含义的活动,它以官员所碰巧接受的不管什么样的道德或者政治概念为基础。

批判法学中认为法律具有极端不确定性的观点反映和详尽阐述了福柯(Foucault)有力表述的立场:

> 人类从一场战斗到另一场战斗并没有逐渐进步,直到她达到普遍的相互依存之时为止,她才有了进步,在那里,法治最终替代了战争;人类把她的每一个暴力都安顿到了规则制度之内,因此她就由统治走向统治……规则本身是空洞的,充满了暴力,没有终结;它们没有人情味,并且屈服于任何目的……解释是对规则制度粗暴的或者鬼鬼祟祟的挪用,它本身并没有实质含义,为了设置一个方向,使它顺从于一个新的意志,强迫它加入一个不同的游戏当中来。[41]

---

[41] Michel Foucault, "Nietzsche, Genealogy, History," in *Language, Counter-memory, Practice*, ed. D. F. Bouchard (Ithaca, N.Y.: Cornell University Press, 1977), pp. 151~52.

这一段睿智的话语包含了两个主题,这两个主题都被批判法学极端不确定主义者重新提起:①法律规则语义的内在空洞性;②解释的概念,作为一种权力行为,是把含义强加于语义空洞的规则的行为。让我们开始着手考察第一个主题。

加里·佩勒(Gary Peller)提出了批判法学的一个持久的观点,这个观点赞成法律极端不确定性。他主张言词和语句不是独立自足的含义单元;恰恰相反,含义是在关系中出现的,一个术语的含义完全是其他术语含义的功能。但是,这就向佩勒提出了一个严肃的问题。他认为"试图确定一个词语的含义会导致一个无限的复原。人们必须沿着由远离某些词语的而指向其他术语的痕迹,而这些其他术语自身又包含着导向其他术语的痕迹,等等。"[42] 这种无限复原的后果,他告诉我们,就是"含义最终是不确定的"。[43]

佩勒的观点围绕着解构主义的观念展开,即当我们试图确定一个术语或者语句的含义时,我们只是通过从一套术语到另外一套术语"推迟"对术语或者语句的含义界定。我们并没有成功地确定含义,只是把含义问题从一个地点转移到了另外一个地点,这一过程大致类似于向彼得借钱而向保罗还钱的过程一样。这可能给人一种向前推进的幻觉,但却没有真的向前推进。

佩勒观点中所存在的严重错误也可以从这一事实中得到清算,即像所有形式的极端相对主义一样,佩勒的错误是自我—反驳

---

[42] Peller, "Metaphysics of American Law", pp. 1167~68.
[43] Ibid., p. 1169.

(self-refuting)。[44] 该观点的含意不仅仅可以扩展到法律话语的领域，而且也可以扩展至所有的语言。假如所有语词的含义都是不确定的，那么佩勒观点的语词含义也是不确定的，如果真的如此，那么这个观点就没有意义，也没有确立什么意义。清楚的是，佩勒认为他的观点确立了什么东西——而且，它所确立的东西与含义的标准观点不一致。但是在含义完全不确定的地方，这是不可能的事情：假若不存在确定的含义，也就不可能有不一致性。

从佩勒指责自由主义法治在理论上是一件不可能的事情这一观点还可以推出这一观点完全没意义。因为只有在语词有了确定的含义之后，理论上的不可能性才能够存在。实际上，佩勒的观点并不允许含义创造，而含义创造对自由主义法治的极端批评而言至关重要。即使承认语词不能够与早已"附加的"确定的含义同步，含义创造仍然预先假定语词与确定含义融合的可能性。然而从佩勒的观点看，这种融合是不可能的：创造含义会因推迟的相同问题受到指责，那就是试图确定一个含义的过程经常被视为马后炮，因为含

---

[44] 塞拉·本哈比（Seyla Benhabib）最近写道："解构主义者知道她或者他将会被那些仍然严肃地主张理性就是证明自身的人们指责为犯了自我指涉的荒诞错误……对于那种仅仅十分愿意承认这就是其优点的思维模式而言，自我指涉的荒诞指责以何种方式损害了这个思维模式？" See Benhabib, "Review of Jürgen Habermas, *The Philosophical Discourse of Modernity*," *Journal of Philosophy* 84 (1987): 755. 在我看来，回应本哈比的这一令人困惑的疑问并不特别难。认真对待"理性就是证明自身的主张"仅仅等于认真看待逻辑一致性。假如有人试图去做哲学的理论化所试图去做的事情，也就是对人类经历（的某些方面）加以理解，那么在没有认真看待逻辑一致性的情况下，上述事情是如何被完成的，我不能证明。另一方面，假如有人在玩游戏，那么他可以不用考虑一致性问题。但是，假如有人正在玩游戏，那么就没有一个议题与那些正在做哲学的理论化的人们相连接。如果批判法学只不过是玩游戏（我并不想如此贬低玩游戏），那么在它和自由主义的法律理论之间就没有议题可言；它们只不过是完全不同的事情。我认为在这两者之间有一些议题，假如我说的是对的，那么就有人必须认真对待批判法学的主张是否是逻辑一致的这一问题。

义已经存在了。[45] 在随后的观点中，我们将很快看到，佩勒自己实际上放弃了含义由于推迟问题最终是不确定的这一观点，反而试图借用福柯关于含义是通过权力活动而被创造出来的观点来拯救该概念。

在这个阶段，尽管我们还不足以指出佩勒的那类观点带有哪些问题，但是，我们应当试着确定这一观点在什么地方是错的，也应当确定它可能包含着什么样的真理成分。我的建议是，根据奎因（Quine）著名的"经验主义的两个教条"[46] 这篇文章来审视法律解释问题，可以很好地完成这一任务。

在奎因阐述的主张中，他认为，我们的术语和语句的经验含义就是它们在我们所赞同的整个语句部分中所扮演角色的一个功能。语言被认为具有内在结构。有些语句处于边缘地带——与感觉经验的直接接触越近，就越有可能在难对付的经验面前被修正。其他一些语句越接近于核心——越远离感觉经验，就越不太可能被修正。另外，处于核心的语句和处在边缘地带的语句之间存在推理连接。用达米特（Dummett）深刻的话语来说，奎因给我们描绘了一幅"作为一个连接网络的语言图像"。[47]

奎因通过反思迪昂（Duhem）的命题——对一个孤立的物理假设，不可能进行实验性测试——被驱使进入语言网络图像。测试要

---

[45] 唐·赫佐格（Don Herzog）在《早餐之前不可能发生的事情多达六种》（As Many as Six Impossible Things before Breakfast）一文中提出了其他一些极端不确定性的似是而非的论点。*California Law Review* 75 (1987): 629.

[46] W. V. O. Quine, "Two Dogmas of Empiricism," in *From a Logical Point of View* (New York: Harper Torchbooks, 1963), pp. 20~46.

[47] Michael Dummett, *Frege: Philosophy of Language* (Cambridge: Harvard University Press, 1981), p. 608.

求预见性结论应从假设中推导出来,但是这要求辅助性前提。这些前提必须应用从那些基于测试目的而没有被假设的物理理论部分推导出来的原则和规律。此外,对测试所用仪器的精确性,还要求有额外的前提,这些前提涉及物理理论的更深层的规律和原则。

假如我们认为物理理论中一个假设的经验含义是那些可能用于确认其真实性的种种条件的集中体现,那么清楚的是,孤立的假设并不能完全确定经验含义。只有作为语句系统的组成部分,才使得一个既定的假设可能有完全确定的含义。因为只有作为这一系统的组成部分,一个假设才可能有可确定的后果。奎因认为,我们有关自然世界的信仰中的每一个信念都以一种类似的方式在语义上与我们所赞同的整个信仰部分相连接,而且整个信仰部分所面对的是一个系统化团体整个的感觉经验。他以此而概括了迪昂的观点。

我的建议是,在一个重要附带条件下,一个类似的分析类型可以适用于法律规则和法律术语的含义。这不是赞成含义的证明理论(verificationist theory),与此处相关的是奎因的结构化网络语言图像,而不是他的证明理论。

这个附带条件就是,我们不应当接受奎因的整体论观点,即单一的语句在孤立状态下根本就没有含义,它仅仅作为话语体系(或者理论)的组成部分才有意义。奎因的整体论不可能解释我们如何理解他人说话的内容的。正如达米特所指出的,要想领会一个人所说话的内容[48],有必要去理解一个人所运用的整个语句。这是因为只有语句的整体才可能有意义,整体的子集没有任何意义。鉴于实际发生的交流总是小于一个人运用的整个语句体系表达——不赞

---

[48] Ibid., pp. 598~99.

同那个前提的任何人恰恰会被那个异议驳倒——那么整体论命题必须被抛弃。实际上,佩勒有关含义的叙述可被解读为明确地冒犯了这个惹人烦的整体论。

奎因把语言作为术语和语句连接网络的图像表明,解释并不像解构主义观点可能认为的那样是一个"推迟"含义的过程,而是一个通过追溯一个语句的含义,把它作为一个更为广阔的术语和语句的组成部分填充其含义的过程。明确含义的问题不仅仅是从一套术语转移到另一套术语的问题;恰恰相反,随着语句主要部分中越来越多推理连接被找到,当那些连接的含意被引申出来的时候,含义就愈来丰满。佩勒认为术语和语句并不是完全独立自足的含义单元,他是正确的。这不但对于物理理论,对于法律也是真实的。语句,包括法律规则,就它们在与那些有助于给出它们语义内容的语句主要部分相隔离状态下被解释时,它们缺乏完全确定的含义。然而,这里得出来的结论不是说法律规则,甚至当它们被孤立地考虑的时候,完全是不确定的,而是说,一个法律规则的确定含义在很大程度上是它在广阔的法律话语中的功能。

为什么要为法律术语和规则接受这个语义理论呢?在任何一个合理而又精致的法律制度中,一个特定的行为是法律所允许的还是法律所禁止的,是授权的还是越权的,光看处于孤立状态下的法律规则回答不上这个问题。为了得出一个法律规则对具体案件含义的一个判断,就必须考察该既定规则在更为宽泛的一组法律规则语境中的角色。这不是说,就像一个预测可以从物理理论规律中推理出来一样,法律判决也能够从一组法律规则中推理出来的。而是说①一个法律规则的含义由它对具体案件的含意所构成(至少部分是)和②任何既定规则的含义在相当大程度上是其在更为宽泛的规则体系中位置的功能。

法律含义的关联特性可通过侵权法的一个实例来说明。考虑一下过失（negligence）标准。组成这一标准的核心的术语——适当注意（due care），合理关心（reasonable care），等等——当它们与法律制度的其他规则和原则相隔离而被孤立地看待的时候，它们是高度不确定的。然而，当与其他规则和原则相结合，过失标准就会呈现出更加确定的内容。例如，来自于其他法律领域的安全规则有助于界定过失。在马丁诉赫佐格（Martin v. Herzog）案件[49]中，卡多佐裁定，没有配备照明灯的汽车天黑后在道路上行驶违反了一个交通安全规则，构成过失。同样地，刑事法律也可用来填补过失规则的语义内容。

可能有人建议说，极端不确定性立场很容易根据含义网络模式复苏。一个人实际上可以通过采取一套恰当的背景性的用于建构法律规范体系的组织化原则向法律规则倾倒随其所愿的语义内容。当博伊尔主张当代的语言哲学家们认为语言"是，或者能够，以一种无穷尽的方式被使用"[50] 的时候，他就暗示着这一论证思路。该观念在这里是指，一旦可理解的本质被当作提供语言术语的自然参照系而遭到拒绝时，那么整个世界就会变成一类毫无差别的堆积物，它们可以被语言以无限的方式加以雕刻和建造。任何一个范畴或者分类体系都不会比其他范畴或者体系具有形而上的优势。在博伊尔和其他批判法学支持者看来，大量的法律规则和原则同样会受到无限的有组织和分类化的方案支配。不同的方案对法律规则和原

---

[49]　*Martin v. Herzog*, 126 N. E. 814 (1920).
[50]　Boyle, "Politics of Reason," pp. 708~9.

则灌输不同的含义。

这一论证思路有两个关键性的问题。首先，它不正确地假定，当把法律规则视为与法律规则和原则整体相脱离的时候，它们根本没有含义。这种假定像奎因的命题——仅有整体理论才有含义——一样碰到了同样的问题：它不能解释一种语言（或者一种理论或者一种话语）如何被领会，也不能解释交流如何发生。其次，这个论点错误地预先假定，那些为大量的法律规则赋予结构的组织原则没有任何客观地位，只是对任何特定个人的选择或者观念才有意义。这种假设——法律的结构仅仅存在于旁观者的眼中——是错误的。[51]

每一个法律制度都包含着那些赋予大量法律规范以结构的原则，而且这个结构独立于任何具体个人的选择或观念。譬如，把大量的规则划分为诸如侵权法、刑法等各种各样的部门法，这一做法就反映了上述客观的组织化原则。[52] 很显然，随着时间的推移，这种分类会改变，特定的传统化区分可能会崩溃。但是把大量规则划分为特定的部门法的这一做法并不是一件依赖于任何个人选择或者观念的事情。那些决定重新做出此类划分的人们可能没有就此改变法律，但却可能会让其他的人难以理解或者不足以令他们信服。从长期来看，只有足够的人们能够决定对一个传统的分类重新划分时事情才会改变，但是它需要时间，而且也远非一个人能够做得到，这正是因为存在一个法律结构，而这个法律结构独立于任何具体个人的选择或者观念。

---

[51] Cf. Dummett's criticism of Quine, in *Frege*, p. 600.
[52] See Dworkin, *Law's Empire*, pp. 250~254.

怀疑论者可能仍然要求知道任何具体法律制度中的法律如何获得其结构的。这是一个十分重要的问题，并且会对法律和社会现实本体论提出许多至关重要的问题。当我们有机会详尽地探究这些问题时，我们不得不把对这些问题的答复推迟到本书的最后一章了。

假如法律规则的含义是极其不确定的，那么就可能有一个快捷而又简单的观点：在没有违反自由主义所信奉的中立性的情况下，法治不可能在一个多元化的社会中被保持下来。有人可能只是主张，那些被要求"解释"规则的政府官员在几乎等同于创造规则含义的过程中，可能不得不依赖于那些有争议的善和权利概念。尽管我们必须要等到本书的最后一章对社会本体论考察之后才能完成对极端不确定性立场的批驳，但是，在本部分，我已经对极端不确定性对自由主义法治是否获得了胜利提出了认真的质疑。在总结本章的时候，我想到了批判法学另外一个流行的观点，那就是认为自由主义法治概念上存在不一致。这个观点以任何法律制度的确立必然会违反自由主义所信奉的中立性这一观念为主要内容。佩勒再一次地提供了这种观点中更为扩展的说法。

权力、中立性和法条主义

佩勒声称，在任何一个法律制度中，语义确定性是通过压制那些对规则和原则不同的秩序化和组织化方式实现的。这些互相竞争的方式与那些极端地挑战普遍权力和特权体系的道德和政治观念紧紧相连。佩勒说，他们的压制本身就是一种权力行为，这暴露了法律制度欠缺中立性的现实。作为对福柯的回应，佩勒主张，含义因此是一个"在社会代表性的规约中被制度化的社会权力制造出来的效果"。[53] 此外，在佩勒看来，法律—政治之间的区分是一个"有关社会世界的神话"，因为它假装了一个它必然缺乏的政治中立性，法律—政治的区分表现了"一个权力行动的结果，通过这个权力行动，对世界的其他理解和体验的方式都被边缘化了"。[54] 建立一个法律制度本身就是一项政治行为，在这个政治行为中，法律解释压制了激进的规范性观念。进一步讲，建立一个法律制度从根本上只是一项政治行为，它涉及对特定的道德和政治观点的拒绝。即使是一个围绕着法律而建构的相对难以渗透的薄膜，它也可以过滤掉大量的道德和政治争议，这样一来就可以创造出一个法律—政治的区分，对法律的信奉本身与政治中立相去甚远。

佩勒的观点是对昂格尔所论述的观点的进一步扩展，这一观点就是反对满足自由主义政治中立性要求的法律制度存在的可能性。昂格尔认为："每一个立法制度本身都体现了特定的价值；它包含着权力应当如何在社会中被分配和应当如何解决冲突的观念。"[55] 佩勒在两个方面扩展了这一观点。首先，他主张（仿效福柯），恰是权力的行使（例如，压制、强制力、威胁、暴力）给予法律规则和原则以足够充分的语义确定性，从而具体体现了特定的价值而不是其他的价值。其次，他主张，建立一个法律制度首先要选择一种处理社会冲突和分歧的方法，而该方法反映了特定的善和权利的观念，而不是其他的善和权利的观念。这并不只是说一些法律制度体现了特定的价值，其他的法律制度则体现了与此相冲突的价值，而是说，这样的法律只是处理社会生活分歧和冲突的一种手段，一种

---

[53] Peller, "Metaphysics of American Law," p. 1170.
[54] Ibid., pp. 1289, 1275.
[55] Unger, *Law in Modern Society*, p. 180.

体现了特定价值而不是体现其他价值的手段。

批判法学的这些观点当中的最为重要的主张是，法治必然会违反自由主义所信奉的政治中立性。佩勒主张的法治是权力的创造物，实际上有些离题了。尽管自由主义者承认，是社会权力给予法治以生命；但是，他们坚决认为，此类权力能够以与自由主义的政治道德原则相一致的方式来行使。自由主义者没有必要对权力的行使感到过敏。权力如何行使，基于什么样的原则，要达到什么样的目的的问题，并不是一个简单的权力行使事实。[56]

对佩勒观点的回应，从一开始就必须承认，任何由主要规则和次要规则所构成的制度与某些道德和政治观念的相和谐程度要比其他制度高。一个并不倾向于偏好也不倾向于反对任何善或者权利概念的法律制度简直是不可能的。我们早已看到自由主义法治是如何要求道德和政治观念的，这些道德和政治观念具有包容和妥协的能力，并且能以个人自治的名义对政治施加实质性限制。政治中立性并不是要同等地对待毫不妥协的权利概念与那些可向妥协开放的权利概念。其表现是，既不会极度地倾向于赞成特定的权利概念，也不会反对其他的权利概念。类似地，权利中立性偏向于反对那些对政治设置较弱限制的观点和赞成对权力和政治活动所及范围设置相对较强限制的观念。然而，区分不同意义上的中立性概念简直是不

---

[56] 因此，我并不赞成艾伦·亨特（Alan Hunt）的主张：批判法学所要完成的计划之一就是"识别'权力'概念和权利现实这一事实，这在自由主义法学看来是无形的、难以觉察的"。并不存在这样的事实。See Alan Hunt, "The Critique of Law: What Is 'Critical' about Critical Legal Theory," in *Critical Legal Studies*, ed. P. Fitzpatrick and A. Hunt (New York: Blackwell, 1987), p. 15. 我认为，亨特由于误解了洛克的主张——例如，法律终止的地方就是暴力开始的地方——从而误入歧途。此类主张并不意味着法律与权力不相干，而是说政治权力的行使一旦超越法律的限制，就是不合法的。See John Locke, *A letter Concerning Toleration* (Indianapolis: Hackett, 1983), p. 49.

可能的，中立性观念是一个自相矛盾的观念，因为就毫不妥协的规范性观念或者并不赞成对政治设置强有力限制的观点而言，它并不是中立性的。

同样必须承认的是，有许多权利和善概念并不是不宽容或者不妥协的，它们只是不同意把法律视为处理社会生活分歧和冲突的手段。此类观念反对运用正式法律程序作为一种方法来处理社会冲突，作为替代，它们接受非法律的方法，如调解，认为非法律手段被设计用来恢复那些由共同价值观念联合起来的社会中破损的结构。任何法律制度的确立和维持都是一项政治权力行为，在直接意义上，它没有中立性，体现的是对此类反律法主义概念的否定。

佩勒是对的，他认为自由主义所信奉的法律—政治之间的区分充满了有争议的政治价值观念。它确实充满了法条主义（legalism）的价值观念：接受规则和正式程序，把其作为处理社会生活中分歧和冲突的方式。[57] 自由主义理论接受了法条主义的价值观念，它认为现代民族国家所形成的一个社会背景如此多元，以至于很难绝对地，或者甚至基本上可以依赖非法律（nonlegalist）的规制模式。正式的纠纷解决机制需要以一种公平和有效的方式处理冲突。那些信奉彻底地反律法主义的规范性观念的人们将会反对任何形式的政治社会，因为在这些政治社会中，对于用绝对地非法律的社会规制

---

［57］ 这并不意味着自由主义理论必须对自由主义社会的所有背景中的正式程序和规则寄予重要意义。它只是说，自由主义理论要求我们认识到，对于一个以道德、信仰和政治多元化为特色的社会所产生的冲突，此类的程序和规则在公平而又有效地解决这些冲突等方面扮演着重要的角色。因此，自由主义对法条主义的认可并不必然涉及朱迪思·什科拉（Judith Shklar）对该法条主义术语所界定意义上的信奉："伦理态度即认为道德行为是遵循规则的事项，道德关系是由规则所确定的义务和权利构成。" Shklar, *Legalism* (Cambridge: Harvard University Press, 1986), p. 1. 什科拉完全理解对自由主义法治的信奉并不必然要接受她所理解的法条主义的含义。See, *Legalism*, pp. xi ~ xii.

方式来有效并公平地运作也不存在充分共享的价值观念。就自由主义的法治是这种规范性观点的一个替代方法而言，它确实不是政治中立的。但是，难道我们就此还不能得出结论说，批判法学对自由主义法治一致性的抨击是正确的吗？

答案是否定的，因为自由主义理论并不信奉那种反对律法主义观念意义上的中立性。反律法主义的观念就是，一个没有法律的社会表现了对规范中立性的偏离。首先，回想一下自由主义理论的权利中立性优先于政治中立性。自由主义的第一要务就是确保政治不得入侵个人自治领域，以使其不能达到难以忍受的程度。自由主义者之所以接受法治和法条主义的价值观念，是因为他们相信，在现代的民族—国家的背景中，法治是限制政治，预防此类侵犯的必不可少的要素。他们认为，民族—国家是如此地多元，以至于不可能仅依赖于非法律的社会规制模式就能公平而又有效地处理社会分歧和冲突。因此，自由主义对法治和法条主义价值观念的信奉并不与自由主义所要求的中立性不相一致。恰恰相反，鉴于自由主义的现代民族—国家观念，它与自由主义对权利的中立性所给予的高于一切的重要性完全一致。

另外，如果说非法律的社会管理模式，如调解，在现代民族—国家中毫无地位，这是对自由主义理论的一种歪曲。自由主义是而且也的确承认，在特定的社会背景下这些非法律治理机制的价值，并且能够始终一致地允许为它们在自由主义社会中留有一席之地。在政治领域内，那些反对法治的人们可以为扩展这一非正式机制而辩论。当然，一个自由主义国家不允许反律法主义人们来消除法律制度；在上述意义上，有人可能会说，自由主义法治不是中立的。但是自由主义所辩护的那种政治中立性并不是以保证任何规范性观点都有机会完全按照它们的观念来改造社会为目的。它所要保证的是，在个人权利的框架内，进行协商和妥协的机会，在一个自由主义的国家中，在一个自由体制之下，那些维护非法律社会规制模式的人们为什么不抓住机遇为非法律的社会规制模式建造一个重要角色呢？这没有理由可讲。自由主义政治中立性要求反律法主义者应享有这样的机会，但是，在自由主义思想中，提出这个要求或者禁止反律法主义走得太远以至于会摧毁整个法律制度，这与自由主义的思想没有什么不一致的。

或许，自由主义的信念——法律在保护个人免受压迫方面是绝对必要的，也是极其有效的——是一个错误。或许，在现代的民族—国家背景下，非正式的制度可能会比法律制度更好地保护民众。在本书的最后一章中，我将据理反对这些可能性。但是，即使支持人们信奉法治的自由主义的种种信念是错误的，批判法学对自由主义法治一致性的抨击也是失败的。自由主义欣然接受法治也是对自由主义有关现代民族—国家框架之内的社会和政治生活的各种可能性和诸多风险的评估的一个完美的、前后一致的反应。[58]

小　　结

本章考察了批判法学著作中三个重要的论证思路。所有这三个

---

〔58〕 在《批判法律研究指南》（A Guide to Critical Legal Studies）一书的最后一章中，凯尔曼一开始认为，就此类的法律思想阻碍或者颠覆那些极端地挑战现存社会制度性结构的思想类型而言，此类的法律思想并不是中立的。这一观点可能很容易与我在本章最后一部分所考察的批判法学的一般思路相称。然而，凯尔曼在论述其章节的程序中，他偏离了他一开始论证的思路，并且是以辩护一个完全不同的主张而结尾的，即采用当前权威性的概念和原则的法律思想阻碍了极端的社会思想。然而，自由主义法治的一致性，无论如何也绝不依赖于对当前法律范畴主张的否定。

思路试图表明自由主义理论内在地是不一致的,而且这三个思路都主张,这种不一致性源自于自由主义对多元主义、中立性以及法治的接受。这些观点的中心主张是,在一个道德、信仰和政治多元化的背景下,既要满足合法性的要求,又要满足中立性的要求,是不可能的。我发现,用来支持这一主张的三个主要论证思路都难以令人满意。各种观点在很大程度上都以对自由主义所信奉的中立性的混淆理解为基础。另外,批判法学更为极端的观点建立在对语义含义严重不充分理解的基础上。一旦上述这些混淆和不足得到纠正,那么清楚的是,在多元化的场景中,合法性和中立性的要求都可以得到满足。

第四章

法律中的矛盾

在前一章中,我们考察了批判法学的主张,即自由主义的法治概念是不一致的。这一主张以自由主义的法律理论和自由主义的政治理论之间存在不一致性这一指责为依据。在法律方面信奉法治,在政治方面信奉的则是中立性和道德、宗教以及政治多元主义。主张自由主义法治在概念上不具有一致性就是指责在一个既定的多元主义背景下,法治若不违背自由主义的中立性就不可能存在。我认为,这一指责站不住脚。

在本章中,我开始关注批判法学在另外一个层面上对自由主义的不一致性和矛盾性指责。这一主张在批判法学著作当中很有代表性,它认为自由主义法律原理充满了矛盾。这一主张与自由主义的法律理论无关,而与构成自由主义国家法律的一系列规则和原理有关。它认为自由主义的法律——而不仅是自由主义对法律的理论化——都充满着矛盾。

在批判法学的著作中,这一主张几乎全部援引盎格鲁—美利坚的法律理论为自己辩护,实际上主要是援引美国各种各样的司法判决。这可能是一个潜在的严重方法论缺陷,因为盎格鲁—美利坚的法律能否代表所有自由主义国家的法律,有人会提出合理的质疑。然而,我并不想挑战批判法学的这一相对狭隘的视点。我相信,它有关盎格鲁—美利坚法律的主要观点对其他自由主义国家的法律同样具有说服力。这并不是说这些观点全部都令人信服,而只是说,假如它们被适用到其他自由主义国家中,那么它们既不可能具有更强的说服力,也不可能具有更差的说服力。

此外,即使一个人未假定批判法学关于盎格鲁—美利坚法律的主要观点可以适用于其他自由主义国家,但对我们法律理论内部存在矛盾的主张予以考察,这在理论上很重要。这是因为批判法学认为此类矛盾与自由主义的法律理论的基本要素不一致。假如批判法学的著作能够证实自由主义法律理论与盎格鲁—美利坚的法律理论之间存在一个根本的不相容性,那么这就不是一件小事了,因为那样的话,自由主义理论家们就难以一致地认为美利坚的法律理论满足了他们的理论要求。因此,本章可以视为是对批判法学的著作是否实际上的确证实了这一不相容性的一个考察。

对法律原则内部存在矛盾的指责是对法律特征中诸多具体命题的一种简略表述方式。在本章中,我将详细考察三个此类命题。我相信,它们是批判法学关于理论内部矛盾命题中三个最为根本的方面。

第一个命题是,我们的法律理论是那些来自于明显互不相容的伦理观的诸多规范的一个毫无原则的大杂烩。这就是拼凑命题(patchwork thesis)。第二个命题是,法律理论的结构可以以极端不同的方式组织起来,这取决于人们在两种完全不相容的伦理观点中采取哪一个。这就是鸭子—兔子命题（duck-rabbit thesis），叫这个名称的理由在适当的时候再予以解释。第三个命题是，法律规则背后的原则不是一致性地适用于所有的案件，尽管它们宣称对这些案件具有道德权威，而是被剪裁后适用于部分它们声称具有权威的案件。这就是剪裁命题（truncation thesis）。

自由主义的法律理论充满了矛盾这一指责在批判法学的著作中被典型地视为对自由主义法律概念的一个严肃批评。在这一观点的后面有两个前提条件：第一，自由主义法律理论要求，自由主义国家的法律理论不能自相矛盾；第二，自由主义法律观认为美国、英国、加拿大等是自由主义国家的重要范例。这些对法律原则充满矛盾的指责使自由主义观点面临着一个艰难的抉择，即要么放弃其重要的范例，要么放弃其法律理论要求。

第一个前提条件似乎没有争议，但其真实性却没有什么意义。毕竟，任何思想体系，包括自由主义的思想体系，怎么能赞赏法律中的矛盾呢？然而，当我们关注于法律理论充满矛盾的指责所支持的三个命题时，这个命题明显的那点真实也就消失了。我认为剪裁命题是成立的，但在自由主义理论中，并不存在与该命题不一致的地方。实际上，考虑到自由主义特定的基本原则，这个命题的真实性实际上可以得到保证。因此，剪裁命题并未强迫自由主义在其最重要的范例与其法律理论之间作出选择。

鸭子—兔子命题对自由主义理论无伤大雅。一个普遍的解释是，它与自由主义的法律理论不相容。但是我认为，根据这一解释，这个命题是以一个具有高度可质疑的社会本体论为基础的。在下章中，我将详细地批评那种本体论。另外一个解释是，鸭子—兔子命题是真实的，但是也与自由主义理论不相容。最后，我认为，拼凑命题自身，并不与自由主义的法律理论不相一致，而且，尽管它可能倾向于确立一个与任何自由主义的法治模式不一致的结论，但是，批判法学的著作尚未令人信服地确立这一命题。

批判法学的这三个命题深深植根于相对复杂的观点当中，而这些观点则关系到原则的具体方面和要素。我试图避免脱离这些观点存在的背景来谈论它们。这就意味着，本章关注少量具体的批判法学的文章，与此同时，将会用大量的时间来研究这些观点的背景。有两篇文章受到广泛关注——邓肯·肯尼迪（Duncan Kennedy）的《私法裁决中的形式和实质》（*Form and Substance in Private Law Adjudication*）和罗伯特·昂格尔的《批判法律研究运动》（*The Critical Legal Studies Movement*）——在批判法学运动中，这两篇文章被广泛地视为最好的批判法律原则的文章，也是最有影响力的著作。我将从研究肯尼迪的文章开始，他的文章论述和形成了一些核心概念，这些概念在批判法学中被用来作为分析原则的工具。

形式和实质：肯尼迪论私法

邓肯·肯尼迪的《私法裁决中的形式和实质》（以下简称《形式和实质》）是批判法学著作当中重要的文章之一。[1] 肯尼迪的法律分析风格在批判法律研究运动中被广泛地当作典范，它为批判法学著作中用以支持法律原则充满矛盾的这一观点提供了许多概念资源。在直接分析这篇文章与认为法律原则充满矛盾所涵盖的种种命

---

[1] Duncan Kennedy, "Form and Substance in private Law Adjudication," *Harvard Law Review* 89 (1976): 1685~1778.

题间的关系之前,仔细审视一下文章中的某些关键性概念和主题是有益的。

肯尼迪的文章是围绕着我称之为形式问题（the problem of form）而展开的。表述该问题最简洁的方式是,法律规范应当具有什么程度的形式可实现性？形式可实现性是这样一个品质,即它可以根据截然对立的两极之间的一个统一体来表示。其中,一个极端是法律思想家们描述为以规则（rules）为特征的规范；另外一个极端就是那些被描述为以标准（standards）为特征的规范。肯尼迪对此解释道：

> 形式可实现性的极端就是对一个官员的指示,要求他以一个确定方式对在一种情形下的一连串的容易区分的事实方面作出反应。在此处,我通过只参照年龄将法律能力的确定作为责任一个形式可实现的定义的主要例子……与形式可实现性规则相反的另外一极就是一个标准……标准直接指法律命令诸多实质目标当中的某一个目标。有许多的例证,如诚实信用、适当关注、公平、恣意妄为、不正当的致富以及合理性。[2]

形式问题源自于这样的事实,即有充分的理由认为,如果法律规范最好有较高程度的形式可实现性,也就是说,最好把它们划归为规则；但是也有充分的反对理由（counterreasons）认为,最好把它们当作标准。形式问题是一个法律规范应当如何沿着形式可实现性的维度而被分类的问题。

---

[2] Ibid., pp. 1687~88.

肯尼迪指出，传统认为规则形式具有两个主要的优点。首先，它限制官员的自由裁量权：只有在明确规定的情形和有明确规定的行为方式的情况下，他们才有权采取行动。这是一个优点，因为它抑制了公共权力的专断行使。其次，公共权力将在什么样的条件下被运用以及它将如何被运用，对此，规则形式为市民提供了一个清晰的预告。这是一个优点，因为市民据此能够选择安全的活动，他们相信，自己不会遭到国家强制力的打击。

但是，规则形式也有两个缺点：在赋予规则权威性地位的过程中，政治共同体是按照某些实质目标行事的。例如，有一个规则——一个人与另一个人签订的合同，仅当她至少已满18周岁才会对其有法律效力——这一规定意图保护未成年人避免由于不成熟或者缺乏经验而签订合同。一旦未成年人签订合同后有了另外的考虑或者试图退出，法律允许她这样做。然而，这个规则有一个缺陷，这就是它们不区分具体情况，因此可能会过度包容（overinclusive）。因此，考虑一下那些意图保护特定阶层人们的规则，这些规则几乎不可避免地会保护那些处于受到优待阶层之外的一些人。例如，18周岁这一最低年龄的规则允许那些和大多数成年人一样成熟的未成年人有权撤销合同。

当然，规则也有包容不足（underinclusive）的对应性缺陷，它们无法保护那些确实处于为规则的基本目标所优待的阶层中的人。因此，签订合同的最低年龄规则允许我对一个年满19周岁但其情感发育滞后于正常人2年或者3年的人强制执行一项合同。而且，很清楚的是，包容不足和过度包容与其说是保护某些阶层，倒不说是困扰着那些具有保护某些阶层目标的许多规则。不管规则背后是什么样的实质性目标——保护、惩罚或者别的什么东西——那些被分类为规则的法律规范实际上总是无法在规则适用标准与支持规则的目标之间提供一个无懈可击的度。

标准的优点和缺陷也是规则的优点和缺陷的镜像（mirror image）。标准允许一个官员针对具体个案情况斟酌他的判决，以便更好地提升政治共同体的特定目标。因此，和规则相比，标准看起来较少受过度包容和包容不足缺陷的影响。然而，标准看起来会更容易为官员所滥用，而且它们看起来不太会为市民提供明确清晰的预告，以说明公共权力什么时候和将如何被用来对付他们。

因为规则和标准既有优点也有缺陷，所以，有关形式的法律著作充满了支持规则（pro-rule）的观点（它引发了规则优点和标准缺陷的观点）和支持标准（pro-standard）的相反观点（这就引发了标准优点和规则缺陷的观点）。从最终的分析来看，形式问题可能看起来是一个直截了当的（尽管有困难）经验性问题：哪一个形式更有效地适合于政治共同体赋予其权威性地位的特定规范的具体目标呢？考虑到既定的目标，形式问题可能会归结为这样一个问题，即哪一程度的形式可实现性会更有效地适合于规范的具体目标。肯尼迪指出，对于形式问题，传统的方法恰恰就是以这样的方式来看待它的。

肯尼迪反对对这个问题给出这样一个解释。他认为，这是一个涉及有关人类生活基本规范概念的问题。他声称"支持规则和支持标准的观点不仅请人们对现实作实证的调查，也请人们在人类系列价值和观念之间进行选择".[3] 肯尼迪详细论证了自己的观点，他主张，赞成规则的法学立场与他将之描绘为个人主义（individual-

―――――――――
〔3〕 Ibid., p. 1712.

ism）的实质伦理观念紧密相连，而赞成标准的法学立场则与他描绘为利他主义（altruism）的实质伦理观念紧密相连，对此，他详细阐述了自己的观点。这两个伦理观念表达了关于自我的本质、个人对他人基本道德义务的范围、人类生活的基本美德、法律的恰当作用、我们伦理信念的认识论地位，以及人类自由的本质方面根本不相容的概念。[4]

肯尼迪认为他对形式问题探讨的主要贡献源自于他的这样一个命题：形式问题与这两个实质性观念的对立紧密相连。固然，按照法律现实主义传统行事的思想家们长期以来就否认存在一个纯粹经验的、价值中立的对这一问题的回答方式。肯尼迪明确指出了这一点。

但是法律现实主义并没有对实质规范性的观念加以论述，而有关规则和标准的不同类型的政策观点都与这些观念紧密相连。现实主义告诫说，支持规则观点和它们的支持标准的相反观点并不能通过价值中立、经验的方式得到解决，它也不与有关道德和政治的基本观念的不同观点系统相连。肯尼迪的目标就是通过展示它们与此类实质伦理观念的关联使其更容易理解：

> 这里的最终目标是打破这样的一个观念，即法律观点一般说来是独立于道德、经济和政治话语的。这里并没有什么新鲜东西。实际上，多少代人以来，法律学者之间一直有一个预设前提，即不可能建构一个法律规则的自治逻辑。这一论述的新

---

[4] 鉴于本章目的，此处没有必要考察肯尼迪对个人主义和利他主义认识论的论述，也没有必要研究分析它们对自由的概念。

颖之处,在于它试图表明有关"政策"的许多论辩有一种秩序存在,在放弃中立性主张之后,与我们相伴的就是这种秩序。[5]

当然,肯尼迪所指的"秩序"是对相互对立各方的一种有序安排。因此,肯尼迪在假定形式问题与个人和政治生活中绝大多数基本规范性问题相关联,以及他主张法律对形式问题的反应必然会涉及重大的互不相容的伦理概念,他都超出了现实主义的分析。

肯尼迪把个人主义描述为以自我利益和他人利益之间存在鲜明的概念区别为基础的一种观念。它由自我和他人之间这一的鲜明区别开始,进而提出三个关键主张。首先,一个人,只要他遵守规范,这些规范使类似的追逐自我利益的个人和相区分的其他人和平共存成为可能,在此前提下把他自己的利益置于比他人利益优先的地位,是合法的。其次,人类生活的核心美德是自立地追逐自己的目标。再次,法律的目的是给予那些使得相互区别的、追逐自我利益的、自立的个人和平共处成为可能的规范以权威。

理解个人主义模式中的自立和利己主义(self-interest)之间的关联十分重要。尽管肯尼迪并没有明确说明这一关联,但是我相信,这样做有助于完善他的个人主义模式。在没有他人的协助情形下,众多自立的个人主义者并不必然能实现他们的目标。恰恰相反,基于他人的自我利益,可以要求并得到他人的协助。当自立的个人要求帮助的时候,他不是诉诸他人的同情或者仁慈。他诉诸他人的自我利益并提供某些东西作为回报。亚当·斯密(Adam

---

[5] Kennedy, "Form and Substance," p. 1724.

Smith）极其清晰地表达了这一个人主义的观念：

> 我们不是从屠夫、啤酒酿造者或者面包师的仁慈那里期待我们的晚餐，而是从他们对他们自我利益的考虑。我们不是向他们的人道主义，而是向他们的自爱表达我们的需求之情……除了乞丐之外，没有人选择主要依赖于其同胞的仁慈来生存。[6]

因此，当个人主义者请求他人协助的时候，他的身份未降低到一个哀求者的地步。他之所以能够保持尊严，是因为他会对那些帮助过他的人提供某些东西；他帮助他们正如他们帮助他一样。[7]

利他主义则从驳斥自我利益和他人利益之间明显的个人主义的反差这一观点开始。人们有时为了另外一个人的福利而不得不从事某些行为，即使该行为并不是为了相互分离的、自立的和自利的个人和平共处规范所要求的。此外，人类生活的主要价值是共享和牺牲，这类行为要求人们履行义务以服务于他人的福利。法律的正当功能包括此类义务的实施。

《形式和实质》一文的核心主张之一是，个人主义与这样的观念连在一起，这个观念就是法律规范应当表现为规则，而利他主义则与这样的观念连在一起，即法律规范应当表现为标准。肯尼迪的解释中要提出的一个关键问题关系到个人主义和规则在一方，利他主义和标准在另一方之间相互联系的性质。

---

[6] Adam Smith, *Wealth of Nations*: Books I-III (Harmondsworth: Penguin, 1970), p. 119.

[7] Cf. Don Herzog, "As Many as Six Impossible Things before Breakfast," *California Law Review* 75 (1987): 617.

在探讨"形式和实质"时，批判法学学者马克·凯尔曼早已表示，这一关联被广泛地误解了。[8] 他说，许多评论家认为肯尼迪主张存在下列类型的关联：那些伦理思想为个人主义所支配的人们，假如他们想保持逻辑一致的话，将不可避免地赞成任何法律规范都要采取规则的形式；那些伦理思想为利他主义意志所支配的人们，假如他们想保持逻辑一致的话，将不可避免地赞成标准的形式。凯尔曼反对这种解释，而且他这样做确实是正确的。首先，对于那些主张人类生活当中某些东西是"不可避免的"，肯尼迪实际上明显持怀疑态度。其次，该文章提及几个类似规则的规范实例，这些类似规则的规范一直得到那些主张利他主义原则的人们的支持——例如，累进制所得税法律。很难说肯尼迪没有注意到此类实例对形式和实质之间关联的重要意义。

凯尔曼提出，我们应当把肯尼迪的主张理解为假定形式与实质之间存在一个"美学上的"关联。他把这个假定描绘为"形式和实质"[9]的"无法估价的"内涵。凯尔曼声称"规则形式可能总是倾向诉诸实质的个人主义，因为它的形式优点与他所倾向欣赏的优点在美学上相匹配"。[10]

正如凯尔曼所认为的，规则形式主要的形式优点是，它为人们提供了国家要求他们做什么的清晰而又毫不含糊的规定。因此，规则形式为国家所制定的种种要求提供了一个清晰明确的通知。用法律理论的行话讲，规则提供了"公正告知"。

---

[8] Mark Kelman, *A Guide to Critical Legal Studies* (Cambridge: Harvard University Press, 1987), p. 17.
[9] Ibid.
[10] Ibid., p. 59.

凯尔曼的建议是，公正告知的优点在美学上与个人主义的自立优点能够很好地匹配。但是在我看来，这种建议是一种令人绝望的混淆。断言自立在美学上与公平告知相匹配是什么意思？凯尔曼的观点在这里没有任何帮助。他不仅没有解释这种美学上的关联意味着什么，而且他对此的探讨表明，他所想到的此种关联类型与美学的诸多考量最终没有什么关系。考虑一下他的论述："自立的人想知道的只是别人对他的期望是什么；即使对他的期望很多，他确实也能做到，只要不是意外，只要他能够计划好他的生活，能够预见并能够控制好他将最终被要求满足的所有义务。"[11] 这些评论所表明的东西与自立或者规则美学没有任何关系，与此相反，它所表明的是，那些认为自立是一个重要的道德品质的个人有理由更喜欢规则形式：它确实能更好地让他知晓应当期望什么，以便他可以相应地安排好他的生活，从而避免为实现其目的而被置于不得不依赖他人施舍的处境。个人主义有充分的理由选择规则形式，因为它有助于实现在他看来对人类生活具有重要意义的德性：自立。就形式与实质所关注的选择理由而言，二者之间是一个逻辑上的关联（有人可能会说，是实践—逻辑的关联），而并不是一个美学上的关联。

凯尔曼主张，规则和标准没有必要分别与个人主义和利他主义的实质优点相吻合，在这一点上，他完全正确。他引用了几个促进利他主义价值观规则的令人信服的例子，如累进制个人所得税规则，以及促进个人主义价值观的标准，如过失标准。

赞成凯尔曼观点的另外一个论点来自于人类学的证据。有些文化高度重视个人主义价值观念，但没有采取规则形式的规范来管理

---

[11] Ibid., p. 60.

自己。罗伯特·埃杰顿（Robert Edgerton）描述过三种这样类型的文化："例如，西里奥诺（Siriono）、帕利扬斯（Paliyans）、切车斯（Chenchus）在大多数时间内都不太在意规则。他们忽视了很多规则，允许其他各种例外的方式，并且经常依据具体情况来对什么是对的，什么是错的进行考量。"[12] 肯尼迪没有给我们理由，其他人也没有给我们理由认为，这些文化由于同时接受个人主义和类似标准的规范，所以它们多少犯有逻辑或者实践不一致的错误。因此，主张逻辑一致地赞成个人主义会使人必然选择规则而不是标准站不住脚；主张逻辑一致地赞成利他主义会使人必然选择标准而不是规则，同样也站不住脚。

然而，当凯尔曼从这些无事实根据的、主张形式和实质之间并没有任何类型的逻辑联系的断言推理时，他已经误入歧途。形式和实质之间可能仍然会有某种逻辑关联，尽管其强度要比我们刚刚拒绝的那个站不住脚的主张所假定的那个逻辑关联要微弱得多。譬如，它可能是——正如凯尔曼对自立的评论所表明的那样——个人主义会为选择规则而不是标准提供理由，尽管这些理由是可废除的。同样地，利他主义也可以为选择标准而不是规则提供理由，尽管这些理由也是可废除的。这些在形式和实质之间假定的关联是逻辑的，尽管这种逻辑性关联很微弱。

凯尔曼把形式和实质之间的关联描述为美学上的关联表明，个人主义者偏好规则形式不能在他的实质性伦理信条中找到逻辑根据：他的偏好反映了他对什么可以愉悦其美学敏感性的判断，但该

---

[12] Robert Edgerton, *Rules, Exceptions, and Social Order* (Berkeley: University of California Press, 1985), p. 197.

偏好与他的伦理概念并没有逻辑关联。除了使得关联的精确本质变得模糊晦涩之外,这一建议很难与肯尼迪文章的重要部分相匹配。例如,肯尼迪主张,形式问题只是哪一个实质性伦理观念具有优越性这一问题的一个方面,而且,相同的规范性观点都可用于强调这两个问题。[13] 这似乎意味着,实质性伦理信条和法律形式问题之间存在某种的逻辑联系,这些联系不是某些虚幻的美学上的联系。

我认为,对《形式和实质》的最佳解读构成了肯尼迪关于假定形式和实质之间存在相对适度的逻辑关联的观点,我在前面对此有所提及。个人主义为他们选择规则而不是标准提供了一般性但却是可废除的理由,而利他主义为他们做出相反的选择提供了一般性但却是可废除的理由。假如这些关联站得住脚,那么对形式问题给出的这些相互竞争的答案的说服力,在相当大程度上将依赖于个人主义和利他主义信条的相对价值,而这看起来恰是肯尼迪脑子里想的。这种解释进一步得到了下列事实的支持,即肯尼迪的确提出过试图在形式和实质之间确立这些适度的逻辑关联的观点。让我们首先从主张个人主义和规则之间存在关联的观点开始。[14]

个人主义的目的在于培养自立。然而当私法规范的构成不是很清楚的时候,个人很可能发现他们自己处于这样的境遇,在那里,他们面对着许多意想不到的损失:他们认为有效的合同结果却得不到执行;他们认为无罪的行为结果却证明是侵权。在这种情况下,个人主义者可能被置于不得不依赖他人仁慈的地位。自立被打了折扣。因此,个人主义提供了选择规则而不选择标准的理由。(一旦

---

[13] Kennedy, "Form and Substance," pp. 1710, 1712, 1776.
[14] 下面是我对在《形式和实质》一文中所发现的众多观点当中的一个进行的重构。pp. 1738~40.

我们不需要考虑他所谈论的美学,实际上,前面的叙述也说明凯尔曼赞成自立与规则之间存在关联。)

注意,这与前面所述观点完全一致,即在某些情形下,标准可能也能够,甚至能够更好地提供鼓励人们自立的条件。例如,恣意妄为(unconscionable)这个词在一般意义上可能非常模糊,容易招致广泛的相互冲突的解释,但是对于那些在特定商业环境下开展业务的商人来讲,该术语可能具有相对清晰而又明确的含义,而且和一个概括的规则相比,这一术语会以更加经济的方式具体说明商业实践当中的禁止行为。考虑到个人主义的信条,尽管这种假定可能赞成规则形式,但这个假设仍是可反驳的。

也应当注意的是,在一个多元主义文化背景之下,基本道德观念很可能得到广泛的相互冲突的解释,赞成个人主义和规则之间存在关联的观点会强一些。在这种多元化的背景中,标准典型地缺乏清楚明白的含义,因为它们典型地是根据这些道德观念形成的。另一方面,在一个相对同质的文化背景下,这些观念很可能会得到一个统一的解释,因而,标准的含义就可能不那么模棱两可。恣意妄为如何在商业交易背景下被解释这一实例说明一个具体的亚文化背景中确实存在这种情况。而且可能有人论证说,埃杰顿所描述的个人主义社会在一般文化层面说明了这一点。

肯尼迪观点的另外一个方面把形式和实质联系起来,关注利他主义和标准之间的逻辑关联。假如自立不被看作一个重要的美德,那么个人主义选择规则而不选择标准的理由就不存在了,而且我们可能不再主要关注把法律规范表现为一种可能激励自立的形式。如果我们接受利他主义,那么我们可能主要关注把法律规范表现为有助于实施共享和奉献的原则。我对肯尼迪的理解是,他认为,标准在完成这一任务方面总体上比规则优越，因为标准给予国家更大的灵活性，使其能够决定什么时候把社会生活中的负担（或者利益）更为广泛地扩散到整个人群当中才恰当，以及决定哪些人应该被要求分担这些负担。

这里所假定的联系也是由站不住脚的理由构成的。在特定情形下，可能出现的情况是，在实施利他主义共享和奉献的原则方面，规则确实比可能替代它们的标准要出色得多。回想一下前面提及的有关累进制个人所得税的法律。但是，承认此类规则的存在和它们具有利他主义的功效与我对肯尼迪主张的理解是一致的：利他主义的信条为选择标准而不是规则所提供的理由只是一般性的（而不是不可取消的）。

肯尼迪的立场，即规则与个人主义之间、标准与利他主义之间存在微弱的逻辑联系，是一个令人信服的观点。假如我们的主要目标是鼓励自立，那么我们就有充分的理由选择一个能够避免给人们带来损失，而且难以或者不可能预见此类损失的法律制度。我们所需要的法律规范，就是那些使每一个人都清楚地知晓在一系列既定事实情况下，法律后果将是什么的法律规范。通过这种方式，个人将能够安排他们的生活，以避免求助于他人的仁慈。

的确，法律规范的含糊或者模棱两可既可以导致意想不到的收获，也可以产生无法预料的损失。但是，自立的个人在力图避免求助于他人的仁慈的过程中，意想不到的收获往往并不会对他有所帮助，因为他为了避免这样的一个诉求，早已对他自己的生活作了安排。[15]

---

[15] 个人主义的立场预先假定众多的个人将会有足够的资源可资利用，至少在某些最初适当的时刻如此，因此，那些可怕的需求并没有削弱力图避免求助于仁慈的种种努力。因此，在任何意料不到的意外之财降临之前，他们早已利用充分的资源来安排他们的自立生活。

另一方面，意想不到的损失却能够实质地削弱他的生活计划，并会使得避免出现求助于他人仁慈的计划变得困难或者成为不可能。规则形式使得个人有可能预见法律可能强加于他身上的损失，因为根据定义，规则以相对简单的术语表述以适用于既定的情形。形成适用规则的基础事实通常可以以毫无争议的方式确定，而且规则对官员的指示是对应当做什么的一个清晰明确的具体说明。

肯尼迪对利他主义和标准之间存在微弱关联的假设同样也是令人信服的。从一个利他主义者的观点来看，由于过度包容和包容不足的缘故，人们可能更愿意接受分散负担的标准，而不愿意接受分散负担的规则。容易适用的规则很可能相对笨拙，它们经常将负担分散到那些不应当承担它的人们身上（过度包容），而没有将负担分散到那些本应承担它的人们身上（包容不足）。规则在分散负担方面可能有效，但是它们的有效性却被抵消了，因为它们的简单标准与利他主义政治秩序的负担共享原则所对准的人群之间的适应程度必然是很松散的。标准在分散负担的过程中容许精密的调整（fine-tuning），因此，鉴于对利他主义的一种承诺，把法律规范表达为标准而不是规则是有充分理由的（尽管是可废除的）。[16]

---

[16] 个人主义并不是完全摆脱了规则的过度包容和包容不足的问题。例如，法律规范必须详细说明一个什么样的个人才被算作对其有自立期望的个人。通过规则，如最低年龄规则，对此加以详细规定地说明很可能会受到这一问题的困扰。但是，在一个将法律规范的主要功能视为按照实质性的共享和牺牲原则来把社会生活的福利和负担加以转换的、利他主义的法律秩序中，相比于在将法律规范的主要功能视为激励自立的个人主义法律秩序来讲，规则的过度包容和包容不足问题可能远不止是一个普遍深入的问题。此外，对于个人主义秩序而言，规则具有提供国家何时可以对个人强加损失的清晰警告这一巨大优点。对于利他主义来讲，尽管对于规则的过度包容和包容不足问题并没有此类的对应平衡问题，但是，对于我们偏好标准的行为，我们确实明确说明理由了，因此，是利他主义而不是个人主义在逻辑上倾向于偏好标准。

我们已经详细考察了肯尼迪的主要文章《私法裁决中的形式和实质》，因为这篇文章发展了批判法学的作者们在论证自由主义法律原则是一个逻辑上不一致的规范拼凑，这些规范来自于完全不相容的伦理观念的观点。我们称批判法学的这一主张为拼凑命题，现在，我们准备对批判法学这一命题的主要观点加以考察。尽管我们已经看到肯尼迪的文章关于法律原则形式与个人主义和利他主义的那些相互对立的伦理观念之间的关联提出了一些令人信服的主张，然而，下列篇章将表明，拼凑命题早已超出了上述这些主张，而且，没有一个批判法学的作者能够对这个命题提供有说服力的观点。

拼凑命题

对拼凑命题的最好解释是，它是两个相互联系但却截然不同的主张的结合：首先，通过从一系列相互一致的基础原则中引申出其规范，以提供一个法律原则体系的理性重构是不可能的；其次，造成这种不可能的原因是，对原理的某些重要因素的重构要求这些原则来源于某一个特定的伦理观点，而对原理的其他重要因素的重构则要求来自于一个不相容的伦理观点的矛盾的原则。在批判法学绝大多数著作中，肯尼迪的个人主义模式和利他主义模式就是被质疑的互不相容的伦理观点。

对于批判法学而言，拼凑命题的重要意义在于批判理论家们的这样一个信念，即这个命题与自由主义法律理论的要求不一致。据称，自由主义理论要求我们的法律原理应当根据某些一致的系列规范性原则，从而易于理性重构。根据批判法学的立场，原则的拼凑特点使得任何此类理性重构的可能性化为乌有，并且使自由主义者面临着这样的选择,或者拒绝我们的法律制度,或者拒绝自由主义法律理论所规定的要求。

不确定性和拼凑命题

批判法学主张拼凑命题与自由主义法律理论的要求不相容的观点是什么呢?它是围绕着下列观点展开的,即假如法律并不易于理性重构,那么法律中就可能包含着自由主义理论所认为的一个不可容忍的高度不确定性。这一观点是从昂格尔的《批判法律研究运动》衍生出来的,在该书中,他主张,原则性规则包含的漏洞、冲突和含糊不清如此之多,以至于为了达到一个可为自由主义所接受的确定性程度,而且要与它所信奉的法治相一致,就必须通过诉诸诸多的根本原则来对它们进行补充。[17]

人们认为拼凑命题向自由主义提出的问题是,当我们上升到原则层面,很容易发现理论的冲突只是以一个更加抽象的形式被重复。依照这一观点,如果拼凑命题是真实的,那么不确定性问题并没有得到解决,而只是被推到另外一个层面上了。在裁判案件的过程中,法官试图转向基本原则层面寻找指南,以解决既定法律当中不同要素之间存在的明显冲突,但是在那个层面,人们不能把这种冲突往后推。恰恰相反,人们发现,用来支持既定法律中不同要素的诸多伦理和政治原则也是不相容的。依照批判法学的观点,结果就是,在裁决案件的过程中,法官必须在互不相容的原则中选择一个来作为判决的依据,而且这个选择是法律不能够指引的。

---

[17] 参见第三章有关对昂格尔用来表明法治必然违反自由主义中立性观点的评论。在这种背景下,问题不是法治是否是中立性的,而是自由主义现存法律制度的不确定性范围有多大。

如果存在一套单一的一致的原则，根据该套原则，原理可以被理性重构，那么法官可能诉诸它们以解决既定法律当中某些明显的冲突。但是，因为并不存在这样一套原则，所以法官只能选择那些支持既定原理互不相容的原则当中的一个或另外一个。不同的法官能够而且也将选择不同的原则，但是，没有一个法官能够提供一个令人信服的观点以证明她的选择合法正确。每一个法官只能引用那些支持她所赞成的原则的原理性材料，并且试图贬低那些用来支持相反原则的原理性材料。克莱尔·多尔顿巧妙地将批判法学有关拼凑命题的重要意义概括为："原理的不一致必然会削弱规约性法律观点的效力，而且……相反的观点也能够被制作得具有同等的效力。"[18]

批判法学对拼凑命题含意的观点存在严重的问题。即使存在支持原理不同部分的互不相容的原则，也并不是说法官可以自由选择某一个原则作为裁决案件的依据。回想一下我们在第二章的讨论，即我们的法律文化包含着这样一个规约，那就是要求案件应当按照能够与既定规则和判决保持最大程度的逻辑一致方式加以裁决。假设在大多数情况下，依赖于一个特定原则的判决比一个依赖于竞争原则的判决更好地与既定材料相适合。这个假设与拼凑命题不相一致，但是，假如它是真的，那么宣称同样有力的法律观点可被用来支持几乎任何案件中的两方面的说法都是错误的，就像多尔顿那样。即便拼凑命题是真的，较好的法律观点应是这样的一个观点，即它能够显示出它与既定判决和规范更适合

---

[18] Clare Dalton, "An Essay in the Deconstruction of Contract Doctrine," *Yale Law Journal* 94 (1985): 1007.

的特性，而且法律本身是高度确定的。

鉴于我们的法律文化包含着这样一种规约，它要求法律判决的依据能够与既定法律保持最大程度的一致，为了使批判法学把拼凑命题演变为法律过度不确定性，还应当补充下列前提条件：存在一个比例高到不可接受的案件，在这些案件中：①有许多不同的用以支持相关原理性材料的原则，②这些原则可能导致截然相反的判决，而且③依赖于这些原则当中任意一个原则的判决可能同依赖于另外一个原则的相反的判决一样，都能够很好地适合于原理性材料。

这一前提条件早已超出了拼凑命题的范围。即使拼凑命题是真实的，而且不可能在批判法学的著作中发现比上述③部分真实性主张更加丰富的主张，并且③部分的真实性通常是悄悄地紧随在更加似是而非的拼凑命题之后，③部分可能也是错误的。应当承认的是，假如拼凑命题成立，那么它可能使批判法学距其结论——我们的法律充满了不确定性——的距离更近一些。然而，我认为，批判法学的著作并没有对拼凑命题提供一个令人信服的观点。让我们就此问题详细地考察它的观点吧。

肯尼迪和凯尔曼：规则对阵标准

许多批判法学的作者们试图表明，个人主义与利他主义之间的冲突，正如肯尼迪对它们的界定一样，是主要的伦理冲突之一，这种冲突使法律原则成为一个缺乏原则的拼凑物。肯尼迪在这个问题上雄心勃勃。在《形式和实质》一文中，他不时地表明，某些法律规范具有个人主义的特征，而其他一些法律规范则具有利他主义的特征，而原则的整体是这两类规范的一个缺乏原则的缝在一起的拼凑物。因此，他认为，那些允许法官对一项交易的实质公正予以监管的合同原则是利他主义的，而那些限制法官这样做的合同原则则是个人主义的。[19]

但是在其他地方，肯尼迪勾画了一幅相当不同的法律图画。他表示，实际上，我们的法律原则当中的任意一个原则要么与个人主义相容，要么与利他主义一致。[20] 他对这些相互冲突的伦理观念与法律原则之间的关系所强调的要点，更精确地讲，那些个人主义看作是法律核心的诸多原则，在利他主义看来则是些外围的、例外性的原则而已，反之亦然。在这幅图画中，根据这两种根本不相容的伦理立场，法律可以有不同的组织安排。不同观点之间的互不相容并不使自身表现为某些原则与互不相容的伦理观点的不一致，恰恰相反，它是在大量的法律规则和标准从概念上进行组织安排的相互冲突的模式中展现自身的。

如果这幅法律图画是准确的，那么将原则说成是维特根斯坦式的鸭子—兔子类而不是缝在一起的拼凑物可能更为恰当。[21] 不管怎样，拼凑命题与下面的主张——大量的法律规则和标准可根据个人主义或者利他主义的原则加以组织——不一致，这仅仅是因为后一主张预先假定个人主义和利他主义实际上都与所有的原理性规范一致。

尽管对"形式和实质"给予鸭子—兔子的解释可合理地认为是

---

[19] Kennedy, "Form and Substance," pp. 1732~33.
[20] Ibid., pp. 1737, 1762.
[21] Ludwig Wittgenstein, *Philosophical Investigations*, 3d ed., trans. G. E. M. Anscombe (New York: Macmillian, 1958), p. 194. 肯尼迪举了另外一个具有同样意义的暗喻：法律就像未装满水的水杯一样，既可以被看作半满的，也可以被看作半空的。See "Form and Substance," p. 1762.

一个较好的命题,但是,我将延迟对鸭子—兔子命题的考察至本章的后一部分。在本部分,我集中关注的是拼凑命题和它的含义,即法律原理是无原则的。在批判法学著作中,《形式和实质》一文时常被认为是为拼凑命题进行辩护的,而且在后来的著述中,肯尼迪看起来明确赞成这个命题(尽管在其他地方,他似乎认可对这个命题的否认)。[22] 在这一解释的基础上,有些批判理论家们扩展了肯尼迪的观点,他们试图表明,在尚未为《形式和实质》一文探究过的侵权法原理和私法的其他一些领域内,确实存在个人主义和利他主义规范的拼凑现象。[我将考察阿伦·哈钦森(Allan Hutchinson)在这一方面所作的努力。]此外,拼凑命题一直得到批判理论家们的辩护,他们除了在现实中看到利他主义和个人主义把法律变成一个毫无原则的拼凑物之外,还看到了利他主义与个人主义之间的冲突。例如,凯尔曼假设刑法中有关人的能力概念方面存在一个强硬的确定论者与一个行动自由论者之间的冲突,这一冲突使得其原理成为一个毫无原则的拼凑物,其方式就像肯尼迪对私法原理的描述那样。[23]

在《形式和实质》一文中,肯尼迪并没有为拼凑命题提供任何明确而又持续不变的观点。然而一些人可能认为可以很容易地从肯尼迪明确主张的内容中得出下述观点,即法律原理是规则和标准的

---

[22] 在《法学院课程结构的政治意义》一文中,肯尼迪明确说,合同法原理是一个拼凑命题,*Seton Hall Law Review* 14 (1983): 15. 但是在其他一些作品中,他把支持这一原理的原则描述地如此抽象以至于实际上可以与任何一个原理性规范相一致。See "Distributive and Paternalist Motives in Contract and Tort Law, with Special Reference to Compulsory Terms and Unequal Bargaining Power," *Maryland Law Review* 41 (1982): 577, 580~82.

[23] Kelman, *A Guide to Critical Legal Studies*, chap. 3.

混合物。对此,最好的解释是什么呢?规则的出现受到我们文化中个人主义的影响,标准的出现受到利他主义的影响。因此,原理的特性是互不相容的伦理观念之间相互冲突的结果,而且,原理本身必然是一个拼凑物,它是由不能根据一套一致的原则而加以理性建构的许多规范构成的。

上述这一观点很容易被击败。它把拼凑命题和经验命题——经验命题是指原理的特性(或者内容)是互不相容的伦理观念社会文化冲突的结果——混合在一起了。

拼凑命题,确切地讲,是一个对原理进行理性重构的逻辑命题,它要展示的是原则的概念是可以从一个单一的协调的伦理观念中产生出来。这一命题的内容是:这一重构是不可能的,因为对私法的任何重构将不可避免地遇到一个问题,这个问题就是原理的某些重要方面需要从一个伦理观念推理出来,但是,原理的其他重要方面则需要从一个与此不相容的观念推理出来。即使经验命题,即原理的特性和内容是互不相容的伦理观念碰撞的产物是真实的,也很难推导出拼凑命题。(在后面,我将更加详细地探讨这种不合逻辑的推论,即一个人从我们的原理一直受到互不相容的伦理观点的影响的经验看法中推导出拼凑命题的真实性。)

我们对前面的章节中有关形式和实质关联部分的考察也击败了任何试图从我们法律原理中由规则和标准这一事实推导出拼凑命题是真实的努力。假如接受利他主义,而且只接受利他主义,必然赞成标准,而接受个人主义,并且只接受个人主义,必然导致赞成规则。那么可能有人会争论说,我们的制度把规则和标准混合在一起,使得原则的理性重构成为不可能,这恰恰是拼凑命题所引用的理由。但是我们看到个人主义对规则偏好仅仅提供了不牢靠的理由，而且，利他主义和标准之间的关联也同样微弱。鉴于在形式和实质方面这些相对微弱的逻辑联系，以原则既包括规则也包括标准的事实为基础来支持拼凑命题的观点就崩溃了。一个纯粹的个人主义者很可能会在他的法律原则中包括许多标准，这正如一个纯粹的利他主义者可能在她的法律原则中包括许多规则一样。

凯尔曼仍坚持把规则和标准之间的关系描述为"矛盾"之一，尽管他明确否认法律形式和个人主义与利他主义的伦理内容之间有逻辑联系。这种描述是什么意思？我认为他的目的在于传达下列观点：对于算作我们法律制度中法律形式的任何一套一致的背景性原则来说，从法律规范到法律规范，在形式上存在太多的变量。例如，公正告知原则可能算作更类似于规则的规范，但对于我们的法律中存在的许多含糊不清而又没有确定结论的标准，则不能算作类似于规则的规范。

让我们姑且承认，对规则与标准之间劳动分工理论的任何充分理性重建可能不得不要引入远远不止一个规范性原则。尽管没有单一的一个原则，像公正告知的原则一样，能够始终如一地纳入我们法律制度中所发现的法律形式变化的范围，然而，把这种状况描述为矛盾之一则可能是一个错误，除非有人也令人信服地主张这一前提条件，即那些需要提供理性重构的不同原则之间在逻辑上是不相容的。凯尔曼必须建立这一前提，即对此类一个原则的接受逻辑上要求拒绝其他原则，但是，他对这一至关重要的前提要件从来就没有提出过观点。实际上，对于那些可能需要对我们的法律体系如何处理形式问题提供一个理性重构的不同原则，他并没有持续探讨下去。在凯尔曼的著作，或者在其他批判法学作者的著作中，都没有提供任何理由使人们认为拼凑命题可以通过考察法律形式来证明其合理性。

哈钦森对阵德沃金：侵权法原则

一些批判法学理论家曾试图通过察看法律内容而不是法律形式来证明拼凑命题的正确。这种观念根据个人主义和利他主义之间的冲突来观察不同法律规范的内容。艾伦·哈钦森（Allan Hutchinson）就采取了这一思路。[24] 让我们来考察一下他的观点吧。

侵权法要解决的众多议题之一关系到侵害的程度，即一个人因行为过失而对由此行为造成的损失负责。哈钦森告诉我们，现今侵权法的主导原则是，人们仅对因他们行为缺乏应有注意而造成的可合理预测的损失承担责任。但是，他指出，还有一个与这个原则相反的原则（counterprinciple）认为，不管此类后果是否可合理预测，人们都应当对他们的过失行为所造成的直接后果承担责任。（哈钦森大概是指加拿大的法律；在美国，情况则与此相反：即直接后果原则是规则，而合理可预测性是例外。）相反原则源自于这样的事实：严格遵守合理的可预测性原则"可能会完全剥夺对无辜者和值得尊重的受害者的补偿"。[25] 哈钦森接着说道：

> 每一个原则都源自于，并且得到一个公正而又民主秩序的两个完全不同说法的授权。一个说法以个人主义为基础，它表达了一个这样的世界，它由独立自主的个人组成，他们满怀信心地描绘并精力充沛地追逐他们自己的人生计划……法律制度

---

[24] Allan Hutchinson, "Of Kings and Dirty Rascals: The Struggle for Democracy," *Queens Law Journal* (1985): 273~92.

[25] Ibid., p. 281.

承诺保护私有财产，执行契约并创造自治的范围。另外一个说法来自于集体主义，它认为世界由独立而又协作的人们组成。鉴于个体的脆弱性，集体主义鼓励更进一步的团结和利他主义。[26]

再现肯尼迪的个人主义和利他主义两个模式是深思熟虑的：哈钦森在其文章的这一部分以脚注的形式明确引用了《形式和实质》一文。哈钦森看起来想要表明原则和与这个原则相反的原则在逻辑上是不相容的：如果接受一个，逻辑一致性要求应当抛弃另外一个。合理的可预测性原则在一部分既定法律中得到体现，尽管该部分相对大一些；直接后果的相反原则在既定法律中与此相冲突的另外一部分得到体现，尽管它多少有些小。总体来看，法律原则是矛盾的。

在为自由主义的法律哲学辩护的过程中，罗纳德·德沃金通过提出下列两个基本要点对哈钦森的主张做了回应。[27] 首先，任何一个在道德上体面的法律制度都应包含这两个原则，一个是限制过失者责任范围的原则——否则的话，人们可能会因一个反常的因果链条所导致的结果而承担巨大的赔偿责任。对当事人而言，而该反常的因果链条会把一个较小的过失事件扩大为范围广泛的损失——另外一个原则就是，当对无辜者所过失实施的伤害是无法预见的时候，应当使无辜者在某些情况下能够获得赔偿。否则，这些无辜者可能总是被不公平地要求对另外一个人的过失行为所造成的难以预

---

[26] Ibid., p. 282.

[27] Ronald Dworkin, *Law's Empire* (Cambridge: Harvard University Press, 1986), pp. 441~44.

测的后果承担损失。其次，哈钦森并没有确定他所引用的原则和与这个原则相反的原则实际在逻辑上不相容。假如这两个原则都被适用到所有相同的案件当中，那么肯定会出现不一致的结果。基于此点，德沃金建议说，原则彼此之间可能被说成是"相互竞争的"。但是，他认为，哈钦森没有表明它们是矛盾的或者是不相容的——即假如接受了一个原则，那么一致性要求应当拒绝另外一个原则。

德沃金所说的第一点并没有触及到问题的核心。哈钦森、肯尼迪以及其他与批判法学相关的每一个人可能会十二分地愿意承认这一点，即任何道德上体面的法律制度都不得不做德沃金所说的那些事情。他们从这一点汲取的教训完全与德沃金所述相反——即任何体面的法律制度都不可避免地体现那些从互不相容的道德观点中衍生而来的矛盾的原则。实际上，《形式和实质》一文的突出主题之一就是，假如我们中有人，那么也是很少的人会认为法律制度要么是一个纯粹个人主义的，要么是一个纯粹利他主义的才具有道德体面性。正如肯尼迪所言，当谈及个人主义和利他主义的时候，我们自己就分裂了。[28] 没有理由认为，哈钦森或者其他一些批判法学的领军人物，会在这一点上不同意肯尼迪的说法。

德沃金的第二点则更接近问题的核心。正如德沃金所指责的那样，确实，哈钦森并没有表明正在讨论的法律原则和相反原则是矛盾的。哈钦森确实认为这二者是矛盾的，这在其另外一篇文章中表述得十分清楚，他写到："原则包含着……其自身矛盾的自画像。"[29] 然而，只有那个从他的文章中得出的矛盾主张进行重构的

---

[28] Kennedy, "Form and Substance," pp. 1685, 1776.
[29] Allan Hutchinson, "Part of an Essay on Power and Interpretation," *New York University Law Review* 60 (1985): 871.

观点不足以令人信服。这个观点的核心是这样的观念，即原则和相反原则在逻辑上不相容，因为它们均源自于逻辑不相容的道德和政治观点。让我们暂时假定个人主义和利他主义在逻辑上是不相容的，正如肯尼迪所断言，也正如哈钦森所假设，并不存在可以使它们能够和解的更高位阶的规范性观念。那么关键的问题就有赖于这两个相互冲突的伦理观念和正被讨论的两个法律原则之间的明确关系。

哈钦森认为，法律原则当中的每一个原则都"源自于"相关的伦理观点，"并从中获得力量"。[30] 但是，这句话确切地意味着什么？我能够提出的最佳解释是这样的：可预测性原则似乎只能基于个人主义的道德才能够得到辩护，而直接后果原则似乎只能基于利他主义的道德才能得到辩护。但是这样的观点缺乏说服力。没有理由认为像可预测性原则那样的责任限制似乎仅在一个伦理观念的基础之上才能够得到辩护，例如，限制法律保护私有财产、执行契约以及最小国家的其他职能。拒绝国家这样的最小职能，同时依据下述理由来为可预测性原则辩护，即当一个较小的过失事件因某些反常的因果链条的作用给原告带来较大损失时，主张让被告对原告的整个损失承担责任显然不公平，是完全一致的。当然，有人可能也认为，要求原告承担整个损失同样也是不公平的，但是，即使认可这一观点，也并不会得出反对可预测性原则的结论。我们可能得出的结论是，一方面可预测性原则应当主导过失案件，还应该有些特殊的社会基金使得那些在反常的因果链条中遭受损失的人们能够通过诉诸国家行政管理机关而从这些基金当中获得补偿。这一观念可

---

[30] Hutchinson, "Of Kings and Dirty Rascals," 282.

能将可预测性原则和一个利他主义的共享原则结合在一起。因此，德沃金认为，哈钦森并没有给我们充分的理由让我们相信被讨论的法律原则和相反原则是矛盾的或者逻辑不相容的，在这一点上，他是正确的。

批判法学观点的缺陷

哈钦森的著作接受了拼凑命题，但是他并没有对他的这一赞同提供任何使人信服的观点。尽管如此，批判法学著作中还有其他的许多作品认可并/或者依赖于拼凑命题。批判法学别的著作是否为拼凑命题提供了充分有效的观点呢？我想是没有的。实际上，所有的观点都采用了哈钦森运用的那些基本策略：①在原理的某些领域内明确一个原则和与这个原则相反的原则，②阐明（或者援用）两种被认为逻辑上不相容的伦理思维模式，③宣称原则和一个模式之间与相反原则和另外一个模式之间存在联系，而且④既然这些原则与不相容的伦理观点有联系，那么结论就是，这些原则必然是矛盾的，因此原理必然难以依据任何一套一致的原则进行理性重构。

有好几种方法可以抨击这种论证策略。一种就是提出那些作为基础的种种伦理模式是对实际上持有的观念的曲解；这些伦理模式是稻草人的立场。德沃金在反驳哈钦森的过程中就提出了这一看法。

然而，这一策略的深层问题与步骤③和④有关，即主张法律原则和伦理模式存在一种联系，而且既然这些原则与不相容的伦理观点有联系，那么就推导出这些原则必然是矛盾的。除非有人表明，对于每一对原则和与这个原则相反的原则而言，每一对当中的一方仅能基于一种模式才能得到辩护，而另一方仅能基于另外一种模式才能得到辩护，否则这一策略将不起作用。假如一个既定的原则或者与这个原则相反的原则（或两者）可能基于两者当中的任一模式或者是基于某个第三种模式而得到辩护的话，那么这种论证的策略就会土崩瓦解；那时就可以论证说，源自于一个单一的伦理模式的一致适用的原理，并且一致地既接受原则，也可以接受和这一原则相反的原则。

赞成拼凑命题的这一论证策略有一个关键问题，即许多法律原则和与这个原则相反的原则都能够依据由批判法学理论家们所发展的相互对立的模式中的任一模式得到辩护。就肯尼迪的个人主义和利他主义模式而言，他实际上已经承认了这一事实。在《形式和实质》和他后来的著作中，肯尼迪认为，构成这些相互对立的伦理观念的许多原则如此抽象，以至于借助于适当的辅助性假设，我们可以从任何一个看似直接表达利他主义的原则性规范当中推理出个人主义，反之亦然。[31] 因此，反欺诈和反不公正原则可被解释为符合利他主义的要求，即不应当允许那些诡诈之徒占不知情者的便宜，但是，它也能被解释为符合个人主义要求，即只有订立契约者是自愿的情况下，契约才应被执行。肯尼迪也坚持认为，自愿概念（个人的自由意志，等等）极其抽象，以至于在合适的附属假设条件下，任何一个要求利他主义共享的合同原则（举例来讲，信息共享）可被视为是边缘的原则，但是又是要求自力更生的一个个人主义秩序的一致性要素。

在这里，肯尼迪的观点摧毁了批判法学对拼凑命题的观点。如

---

[31] See Kennedy, "Form and Substance," pp. 1737, 1762, 1766, and "Distributive and Paternalist Motives," pp. 577, 580~82.

果他和其他的理论家们所采用的伦理模式充分开放，那么从它们当中的每一个模式中都可能在法律原理中发现具体的某个法律原则和与这个原则相反的原则，如果如此，那么原则和相反原则在逻辑上是不相容的观点就不成立。并且，假如不能证明它们是不相容的，那么赞成拼凑命题的观点也同样不成立。

经验和逻辑关联

毫无疑问，我们文化当中彼此互不相容的伦理观念确实影响着法律原理的内容。在一个像我们这样的，具有相对开放政治程序的多元主义社会中，没有理由期望事情不如此。而且，可以有说服力地说在那些组成我们多元主义社会的互不相容的伦理观念与法律原理的不同方面之间有着逻辑关联。然而，这些联系，无论是经验的还是逻辑的，都没有一个能够证明拼凑命题是正确的，看到这一点十分重要。

考虑一下对一个既没有合同义务也没有成文法上的义务之人提供帮助的法律义务的情形。传统普通法规则对这样一类人（一个"陌生人"）没有规定提供帮助的法律义务。但是，有一系列规则准许而且开列出了这个传统规则的许多例外情形。因此，有一个规则，即假如是被告的行为致使原告陷入其中的危险情形，那么被告就负有一个提供帮助的义务。[32] 有一个规则规定，如果原告和被告之间存在一些"特殊的关系"，那么他们之间可能就存在提供帮助的义务，即使是在这两类要求提供帮助的情形中既没有成文法的

---

[32] See *Montgomery v. National Convoy & Trucking Co.*, 195 S. E. 247 (1937).

规定，也不存在有效的合同。[33]

在这个普通法规则的各种各样的限定性条件和例外情形与个人主义和利他主义伦理模式之间，存在极其重要的逻辑关联。利他主义模式提供了要求扩大地解释限定性条件和例外情形的理由——例如，对什么才算特殊关系，什么才算导致危险情形的行为，给予一个较为宽泛的解释。个人主义则倾向于与此相反的方向；它提供了要求对普通法规则予以扩大解释，而对例外和限定性条件予以严格解释的理由。尽管没有理由认为普通法规则的例外与个人主义在逻辑上不相一致，但是，个人主义可以提供一个理由以限制它们的影响范围，以避免它们对个人主义主张的自立的削减达到不可接受的程度。

另外，我们法律当中之所以既存在普通法规则也存在例外情形，是因为受个人主义和利他主义思维的文化影响，这么说完全站得住脚。一个纯粹的个人主义文化可能包含着许多有关普通法规则的例外情形，也可能不包含。并且即使它包含着例外情形，这些例外情形所起的作用可能并不像制度中的规则所起的作用那样重大。此外，为什么我们的法律文化有诸如此类的例外，对此，一个最好的解释就是人们有帮助陌生人的义务这样的观念，这一观念的影响已超越了自我克制以避免违反那些在利己的个体和自立的个体之间和平共处的规则。

虽然声称法律原则和不相容的伦理观念之间既存在逻辑联系也存在经验性联系的这一主张，至少对法律当中的某些要素而言，是一个有说服力的观点，然而，这些早已被检查过的联系并没有为强

---

[33] See *Tarasoff v. Regents of University of California*, 551 P. 2d 334 (1976).

调拼凑命题提供任何依据。就经验性联系而言，我们的法律制度由于分别受到相互对立的伦理模式 X 和 Y 的影响，因而既包括着规则 R 也包含着例外 E，这并不表明包含规则 R 和例外 E 就使得拼凑命题正确。伦理模式 X 仍有可能具有包括例外 E 的理由——尽管它给出的理由或许并不像伦理模式 Y 所给出的理由那样强有力——而且，接受 Y 而不接受 X 的偶然事实就是包含 E 的那个原理的原因，不能够给出良好的理由表明，把 E 以拼凑命题所声称的那种方式包含进去，使法律原理变得没有原则可言。就逻辑联系而言，规则和例外都应当接受一个或多或少的扩大解释，这取决于采用两个不相容的伦理模式当中的哪一个模式。这并不表明，某些原理性规范本身与需要提供给其他原理性规范重构的原则不一致。

批判法学通过论证法律原理和互不相容的伦理模式之间存在各种各样的联系以证明拼凑命题是成立的，但它的努力失败了。正如德沃金在批判哈钦森的文章中所声称的那样，为使这个观点站得住脚所需要的强大的逻辑联系其实并不存在。而那种能够令人信服地表示赞成的经验性联系却没有为接受这一命题提供依据。然而，关于法律原理与不相容的伦理观念之间存在联系的具有批判法学特色的命题，即鸭子—兔子命题，并没有为那些一直被用来反对拼凑命题的观点所击败。

鸭子—兔子命题

肯尼迪和昂格尔在他们文章的多处表示，假如我们的文化从个人主义居于支配地位的伦理一极转向利他主义居于主导地位的伦理一极的话，那么我们的法律文化中有关私法结构的理解可能会发生根本的转变。[34] 正如他们所理解的那样，法律原理是以这样一种方式被解释和适用的，即它在很大程度上是对哪些规范被视为原理的核心部分而哪些规范则被视为原理的边缘部分的一个功能。法律原理的结构，根据核心和边缘进行的安排在逻辑上和经验上都是与什么应当被视为我们法律和政治文化中处于根本主导地位的个人主义紧密相连。根据这种观念，个人主义和利他主义之间的差异会在法律中显示出自身，而不是在特定的原理性规范与这两种伦理观念当中的一个或者另外一个观念间的不相容性中显示出来，是在上述这些规范如何根据它们与所讨论的部门法之间的相对重要性而被架构的过程中体现出来的。简而言之，个人主义和利他主义之间的斗争是对法律原理结构，而不是在于它的内容。

个人主义必然会以一种特定的方式来建构原理性规范；利他主义则会以相反的方式来建构这些相同的规范。因此，法律并不被看作是那些源自于互不相容的伦理观念相互冲突规范的拼凑物，而应当被看作类似于鸭子—兔子的形象，在这样的形象中，不对构成它的轮廓作任何改变，可以改变它的整个外观，这取决于人们如何看待它。虽然鸭子—兔子这一暗喻可能是误导，至少就昂格尔对命题的理解方式而言是如此，但它确实提供了一种生动的方式，我们要将这一主张与拼凑命题区分开来，而后者是本书前一部分批评过的。

肯尼迪和昂格尔表示，大多数法律职业者在私法中所看到的结

---

[34] 相比于肯尼迪对个人主义和利他主义模式的说法而言，昂格尔所提出来的有关说法则多少有些不同，但是上述这些差异在此阶段不重要。

构源自于一个个人主义居于主导支配地位的伦理观念。在这一点上,肯尼迪宣称,"个人主义是现状(status quo)的结构"。[35] 但是,肯尼迪和昂格尔都看到了把这一结构由内到外整个翻转过来的机会。昂格尔的"偏离原则"涉及将边缘的原则移向中心和将核心原则移到边缘的实践。在没有对那些构成私法原则的具体规则进行急剧改变的情况下,这样做完全是可能的。需要改变的并不是规则本身,而是它们在原则整体结构当中所处的位置,正是这个原则结构使得现有规则被认为有效。

在一个关键点上,昂格尔和肯尼迪看起来确实有分歧意见。在好几处重要的段落中,肯尼迪似乎认为,原则的结构依赖于一个个人对它的看法:原则的结构在观察者的眼中。因此,他批评原则就是根据固定的规则处于核心而有限的例外居于边缘而被建构的观念。他宣称"使现今形势与其他时候有所不同的是,核心和边缘之间在概念上的界限已经崩溃了……根本就没有核心。每一次立法(lawmaking)都会引起个人主义和利他主义之间的根本冲突"。[36] 对于我们的私法,他补充到:

> 确实,私法没有能够把利他主义对共享和牺牲的社会责任的看法加进去。诚然,我们不能说私法所有的原则都指向这一方向……问题在于,水杯可能是半空的而不是半满的。看看普通法,我们将其继承下来,并以此作为个人主义反抗封建的宣

---

[35] Kennedy, "Form and Substance," p. 1775.

[36] Kennedy, "Form and Substance," pp. 1737, 1766. 这些词语出现的场景表明,当肯尼迪写下"立法"这一词语时,他考虑的是裁决民事案件的法官制定判例法的情形。

言，以及重商主义试图在国家与社会之间创造一个有机的关系，它也是有道理的。根本就没有什么东西（原则结构）被留下来，只留下了一个强制力的领域。为了裁决案件，法官往往不得不以一种或者另外一种方式来调整自己的行为。但是对于法官的选择无法给予正当性证明——它只不过是对所信奉的、相互冲突的说法当中的一个或者另外一个做出循环往复的陈述而已。[37]

上述段落包含着许多观念，但它的中心观点是这样一种观念，即不存在任何客观的原则结构。[38] 对一个接受个人主义的人来讲，原则是一种结构；对一个接受利他主义的人来说，原则又是另外一种结构。但是根本不存在一个独立于一个既定个体的具体伦理观念的原则结构。尽管大多数法律职业者接受了个人主义主导的观念，导致了客观结构这一虚幻表象，但是结构仅仅相对于人和他选择的伦理观念而存在。

相反的是，昂格尔表示，原则确实有一个客观的结构。个人主义的主导地位是现行原则的一部分，而不仅仅是因为大多数法律职业者选择这样看待原则。在这个意义上，鸭子—兔子的暗喻并不适合于昂格尔对原则结构所做的解释，倒是更适合于肯尼迪对原则结构所做的解释。鸭子—兔子的形象本身并不是一幅鸭子的图像，也不是一幅兔子的图像；它作为鸭子或者兔子的情形只是相对于一个既定个体在特定时刻对它的看法。肯尼迪也有类似的看法。原则结

---

[37] Ibid., p.1762.
[38] 应当注意的是，肯尼迪在他所写的其他文章的多处段落中，好像也精确地采取过相反的立场，即法律原则的确有客观结构。因此，他将法律思想的结构描述为有着"它们自身的生命"。See "The Structure of Blackstone's Commentaries," *Buffalo Law Review* 28 (1979): 215~16.

构本身并不是这样的或那样的；它只是相对于一套伦理学视角而言的，一个既定的个人是通过伦理学视角来看待原则的。

昂格尔和肯尼迪之间的差异涉及到了许多把批判法学阵营分裂开来的最为深层的问题。这些问题最终源自于对社会现实（social reality）的相互冲突的概念。这些概念对法治的可能性具有重要含义，也对从自由主义法律和政治哲学的一个激进放弃有重要含义。对这些相互冲突的概念的一番全面的审视必须要等到下一章了。现在，让我们更详细地探讨一下昂格尔和肯尼迪所辩护的鸭子—兔子命题的不同版本吧。

昂格尔对弗里德：合同法原理

在对合同法的分析中，昂格尔试图表明，合同法原理的结构应当而且将被通过取代那个主导的伦理观念而大幅度地修改，他认为这个伦理观念与作为合同法原理基础的伦理观念是不相容的。[39] 他认为，现有的合同法原理是根据两个主要原则和两个次要相反原则建构的。主要原则是①个人可以合法自由地选择与谁缔结有效合同；②签订合同的个人可以合法自由地规定合同的条款。相反原则是①"选择合同伙伴的自由不允许以破坏社会生活公共领域的方式运作"[40] 和②存在实质公平原则，它们将合法地宣告特定的合同条款无效。

尽管第一个相反原则以如此含糊不清的术语来表述，以至于它不是特别清楚，但是，它可以被认为是一种抓住三个更加确定的、

---

[39] Roberto Unger, *The Critical Legal Studies Movement* (Cambridge: Harvard University Press, 1986), pp. 58~90.
[40] Ibid., p. 61.

辅助性的相反原则背后的共同道理的努力,即个人间因他们相互交易产生义务,即便这些交易不涉及已完成的契约;个人间因他们已完成的契约产生义务,这些义务超出他们谈判中明确同意作为合同内容的范围;个人间有许多社会联系,例如家庭关系,它们应当受到法律保护以避免遭到个人通过签订有效合同实行的破坏。昂格尔的观点看似是这样的:之所以要对上述这三个辅助性的相反原则给予普遍的正当性证明,是因为它们有助于保护社会团结的纽带,这些纽带有利于保持牢固的社会秩序。

原则与相反原则是什么关系呢?对于这一问题,昂格尔说有两种观点:一个主导观点和一个偏离观点。在主导观点看来,"相反原则是一些非常态,它们在如果不是极端,那么也是在不同寻常的案件当中防止原则做出不公正的事情"。[41] 换而言之,法律原则集中体现了法律理论在操作上和观念上的核心;它们在我们法律的运作当中扮演着主要角色,而且有一个有力的假设认为,它们是在任何特定的情况下都必须加以适用的原则。相反原则表现的是观念上和操作上的边缘;它们仅在特殊的情况下才发挥作用,但是,也有一种假设,反对相反原则的可适用性,因此它们在法律的运作中发挥一个相对边缘的作用。而且,主导的观点并不仅仅包括这一描述性的主张,即在当前合同法的结构中,原则是中心的,相反原则是边缘的。恰恰相反,这个观点的核心是这样的伦理性主张,即结构应当以这样的方式来加以安排,因为唯有如此才能反映合理有效的道德思维的结构。(这种伦理主张的理由将在后面加以考察。)

但是,对于原则与相反原则的关系,还有另外一种观念。昂格

---

[41] Ibid., p.74.

尔写道:"尽管相反原则可能仅被看作是对原则的限制,但是它们也可以作为一个出发点,从这里对整个法律领域的概念给予一个不同的组织安排".[42] 根据这一偏离主义者观点,这些相反原则"作为一个出发点,从这里出发去建构一个颠倒了传统的关系,并且把原则的作用减至一个特定角色的法律制度和法律原理".[43] 这并不是说这个倒转在一夜间就可以完成。在昂格尔看来,在原理性材料中,现在尚无充分的工作能够肯定地说,在我们现行的原理性观点和标准中可以即时发生这样一个倒转。然而,已经有充分的材料可以开始向倒转方向移动了。

偏离主义者观点的最终目标是要改变合同法原理的结构,从而使得相反原则成为核心,原则成为特殊的边缘情形。偏离主义者观点的中心是这样一个伦理主张,即原理的结构应当这样地被颠倒过来,因为只有如此它才能够反映合理的道德思维结构。这种伦理主张的理由过一会要加以考察。

因此,在主导观念和偏离主义者观点之下,就会有互不相容的伦理观念。这里的基本分歧源自于对社会生活相互冲突的规范性观念。昂格尔认为,在主导观念之下是这样一个观念,它鲜明地将社会生活(的相关部分)划分为两个范畴,由一些完全不同的原则管理每一个范畴。首先,有一个家庭和朋友的范畴,这一范畴应当由利他主义、团结以及宽恕的考量所支配。其次,有一个经济活动和交换的范畴,它应当由利己原则所支配,而利己原则允许个人可以追逐自身的利益而不必对他或她与之交易的那些人的利益给予任何

---

[42] Ibid., p. 59.
[43] Ibid., p. 75.

必须的考虑。合同法这两个原则的核心观点保证,在家庭之外,个人在很大程度上可以自由地追逐其自身利益而不必考虑他人利益的限制。这就是作为组织合同法的主导模式的基础的观点所认为的应然状态;这一点,不管怎么说,昂格尔对这一观点进行了重构。

昂格尔说,构成偏离主义者观点的基础是这样一种观念:该观念否认主导性观念所划分的社会生活领域之间的鲜明的差异。偏离主义者的观念不认为那些按照完全不同原则来运作的不同社会领域之间存在鲜明的界限,与此相反,它想象社会不同领域是一个社会关系的连续体,从那里出发,可以允许参与者在相当程度上(尽管并不完全)从利己主义的领域进入那些可能要求很大程度共享(尽管并不是圣徒般的牺牲)的领域。某些商业交易可能进入前一个利己主义的极端情况,但并不是所有的商业交易都是这样。

偏离主义者观念的本质是这样一种观念,即义务因人们相互之间的特定关系、相互作用以及互相依赖而产生,是它们的一个结果。那些产生于已完成契约的明确义务或者因国家对其市民所强加的一般性义务仅仅只是一些特殊案例。在一种情形下,义务因合同当事人达成一致的非常特定的关系而产生;在其他情况下,义务则由一个人作为一个政治共同体成员的身份而产生,而这种政治共同体的身份必然会对其成员或者他们当中的一个特定阶层强加一些特定的义务。但是,居于上述这两种情况之间是一个很广阔的关系和相关义务的领域。致力于把相反原则移向法律原则的中心,偏离主义者的纲领认为自己这样做是正在使我们的法律义务能够更加忠实地反映我们的道德义务。

查尔斯·弗里德(Charles Fried)拒绝了昂格尔关于合同法的论述。他认为,昂格尔把自由主义和合同法结构的主导观念背后的伦理观点等同起来，他把昂格尔对该观点的描述看作是对自由主义的一种严重扭曲的图画。虽然昂格尔坚持认为合同法的主要观念建立在家庭领域和经济交易领域之间的一种栩栩如生的对比基础上的，弗里德对此回应是"两者之间的反差是彻头彻尾的错误"。[44]他的意思是，不仅这种反差在伦理上站不住脚，而且自由主义道德或者法律思维当中没有承诺过有这样的一个反差。尽管家庭可能以一个共享原则为基础建立起来，但是自由主义认为这种共享必须是自愿的，因为，弗里德告诉我们，被强迫的共享就是家庭内部的暴政，就像整个政治共同体内部存在的暴政一样。个人自由不仅在经济交易当中是绝对必要的，在家庭关系中也是不可缺少的，作为合同法主要观念基础的自由主义能够并且的确很容易地包含这一观念。

另一方面，弗里德接着说，并不存在禁止合同当事人以合同条款所未要求的方式在他们交易中追求分享利益并分担义务的自由主义原则。"自由主义合同概念中没有，自由主义的人性和法律概念中也没有使得这种利他主义不可能，或者没有意义。"[45] 实际上，共享和牺牲这种道德上的善能够并且应当得到确认和肯定。自由主义的观点只不过是这样的：除了例外情形之外，法律不应当对合同当事人有诸如此类的共享和牺牲的要求。

弗里德的部分回应离开了主题。自由主义不承诺禁止对合同当事人以那些并未为他们合同所要求的方式所取得的利益和负担加以共享和牺牲，这与自由主义不相关。昂格尔提出的相关要点

---

[44] Charles Fried, *Contract as Promise* (Cambridge: Harvard University Press, 1981), p. 90.

[45] Ibid., p. 91.

是，除了例外情形之外，构成现有合同法结构基础的道德观念否认除了合同中规定的那些要求以及国家通过成文法律对市民所强加的义务之外，合同当事人之间还存在任何的道德义务。

更切题的是弗里德的这一主张，即自由主义法律理论关注的是那些国家应当实施的义务，而不是所有不管什么内容的道德义务。断言存在一个特定的道德义务，但是国家不应当强制实施这一道德义务，这是完全一致的说法。实际上，这一主张恰是自由主义政治和法律哲学生命力的组成部分。昂格尔所描述的合同法原理忽略了断言存在一个道德义务与断言应当有一个法律义务之间的区别，而弗里德让我们注意这一区别无疑是正确的。对于由主导观念所划分的支配家庭领域的规范性原则与那些支配交易和商业关系的原则之间的反差，昂格尔言之过重了。但是集中关注这些批评就会漏掉昂格尔提出的三个实质观点，对于这些观点，弗里德并没有提出相反的观点，因此他可能赞同这些观点。

这些实质观点关注的是，合同法原理结构与一个人同他或者她的同胞共享生活利益和负担的道德义务及政治义务范围之间的关联。（所谓政治义务，我的意思是指一个应当被合法地加以实施的道德义务。）昂格尔的第一个实质观点是，合同法中的那个从政治道德的角度来看最具有可辩性的原则与相反原则间的关系随着某一个人共享政治义务范围的变化而变化。这种义务的范围愈大，要求相反原则移向原理中心的理由就愈强烈。昂格尔的第二个主要观点是，原理性观点的标准十分灵活，而且法律案件极其含糊不清，因为那些对我们共享政治义务有着相对广泛看法的律师和法官会把原理结构方向朝以相反原则为中心的方向移动。他的第三个主要观点是，偏离主义者对原理的观点可能最终为合同法创造一个结构，而该结构是对当前结构的一个颠倒反映。

弗里德反对昂格尔的每一个观点都没有触及到这些观点,我相信,昂格尔已经为它们提出了充分的理由。可是,昂格尔所没有阐述清楚的是,这些观点完全符合自由主义的法律哲学。自由主义要求合同法原理应当具有某些独立于具体个人对它的认知的独特的结构;也就是说,原则与相反原则间存在某些客观而又确定的关系,但它并不必然意味着结构必须等同于当前的结构,也并不意味着它与当前结构类似,更不是说在任何种类的原理性观点的影响下,它必须是不可动摇的结构。[46] 第二章所承认的相当程度不确定性是我们法律制度的一个组成部分,这种不确定性允许原理性观点在法律制度内部随着时间的推移充分发挥其改变原理结构的作用。最后,自由主义理论不否定一个人对原理应当如何建构的看法是其信仰的表现,这个信仰是由一个人对其他人的道德和政治责任的范围和强度所决定的。它确实反对的是所有的道德义务应当自动地变为法律义务,但是这并不切断道德义务和法律义务间的所有联系;它只是从一种更为复杂的角度来看待这些关联。

---

[46] 毫无疑问,对于那种将原理结构沿着昂格尔的偏离主义者原理所尝试的路线加以转变的努力,弗里德依据其对自由主义政治道德的理解,可能会反对。但是我所集中关注的问题不是追求偏离主义者原理是否是一个在道德上站得住脚的观念,而是支持偏离主义者计划的那些有关法律的假设是否与自由主义的法律理论相协调一致。将原理结构沿着按照偏离主义者观点所追求的方式来加以转变,这可能的确扩大了个体对他人的法律义务的范围,但是就其自身而言,它可能并不与自由主义所信奉的法治不相一致。根据肯尼迪所说的个人主义与利他主义的对立,弗里德有关自由主义的见解位于个人主义的一极。但是对于自由主义的理解,还有其他的解读版本,如罗尔斯的,位于利他主义一端。假如利他主义对选择合同伙伴和合同条款的自由原则的作用采取极端否认的态度,那么可能就很难看到上述情形与自由主义的任何版本如何相一致(cf. Fried, *Contract as Promise*, p. 77)。但是,偏离主义者原理不承认这种极端。

肯尼迪：反结构

肯尼迪看起来比昂格尔走得要远一些，他宣称原理性结构与自由主义法律哲学完全不一致。他声称，每一个法律案件，每一片法律领土都是个人主义和利他主义敌对的军团之间斗争的领域。[47] 不像昂格尔那样，昂格尔坚信存在一个客观而又明确的——尽管不是完全确定的——合同法结构，肯尼迪看起来把合同法原理规范看成是一个没有内在联系的群体，它只是特定的观察者伦理观点所假设的一个结构。个人主义和利他主义对法律领域内每一个问题的冲突都集中体现在原则的整体结构上。但是，如何描绘原则结构的意义，任何一方都不可能是"正确的"。原则实际上没有特定的结构。

因此留给我们的就是有关鸭子—兔子命题的两种解释：一个是昂格尔所辩护的最为温和的命题，另一个是肯尼迪所提议的最为激进的命题。前者与自由主义法律理论的要求一致，因此它对于我为回应批判法学的抨击以维护自由主义的理论所做的努力并没有提出特殊问题。但是根据后者的解释，鸭子—兔子命题不符合自由主义理论。如果有关鸭子—兔子命题的激进说法是真实的，那么法治只能是一个幻想。鉴于这一命题，只有从外部对法律强加某些结构，法律才能确定判决，但是，具有不同伦理观念的人们会对法律强加互相极端冲突的结构。实在法本身实际上缺乏所需要的确定法律结果的清晰而又连贯的结构。但是由个人主义原则所建构的法律与由利他主义原则所建构的法律会完全不同。

因此，激进的鸭子—兔子命题，就像认为法律具有极端不确定

---

[47] Kennedy, "Form and Substance," p. 1766.

性的观点一样,是以法律没有客观结构这一极其重要的观念为依据的。但是,法律是否的确缺乏客观结构呢?像昂格尔那样认为某些原则居于合同法原理结构的中心而其他一些居于合同法原理结构的边缘,这样说错误吗?法律结构只存在于观察者的心中吗?

远不能说激进的批判法学对这些问题的回答都是正确的。实际上,律师和法官对法律的典型经验与这些激进的主张完全相反,法律的确有一个客观结构,并且若想有效地践行法律,就必须知晓这个结构。这一经验是,法律确实有一个客观的结构,改变该结构需要时间和集体的努力。当然,这些经验可能是些假象和表象,它们遮掩了不同的事实。激进的批判法学观点的维护者尚需要提供一些法律本体论证明以证实他们有关法律结构极富争议的主张。有些批判法学思想家们已经勾画出这样一个本体论,我在下一章将考察并批评这一本体论。

剪裁命题

与法律原理充满矛盾这一主张相连的第三个也是最后一个命题就是剪裁命题了。它主张,支持法律规则和原理的伦理原则并没有被始终如一地贯彻实施,这一点,在它们的倡导者眼里,它们对这些案件具有道德权威。在这个意义上,法律规则和原理只是对支持它们的伦理原则的剪裁表达。

正如我们很快将看到的那样,剪裁命题实际上是拼凑命题推论的结果。但是,后者的真实性决不是前者真实性的必要条件。而且,与拼凑命题不同的是,剪裁命题完全符合鸭子—兔子命题,至少根据昂格尔的最为温和的解释是这样的。

拼凑命题的关键问题是它坚持这样的观点，即不同的规则和原理可能只是源自于互不相容的伦理立场（即以互不相容的伦理立场来加以辩护）。但是没有提出关于这一观念的实例。而且赞成鸭子—兔子命题的观点明确抛弃了这种观念，这种观念赞同实际上法律原理所有的规则可能来自于互不相容的伦理观点当中的任何一个观点，肯尼迪和其他批判法学理论家们已经对此进行了阐述。这些互不相容的伦理观点之间的差异可能不在法律所包含的具体规则和原理当中显示出来，而是在法律体系内部的规则和原理之间的关系中显示出来。个人主义视为中心的那些东西，利他主义可能认为是边缘的，反之亦然。

在批判法学看来，既然个人主义倾向于主导自由主义的法律文化和政治文化，那么原理结构就会趋向于一个可能是纯粹的个人主义文化。但是，既然利他主义没有完全消失（或许永远也不会消失），那么某些"利他主义"原理在法律中所起的作用比它在一个纯粹个人主义制度可能情形中所起的作用要大得多。这些原理之所以被视为"利他的"，不是从它们在逻辑上与个人主义原则不一致的意义上讲——这是拼凑命题背后的错误。相反，它们在这一意义上是利他主义的，个人主义把它们看作是边缘性例外，而一个利他主义的伦理思维体系则把它们看做中心。

剪裁命题与我用来反对拼凑命题的观点是一致的。出于各种各样的原因，法律规则可以被作为其基础的伦理原则剪裁之后的表现。如果拼凑命题是真实的，人们会期望法律规则被剪裁，因为相互冲突的伦理观念中的每一个观念都要阻止对立观念的原则不被贯彻到它们道德权威的结论。但是，当一个伦理原则不但与一个不相容的原则相冲突，而且也与派系利益或者利己主义的力量相抵触时，法律规则就可能被剪裁。而且，法律规则可能被相互冲突的伦理观念所剪裁，这些不同的伦理观念涉及哪一个原则应当被当作核心的组成部分（道德的和法律的），哪一个原则应当被当作边缘的组成部分。简而言之，即使拼凑命题是错误的，剪裁命题也可能是真实的。

昂格尔：剪裁命题和平等保护

批判法学著作中有两种互为补充的观点赞成剪裁命题。一个观点围绕这样一种普遍看法，即在我们的文化中，既定法律是社会派系之间意识形态和政治斗争的暂时的和偶然的产物，在这种斗争中，每一派的立场互相妥协、被剪裁、得到修正和调整。另外一个观点补充和加强第一个观点，它关注具体规则和原则，并试图表明，那些可被认为支持它们的诸多原则中，并没有一个伦理原则在法律中被始终一致地贯彻实施，以使它能够适用于所有的领域。而对这些领域，该原则的一个倡导者宣称它具有道德权威。

昂格尔运用了这两种观点；沿着第一个观点的思路，他主张：

> 如果一个协调的、充分发展的规范理论的结果与任何被扩大的法律部门的主要部分吻合，就奇怪了。立法所涉及到的许多利益和观念之间的冲突，通过不计其数的心智和意志展开斗争，这些斗争的目标不同。这些冲突可能不得不是那个其信息可能是通过一个单一的协调理论来表述的一个主观道德理性的工具。居于主导地位的法律理论实际上承担着这一大胆而又难

以置信的、把实际的法律神圣化的任务。[48]

在这一重要的段落中,井然有序地排列着几个评论。首先,这段话可以被看作是对拼凑命题和剪裁命题当中随便哪一个或者对它们两个都支持的观点。事实上,它似乎被普遍理解为基本上是支持拼凑命题的一个观点(因此也间接地支持了剪裁命题)。但是,既然我们已经拒绝了前一个命题,那么就让我们把这个观点解释为支持后一个命题吧。其次,这个观点不仅清楚地引发了原则与互相竞争原则的冲突,还引发了伦理原则与派系利益力量和作为剪裁命题的一个理由的自我利益的冲突。再次,这一段话表明,剪裁命题与自由主义法律哲学(即"主导的法律理论")是不相容的。

让我们检验一下昂格尔观点的说服力吧。表面看来,它看似遭受着与我们早些时候所拒绝的支持拼凑命题的经验观点同样致命的缺陷,但是,这种表象是欺骗性的。确实,昂格尔目前的观点试图从有关原理逻辑结构起源的许多前提条件中得出原理逻辑结构的结论,正如支持拼凑命题的有缺陷的观点所做的那样。但是,后一种观点破碎了,因为它需要证明,但又不能证明有些原理性规范与一种或者其他的互不相容的伦理观念内在地不一致,而这些互不相容的伦理观念为在原理的不同领域进行一个理性重建所需要的。因此,这种可能性是不能排除的,即每一个伦理观念实际上与所有的原理性规范都是一致的,如果伦理观念与原理性规范相冲突,这个冲突是在不同的规范应当在法律体系中具有什么相对中心的位置这个问题上。我们对拼凑命题和鸭子—兔子命题所作的考察有力地表

---

[48] Unger, *Critical Legal Studies*, p. 9.

明，在我们的法律中，这种可能性实际上已经实现了。

另一方面，昂格尔支持剪裁命题的观点没有必要表明，原理性规范内在地与敌对的伦理观念不一致。它完全符合这样的观点：伦理争议表现在有关原理结构的分歧意见中，而不表现在哪一个规范是，或者应当是法律的组成部分。这个观点以归纳性推理为转移，即在一个给定的经验情形下，法律原理是互不相容的伦理观点冲突的结果，其中，没有任何一个观点能够战胜它的对手，能够料想的是，那些作为原理性规则基础的许多伦理原则（尽管并不必然是所有的原则）会依自己的意志来剪裁其适用范围。为什么这是可料想的呢？因为从某一个伦理观念看被视为中心的许多原则，从另外一个不相容的观念出发的相反原则看很可能对它的适用范围作出限制。[49]

即使在理论核心为原则留有一个位置情况也是如此；这些原则不会像认为它们应处于中心位置的那些人所想象的那样。（思考一下普通法中关于对陌生人的义务的规则，以及这个规则怎样由特殊关系例外的规则限定其范围：普通法的这一规则可能是核心的组成部分，但它并不会成为一个坚定的个人主义者所喜好的那样。）当然，从站在相反的伦理立场的人的视角来看，他们的相反原则将会受到更为严重的剪裁。一方面，某些提供一套具有一致性原则的黑格尔式（Hegelian）的方法能够说明原理性规范，以达到现行法律对待它们的程度，这在逻辑上是可能的，困难的是搞清楚相信这样

---

[49] 因此，像拼凑命题一样，剪裁命题主张整个的法律原理无法易于理性重构。但是，每一个命题对这一主张所给出的解释却不相同。和后者不同，前者并不主张正是因为这一事实——任何系列原则，从中可以衍生出特定的原理性规范——可能与其他原理性规范不一致。

一个选择方式的基础是什么。因此，我认为昂格尔的这个观点是有说服力的。但是，他的这一观点通过运用我们法律体系内部的一个具体剪裁实例可以进一步得到强化。

昂格尔提供了平等保护（equal-protection）原理作为例子，这个例子被设计用来凸显其被剪裁的特征。[50] 他发现了两个起作用的截然不同的原则。第一个要求法律必须充分适用于普遍的人群，以确保立法和司法之间的差异。这个强制性要求，实际上是一个法治的要求，之所以需要这个原则，是为了防止立法机关把其自身变成管理社会的机构。这就是普遍性要求（generality-requiring）原则。

另外一个原则禁止立法机关针对社会弱势群体颁布某些法律，这些法律要么阻止他们的成员在民主政治过程中享有平等的发言权，要么不公正地占这些群体欠缺平等发言权的便宜。这就是普遍性校正（generality-correcting）原则，昂格尔发现它被严重地剪裁了。

根据平等保护原理，普遍性校正原则的实施部分是通过令人怀疑的分类概念和严格的居间审查。当一部法律以一个高度可疑的范畴（例如，种族）为基础来分配负担的时候，平等保护原理会对这个法律强制实行严格的司法审查。为了通过宪法检验，这个法律必须要完成某些强制性的政府利益。当前的宪法原理非常怀疑种族分类，认为它会违反人们应当得到的平等地被倾听的机会和在民主政治程序中被计算在内的平等机会这个原则，所以，宪法原理对这一分类施以一个沉重的义务。性别分类则得到不同的处理。当前的宪法原理对性别分类多少也持怀疑态度，因为性别分类涉及违反基本的民主原则，但这种怀疑并不像对种族分类那样强烈，所以，就需

---

[50] Unger, *Critical Legal Studies*, pp. 44~56.

要一个不太严格的司法审查形式（中间审查）。另一方面，对于那些明确或者含蓄地根据经济条件，如收入或者财富来分类的法律，宪法原理没有将其视为具有显著的可疑性。此类的法律只需满足最为宽松的司法标准，不必比普遍性要求原则更严格。

昂格尔发现，法律处理平等保护的方式有严重缺陷。当然，他没有对政治程序经常对黑人和妇女有不公正偏见的这一主张加以质疑。但是，他问道：

> 怎么解释所有的这些立法范畴，即直接地或者间接地，在劳动的社会分工和对获取财富、权力和文化时系统地、时断时续地提出或者强化被限定的地位方面所作的区分呢？可以肯定的是，这些不平等不能被说成是例外。诚然，它们的存在和它们面对政治攻击的坚不可摧是有目共睹的……为这一命题加以辩护，即种族和性别的优待最有意义，因为事实上它们比其他形式的社会分割和等级制更为严重，这样说会陷已经确立的原理于争议之中，而且很难轻易获胜。[51]

昂格尔批评的核心是，平等保护原理犯了一个"随意选择性地关注某些弱势群体类型（如种族和性别……）而将其他一些类型（如阶级）排除在外"的错误。[52] 而且，"规约性法律分析的典型的权宜特征……是原理与它自身理论假设之间麻烦和滞后关系的一个直接后果"。[53] 对于那些对经济阶层有不同影响的法律，普遍性

---

[51] Ibid., p. 51.
[52] Ibid., p. 53.
[53] Ibid., p. 50.

校正原则因缺乏适用中间审查,甚至缺乏严格审查,可以被停下来,这仅仅是因为法院已经选择以我们社会世界的想象为基础来发展原理。昂格尔的主张是这样的:在前述那个世界的任何现实图景中,一致性要求原则得到进一步地扩展。

注意,尽管昂格尔抱着对社会现状予以抨击的一个左派的精神提出这一主张,但是他的主张仍然能够很容易地为(一些)保守主义者所接受。[54] 后者在他的主张中会看到普遍性校正原则归谬法主张和普遍性要求原则应当有限制地适用平等保护原理的教训。批判法学的学者在他的主张中会看到法律顽固地拒绝向权力和特权的非法等级制提出发动挑战。重要的是,人们没有必要认为剪裁原则是一个好原则,应当被扩展以使人们认识到剪裁的存在。

尽管有人会对昂格尔关于平等保护原理批评的细枝末节吹毛求疵,但是对我来讲,否认它的重要意义是不可能的:这个原理的确剪裁了使之富有生命的原则。而且,类似的剪裁是我们法律原理的一个深层方面。举例来讲,侵权法原理强加给人们施以帮助的义务,但它是以一种滞后的方式来这样做的。也许它不应当给人们强加这样一种义务,即使那些支持这一观念的人们也能够承认,法律上这种义务的范围不应当被延伸得像它在道德领域内的权威性范围那样广泛。

---

[54] 在同那些援引宪法来反对性别和种族歧视但在关系国计民生的阶级问题上保持缄默的自由主义者们进行辩论的过程中,威尔(Will)用他那颇具特色的、兼具挖苦和严肃的口吻写道:"当我们真的需要卡尔·马克思的时候,他在哪里呀?该是让美国的改革家们学会用阶级的语言来讨论问题的时候了。有趣的是,根据阶级进行歧视的权利是唯一的权利,它是如此地不可剥夺以至于它是不容置疑的,甚至是不被注意的。难道不是这样吗?" See Will, " 'Civil Rights' for the Ruling Class," *Washington Post*, 23 June 1988, A-19.

剪裁、自由主义法律理论和德沃金

剪裁命题的最后一个问题是剪裁命题是否与自由主义的法律哲学不相一致。昂格尔表示答案是肯定的。我认为他是错误的。完全相反，自由主义理论引导人们期待这个命题会准确描述一个按照自由主义法律和政治哲学来运行的国家法律制度。

一个自由主义国家往往包含互不相容的正义和善的概念以及政治制度，而政治制度要求，假若这些不相容概念的倡导者想对法律的内容施加影响，他们就应当参与到妥协、谈判以及协商活动当中来。在这种情形下，很难看到一个人如何远离一个其规则被剪裁以表达伦理原则的法律制度。即使派系和利己主义在政治过程中并不扮演什么角色——即使所存在的是一个纯粹的原则政治，这也是真实的。一旦现实的派系和利己主义的能量被投入到这个混合物中，那么对原则进行重大的和普遍的剪裁明显地不可避免。因此，承认剪裁命题是真实的，这与自由主义的法律理论要求完全一致。

自由主义与剪裁命题的一致性也是自由主义与——实际上也是它坚决主张的——并非所有的道德义务都应当转化为法律义务这一命题的一致性的自然延伸。如果一个立场能够始终认为国家应当完全避免对其公民强加某些道德义务，那么我们就不明白为什么它不能始终认为国家应当以一种剪裁的形式来强加某些义务。

在《法律帝国》的前几章中，德沃金看起来赞同这种要么全有要么全无（all-or-nothing）的方法：要么根本不要强加道德义务，要么就全面强加道德义务。他认为，如果把一个道德原则以剪裁的形式强加给人们，那么国家可能违背一致性（integrity）这一重要的道德理想，因此是错误的。但是假如我们更为仔细地审视《法律帝国》，我们就会发现，德沃金实际上反对这样的观念，即如果国家强制实施一个道德义务，它不能以剪裁的方式这样做。在最后的分析中，他的观念看似是这样的：尽管一致性是一个重要的伦理理想，但它并不是唯一的伦理理想，而且它不能对自由国家强加任何绝对的要求。相应地，即使在德沃金的理论中，也允许自由主义国家的法律存在剪裁的现象。而且，在《法律帝国》的最后一章中，他对适用于我们法律原理中的剪裁命题的准确性明确表示接受，而且他承认，他对有关事故法律的重构依赖于一个确定的平等主义原则，这个原则被我们的法律认真剪裁过了。[55]

另一方面，当德沃金建议我们的目标应当是一个没有对原则加以剪裁的法律制度时，他已经走入歧途了。[56] 他对这样一种建议推理的一个关键部分是，从法律中消除剪裁的做法将以其最可能纯粹的形式实现法律的一致性。然而，他的观点并没有考虑到这样一个现实，即我们的自由主义社会是一个道德、宗教和政治立场多元主义色彩极其浓厚的社会。在这样一个社会中，不仅在有关善，而且在有关权利和公正的问题上，都有强烈分歧。而且在一个存在这种多元主义的地方，对自由主义而言，提倡一个没有经过剪裁的法律是一个错误。因为如果社会群体当中的某一个群体能够在未同那些持不相容的道德和政治观念的群体进行妥协和协商的情况下，就能够将其规范性观念写到法律当中，这种情形只有在貌似真实的情形中才存在。自由主义对多元主义保护的忠诚要求，纯粹德沃金式的一致性应当服从于这样一个需求，即政府不应该受任何一个派系

---

[55] Dworkin, *Law's Empire*, p. 407.
[56] Ibid., pp. 406~08.

的支配，这些派系为自己的意志而战，不受协商和妥协需要的阻碍。

的确，我们可以想象一个情形：在那里，政治协商和妥协并不涉及对原则的剪裁；每一个群体把它的某些原则以一种没有剪裁的形式，而仅是通过妥协的方式输送到法律中，这将使其他群体以类似形式把他们的原则输送到法律中。涉及一个群体与其对手之间认可表达他们互相竞争的原则的法律的一个协议，除了以一种剪裁的方式外，没有其他的妥协方式。当德沃金倡导一个没有剪裁的法律时，看起来他脑子里就是这样想的。

问题是，这样的情形的实现，必定要严重违反自由主义的尊重自由主义社会中道德和政治观念多元化的要求。在一个像我们这样的自由主义多元化的社会中，对法律一致性的重要性，尤其是它相对于尊重一个民主政治程序结果价值的重要性，存在冲突的评价。德沃金可能这样看待一致性价值，因此他愿意限制民主程序，使这个程序不能以一个剪裁的方式把道德原则写入法律。但是，其他许多人会认为对政治程序的这种限制是非常令人反感的事情。尽管所有的自由主义者必须同意对政治程序进行这样实质性的限制，许多人会反对，因为从法律中消除任何剪裁所需要的限制可能走得太远了。当我们意识到可能会有什么样的制度性机制被用来加强德沃金式的一致性时，他们反对的依据或许会看得更为清晰一些：法院将被授权宣布所有的剪裁都违宪。考虑到这种有力的反对意见可能存在于任何一个此类的司法权威当中，纯粹德沃金式的一致性只有通过以一种反自由主义的方式强加给民众才有可能实现。当然，德沃金可以运用他的论证技巧倡导法律中纯粹的一致性，但是，保守地说，他在这一问题上创造一个合意的几率微乎其微。他或许能够使我们的政治文化走向一个更加重视法律一致性的价值方向，但是最终，他将不得不对法律应该不受任何剪裁的原则的完全实施打折扣。作为一个虔诚的自由主义者，他将不得不使他的观念适应一个政治协商和妥协的程序，而这一程序将会对上述那个原则作出剪裁。

因此，对法律原则进行剪裁是自由主义法律制度的一个基本现象，批判法学通过强调和分析这一现象对自由主义法律原理的特点提出了一些重要的见解。德沃金和其他的自由主义法学家肯定应当承认批判法学在这一方面的贡献。但是，当批判法学的理论家们运用存在对原则进行剪裁的事实来损害他们自由主义对手的法律理论时，他们却是大错特错了。

小　　结

在本章中，对于批判法学所声称的自由主义法律原理充满矛盾的主张，我们发现了某些重要的真理。与这个主张有关的两个命题——温和的鸭子—兔子命题和剪裁命题——被认为颇有说服力，也很重要。这些命题揭示了法律原理与支持它们的伦理原则之间关系的重要方面。但这两个命题没有一个能够证明与自由主义法律哲学不一致。而且，上述批判法学有关那些与自由主义法律理论不一致的原理性矛盾的许多主张被证明是没有说服力的，或者被证明是以一些有关法律结构的可质疑的观点为依据的。上述这些可质疑的观点将在下一章中被考察和批评。尽管批判法学著作指责自由主义的法律有原理性矛盾的特征，它确实包含某些重要见解，但是，它未能实现颠覆自由主义的法律观这个主要目标。

第五章

法律和社会现实

批判法学著作中一些最为基本的主张关系到社会现实的性质。这些主张,在许多重要的方面,与前面几章所考察的批判法学关于自由主义法治概念和当代自由主义国家法律原则的本质的立场都有联系。这些主张也揭示了批判法学运动内部本身存在极度深刻的分裂。一个自由主义对批判法学的批评必须认真对待这些有关社会现实性质的主张。在本章中,我将通过考察批判法学关于社会现实的某些关键主张来完成我的批评。

规则和社会现实

了解批判法学有关社会现实主张的一个有效方式应从社会研究的一种方法开始,该方法自二战前直至20世纪60年代早期在社会科学领域内有着广泛的影响力。[1] 批判法学有关社会现实性质的

---

[1] 我所论述的这一概念以及社会科学界对这一概念的反应受惠于罗伯特·埃杰顿的《规则、例外和社会秩序》一书。Robert Edgerton, *Rules, Exceptions, and Social Order* (Berkeley: University of California Press, 1985), pp. 8ff.

主张是拒绝那一方法的社会理论中一个较宽泛的运动的组成部分，因而应当在上述背景中加以理解。

我们正在讨论的这种方法将社会视为系统的体系，它的基本建筑材料是规则。这些规则塑造、引导和约束个人的行为、思想和愿望。而且，规则在这一意义上被视为在社会理论中具有首要的解释力：这个意义就是个人的社会行为必须根据构成他们社会的规则来解释。当然，违反规则的行为是可能的，但是就它有社会意义这一方面而言，此类行为必须根据某些规则或者其他规则（例如，社会中一些亚文化的规则）加以解释。因此，社会现实基本上被认为由规则构成，而且社会行为应根据这些规则来解释。让我们将这种观点称为社会规则概念（rule conception）。

社会现实和社会行为的这一概念并不局限于它在那些接受结构—功能主义的某些版本的理论家著作中最为显著的表达。这一概念的许多因素可以同功能主义有关社会平衡的许多观念分开，而且能够被纳入一种理论中，这个理论所允许的社会冲突的空间比传统功能主义更大。实际上，马克思主义的结构主义者就是在社会规则概念基础上行进的。而且，人种学对外国文化的描述，很大程度上没有明显的社会理论色彩，经常表现为预先假设规则的概念，把他们的调查集中在规范上，假设这些规范限制、引导个人行为和塑造他们的思想和愿望。既然只有规则得到理解才能够既解释遵守规则（rule – abiding）的行为，也能够解释违反规则（rule – breaking）的行为，那么规则概念在方法论上的必然结果就是：社会调查的根本目标应当是发现和理解构成社会的规则。战后，在哲学著作方面，引进社会规则概念的经典著作是彼得·温彻（Peter Winch）的

《一个社会科学的观念》(*The Idea of a Social Science*)。[2]

对于规则的概念和/或者其方法论聚焦于发现和理解社会规则这个问题，很久以来，有很多的社会研究者心存疑惑。马林诺夫斯基（Malinowski）强烈反对从方法论的角度关注规则，他指出，在他所研究的文化中，规则时常被任意歪曲、滥用、规避，甚至在没有对那些以上述方式来对待规则的人们进行社会制裁的情况下被公然地漠视。他认为，依据规则的规定获得自由，就像遵守规则一样，是社会现实的一个重要因素，而且在任何人种学的描述中，若没有对这两种现象给予足够的重视就不可能理解这种文化。

在《原始社会的犯罪和习惯》(*Crime and Custom in Savage Society*)一书中，马林诺夫斯基对当时盛行的观念提出了强有力的批评，这个观念就是原始文化的个人成员自动地、毫不费力地服从他们文化规范的指令。[3] 他强调，违反规范的行为是文化生活中一个重要的因素，因此，它不应当被人种学研究边缘化，否则就是对文化形象的严重扭曲。然而，在他的最后分析中，马林诺夫斯基的方法论描述并不与社会规则的概念不相容。我们完全可以始终如一地指出，违反规则的行为在所有的文化中都是普遍的，一个优秀的人种学报告不能忽视，也不能把此类行为的程度边缘化，同时宣称此类违反规则的行为，像所有的具有社会意义的行为一样，必须援引一个规则来加以解释。前一种观点是马林诺夫斯基的；后一种主张是社会规则概念的。

---

[2] Peter Winch, *The Idea of a Social Science and Its Relation to Philosophy* (London: Routledge and Kegan Paul, 1958).

[3] Bronislaw Malinowski, *Crime and Custom in Savage Society* (London: Routledge and Kegan Paul, 1926), pp. 9~16.

把这一问题与规则概念联系起来,一个人就必须否认这一主张,即具有社会意义的行为必须援引社会规则而得到解释。在20世纪60年代和70年代之间,这种否认变得愈来愈频繁。社会规则必须根据个人的前社会动机得到解释,这一观念在当时变得很盛行。依照这一观点,规则对个人的行为根本没有任何限制和引导,或者,即使有限制和引导,也只是零星的、少量的。总体上讲,规则是个人想方设法获取他们想要的或者认为是好的东西的资源和工具,他们所想要的或者认为是好的东西,在最根本的层次上,并不是由社会规则所决定的。规则对个人的思想、愿望和行为施加不了自己的力量(或者施加微弱的力量),它们不过是些言语而已。但是,规则可以为那些运用权力来将他们的行为合理化的人们所使用,甚至可以用来对他们行使权力的对象进行说服,使他们相信,他们的服从是正确的、恰当的。让我们将此称为工具主义的社会规则观。埃杰顿(Edgerton)把这一观念对当代思想的影响概括如下:

> 在当今大多数的社会理论中,规则被视为含糊其辞的、可变通的、矛盾的和不一致的;人们认为它们很少支配人们的行为,更不能以内化的方式来塑造人们。相反,它们被作为人类战略的资源。[4]

在拒绝社会规则概念的过程中,批判法学的著作是团结的,批判法学著作中一个重要的组成部分就包括工具主义的观念,该观念

---

[4] Edgerton, *Rules*, *Exceptions*, p. 14; see also p. 178. 埃杰顿使用策略性的相互作用主义这个术语(strategic interactionism)来指代我所称的工具主义观念。

以一种被设计用来揭示法治含义的方式应用到我们文化中的正式法律制度上。如果规则不能限制和引导行为,那么法治必然会是一个幻想。如果规则只是任凭人们随意操控的工具,尽管自由主义的法律哲学顽固地坚持主张法律规则会保护我们免受国家和人们彼此之间的压迫,它仍要对它帮助法官和掌权者操控法律现象的这一掩饰行为负责。

在批判法学主要作者的作品中,有不计其数的采用工具主义方法实例的段落。凯瑞斯对遵循先例规则的解释描述就很有代表性:

> 虽然遵循先例看起来限制自由裁量权,要求客观而又理性的分析,但是,它实际上却为巨大的自由裁量权提供掩饰并为其服务……先例在很大程度上已降至合理化层面而不是对判决结果有意义的促成结果的因素;对于由法官采用的原则和结果,它们与其说是在起决定性的作用,倒不如说是在起支持性的作用。[5]

换而言之,法官们操纵先例的原则和规则,通过援引先例为作出的判决提供法律理由,使其看起来合理,实际上判决是依据其他东西做出来的。这就是被应用到法官身上的工具主义的观念。

工具主义方法在批判法学中的出现,部分源自于法律和社会运动(law-and-society movement)的影响,这个运动是一个致力于对法律行为进行经验研究的运动,也是反对社会规则概念的社会科

---

[5] David Kairys, "Legal Reasoning," in *The Politics of Law*, ed. D. Kairys (NewYork: Pantheon Books, 1982), p.15.

学的组成部分。但是，对批判法学以及对法律和社会运动本身产生至关重要影响的力量则来自于美国20世纪20年代和30年代的法律现实主义（Legal realism）。

法律现实主义观念的一部分就是著名的规则怀疑主义（rule skepticism）。这一标签实际包含着两个截然不同的命题，一个相当温和，另外一个则极其激进。温和命题主张，法律官员时常并不按照那些被书写到权威性法律文本中的规则所要求的方式来行为。这一立场在现实主义于20世纪30年代达到巅峰的时候，由它的一个主要的代表人物清晰地表达出来，卡尔·卢埃林（Karl Llewellyn）写到：

> 我们知道，先例没有（绝对约束的）效力。但是，我们可以强迫它们有效力。我们知道先例的原则和规则的效果故意含糊其辞。然而，含糊其辞的界限大体上可以合理限定。尽管规则不能够操控判决，但它们却可以指导判决。案件的规则或者法典的规则对未来会有一手，尽管它的一个或者几个手指可能会滑动或变换位置。[6]

与规则怀疑主义相关的激进命题挑战了法律规则本身存在这个命题，至少当它们被认为具有限制和引导个人行为能力的时候如此。这个命题否认规则具有实施此类限制的能力。当然，激进的现实主义者可以承认那些在法律材料中被发现并在语义上被等同于规

---

[6] Karl Llewellyn, "*Law and the Modern Mind: A Symposium,*" *Columbia Law Review* 31 (1931): 90.

则（rules）的文字方式。他们的观点是，规则只是这种书面形式，它们不能对个人行为施加影响。杰罗姆·弗兰克（Jerome Frank），这种激进观点的最为卓越的辩护者，认为法律规则只是过去司法判决的总结；它们"只是一些言语"，一些可被用来预测判决但却无法限制它们（判决）的一些言语。[7]

法律现实主义对规则怀疑主义的激进看法是工具主义规则观的早期形态，也是不成熟的形态。上述这些接受激进立场的现实主义者们对同意这样的观点有充分的思想准备，那就是身着法袍的人们能够对某些纸面规则的语词以及其他法律的胡言乱语施加魔法，以此说服一些可怜的家伙们相信某些事情是法律所要求的。但是，这只是将规则作为一个工具来使用以产生想得到的效果罢了。这不是规则行使权力，而是法官行使权力，法官既运用规则来帮助他行使权力，又运用规则来掩盖他实际上掌控权力的事实。

激进的规则怀疑主义对法治的含意不难理解。假如激进的规则怀疑主义是真实的，那么法治将是不可能的。人总是统治者；法律从来就没有统治过。[8] 我们有关法律是保护人们免受过分的权力迫害的信仰毫无根据。正如一把玩具枪不可能摧毁一辆坦克一样，我们的法律权利也不可能阻止政府官员或者私人权力中心对我们生活的严重破坏。

---

[7] Jerome Frank, *Law and the Modern Mind* (Gloucester, Mass.: Peter Smith, 1970), pp. 135, 297~98. 现实主义有关法律规则的激进观点的最早论述是约瑟夫·宾厄姆（Joseph Bingham）的《什么是法律？》一文。*Michigan Law Review* 11 (1912): 8.

[8] 尽管事实是批判法学通常把霍布斯看做是自由主义创始人之一，但是，霍布斯否定法治，认为法治是一个幻想，他之所以这样做，是因为他相信由法律进行统治根本不可能，"因此，这是亚里士多德的政治学中的另外一个失误，即在一个秩序井然的共和国中，不应当由人来进行统治，而应当由法律来进行统治"。Hobbes, *Leviathan*, ed. M. Oakeshott (London: Collier - MacMillan, 1962), pp. 490~91.

然而，激进的现实主义者并没有明确得出这些结论。激进的现实主义者，同他们的温和派同僚一道，在很大程度上赞成将国家权力从法官和其他那些反对扩大行政—规制国家的掌权者的手中解放出来。上述这些法官和掌权者通过援用现有法律规则的要求把他们自己的反对意见合理化了。这些人认为，财产权法、侵权法以及合同法的基本法律规则不允许那些意图创造一个全面铺开的行政—规制国家的人们所喜欢的政策。现实主义，既包括激进派也包括温和派，目的是击败这些观点，但是，激进派恰在法治观念和自由主义法律传统的可行性这一问题上回避了他们规则怀疑主义的含义。

同现实主义的回避策略形成鲜明对比的是，批判法学方案中的一个重要部分一直以来不仅坚持激进的规则怀疑主义，而且也坚持规则怀疑主义对自由主义法律思想的含义。图什内特，接受激进的规则怀疑主义，把批判法学关于该立场对自由主义和法治的含意作了一番总结。他告诉我们，鉴于自由主义有关人具有压迫和剥削他人倾向这个前提条件，"如果现实主义者是对的，那么就没有什么东西矗立在我们与深渊之间了，在那里，强者欺凌弱者，因为法律，在自由主义看来是我们的守卫者，所提供的仅仅是虚幻的保护而已"。[9]

然而，并非所有的批判法学人物都接受激进的规则怀疑主义。例如，昂格尔就完全拒绝激进的现实主义观点，他近来阐述了一个社会理论的主要观点，这一观点不仅拒绝工具主义的规则概念，而且也拒绝接受社会规则的概念。他表示，这两种方法都不能公正地

---

[9] Mark Tushnet, "Critical Legal Studies and Constitutional Law: An Essay in Deconstruction," *Stanford Law Review* 36 (1984): 625.

对待规范限制个人思想、愿望以及行为的能力,也不能公正地对待个人的思想、愿望以及行为超越、打破和创造规范的能力。

正如我们即将看到的那样,昂格尔的社会理论与法治和自由主义的观念完全一致,即法律能够保护我们免受国家权力和我们彼此之间的压迫。这表明,他已经显著地背离了他早期认为法治是不可能的观点。甚至更令人注目的是,他提议作为补充其社会理论的政治计划的成功必须依赖于法治的贯彻执行,并要运用法治来实现自由主义保护个人免受压迫和迫害的目标。另外,与批判法学结合在一起的其他许多思想家们所阐述的进行法律重构的建议同样也依赖于法治,这不言而喻地预示社会现实的规则怀疑主义和工具主义观念都是错误的。[10]

因此,在批判法学的内部,就社会现实的性质以及规则在社会中的地位问题上,存在一个重要的争议。但是,如果认为这一争议只是现实主义温和派和激进派,或者是社会科学的倡导者和社会规则概念的反对者之间争执的重演,那就犯了错误。正如这个争论在批判法学中进行的那样,它围绕着社会是一个人类产品这一观念的逻辑和政治含意展开。批判法学中争论的双方已经接受了这一观

---

[10] See, e. g., Staughton Lynd, "Government without Rights: The Labor Law Vision of Archibald Cox," *Industrial Relations Law Journal* 4 (1981): 483~95. 林德提倡比当前现有的保护工人努力争取的工会组织和工会活动更为强大的一些法律上的权利,而且他认为,此类法律能够有效地加强工人自我决定的能力,并能够限制资方的权力。英国的批判理论家艾伦·亨特(Alan Hunt)写道:"对于法律政治而言,从我们关于苏联和其他一些国家的'实际的社会主义'的经验可能汲取的最为重要的法律政治教训就是:保持形式化的和确立的权力是必要的,法治的核心就是保护公民和社会制度免受国家和官僚机构的政治篡夺,就此而言,他十分明确表达了他对法治的信奉。" Hunt, "The Ideology of Law: Advances and Problems in Recent Applications of the Concept of Ideology to the Analysis of Law," *Law and Society Review* 19 (1985): 30.

念，只是对该观念的意义和隐含的内容有所分歧。这一争论揭示了规则在社会现实中的地位问题的多个方面，而这些问题在早先的法律和社会科学的辩论中没有被揭示出来。

在阐述社会是一个人类产品的观念这一把批判法学思想家们划分开来的问题上，昂格尔比其他学者所做的贡献要大得多。他为批判法学著作中的观念提供了最为精致的说明和辩护。那么就让我们转向研究他是如何对待社会是一个人类产品这一观念的吧！

昂格尔：作为一个人类产品的社会

对于社会作为一个人类产品这一观念，我们可以通过将其置于它所反对的命题的关系中间来很好地加以理解。自然主义命题（naturalistic thesis），正如昂格尔所称呼的那样，主张存在一个明确的社会秩序，这个社会秩序按照人的本性设计。就这一点而言，人们被看作与任何其他过社会生活的生物，如蚂蚁、猴子等毫无差异。尽管一个自然的社会秩序的命题自身并不具有人类社会秩序那种明确的含意，但是，还有一个命题实际上总是赋予它一种可归于自然的人类秩序的重要特征。依照第二个命题，人类自然的社会秩序是一个固定的无所不包的等级体系。运用这些术语来描述一个等级体系，认为它具有下列特征：人一出生就属于分层制度中他们自己的那个等级；等级间的界限鲜明而又稳定；存在一个单一的全面而又一致的分层体系，这个体系决定一个人在所有的文化范畴中居于什么地位，而这些文化范畴决定了地位和特权。

社会作为一个人类产品这一观念批驳人类存在一个自然的社会秩序的理论。昂格尔写道，"现代社会思潮一产生就宣布，社会是被创造、被想象的,它是一个人类的产品,而不是一个自然秩序的表达。"但是,他继续说道,"从来没有人真正把握社会作为人类的产品这一观念的要害"。[11] 昂格尔的计划就是把握这一观念,并对未能这样做的其他社会理论予以批评。

在转向这些其他的现代理论之前,指出昂格尔认为这一观念具有重要的政治含义是恰当的。自然主义的命题,与自然的社会等级体系观念相联系,为回答一个核心的政治哲学问题提供了开端:为什么有些成年人有权统治其他成年人?最初的回答是,他们是那些其职位在自然的社会秩序中位列最高等级的人员。但这一答案对于那些接受社会是人类产品这个观念的人不适用。那么,对于那些接受这一观念的现代人来讲,这一观念重新提出了这一问题,即证明一些人对其他一些人行使政治权力的行为正当的理由是什么?恰恰就是这一问题受到了17世纪诸如霍布斯和洛克这样伟大的思想家们的关注。

在昂格尔的阐述中,现代社会思想的诸多理论削弱了,但却没有消除自然的人类社会秩序观念。昂格尔将现代理论划分为两种主要类型,然后证明每一种类型如何以削弱的形式保持自然主义的命题,他试图藉此来表明情况确实如此。

第一种类型由深层结构(deep structure)社会理论构成。这些理论以两个主要观点和一个基本前提展开。这个基本前提是,在每一个社会世界中,人们一方面能够区分引导和限制生活中常规行动的一种框架(昂格尔有时将之称为"框架性背景"),另一方面能

---

[11] Roberto Unger, *Social Theory: Its Situation and Its Task* (New York: Cambridge University Press, 1987), p.1.

够区分自身的常规活动。框架由规则和角色构成,这些规则和角色又组成主要的社会制度。常规由担任角色和遵守规则的个人行为构成。

从这一前提出发,深层结构理论的第一个主要观点是,社会中存在许多强有力的限制措施对各种各样的可能的社会框架加以限制。这些限制几乎排除所有组织人类社会生活的方式,余下可选择的不过寥寥。不同的深层结构理论援引不同类型的限制作为关键的限制。有些理论强调心理上的限制,这些理论特别主张,自我主义(egoism)是对社会框架的一种主要的限制力量;其他理论关注经济限制,这些理论特别援引生产效率和分配效率这些考虑因素;还有其他一些理论关注组织的限制,这些限制既不是经济的也不是纯粹心理的。一个例子就是米歇尔斯(Michels)的《寡头政治的铁律》(*Iron Law of Oligarchy*)一书。[12] 但是,不管这些理论所援引的限制的性质是什么,深层结构理论主张,这些限制仅与数量有限的社会世界类型相匹配。

深层结构理论的第二个主要观点是,在每一个可能的社会世界中,构成框架的不同因素(例如,不同的规则和角色子系统)会形成一个不可分割的整体。框架的诸多因素不仅一起发挥作用,而且,假若其中一个因素被来自于另外一个社会框架的因素所替代,那么它们就不能发挥作用。这种观点并不等同于功能主义的主张,即子系统协调发挥作用,共同防止社会冲突,保持社会的平衡。对于这里的第二个观点有一些"冲突的说法"。其中最为著名的就是马克思主义了,马克思主义主张,任何阶级社会的不同因素构成一

---

[12] Robert Michels, *Political Parties* (New York: Free Press, 1962), pp. 342~56.

个不可分割的整体，但是，这个整体充满了阶级冲突，这种阶级冲突揭示了社会的缺陷。

深层结构理论的一个版本是进化论（evolutionary），它对前面所述两个观点补充了第三个观点：尽管有史料记载的人类历史已经见证了许多崭新的和史无前例的社会世界的出现，但是，它们是依照一个严格的、预先确定的顺序产生的。当然，马克思主义就是深层结构理论进化论版本的主要例子。

昂格尔对现代社会科学各种方法进行分类的另外一个主要的范畴是实证社会科学（positivist social science）。与深层结构理论相比，实证科学并不依赖于这样的观念即社会由引导和限制个人行为的规则和角色框架组成，因此，它不主张对可能的社会世界的类型做出限制这一观点。实证社会科学的确力图阐述和确定对社会行为的经验性概括，但是并未宣称这些概括具有跨越各种社会形态和历史时代的有效性。

根据昂格尔的观念，实证社会科学并没有像鸭子命题一样接受自然主义命题，也没有接受由这个命题所引起的所有问题以及与此相反的社会是一个人类产品的观念。它未能使社会是一个人类产品的观念得出自己的逻辑结论，因为它既回避明确接受该观念，也回避否认这一观念。昂格尔相信，这种回避策略致使实证社会科学产生的结果虽无大错，但却没有创造力。它的经验性概括可能适用于特定时期的特定社会，但是，一旦人们在社会生活的基础规则、决定获得权利和特权的基本社会规则问题上开始争斗，它们就开始瓦解了。对于发生在这些期间有关社会生活基础的争论的思考，或者对这些争论为什么会爆发，或者对产生特定的结果而不是其他的结果的理解，实证社会科学并没有为我们提供任何概念上的资源。一个具备处理这些重要问题能力的社会科学必须认真对待这些问题,即由自然主义命题与社会是一个人类产品这一观念之间的冲突所引起的那些问题。实证社会科学没有做到这一点。

然而,深层结构理论认真对待此类问题,并且,对我们而言,考察昂格尔对深层结构方法的批评是十分重要的。在昂格尔看来,深层结构理论保持了自然社会秩序这一观念,不过是以弱化这一观念的方式出现。因为它们秉持这样的观点,即可行的社会世界类型数量上十分有限。确实,此类理论拒绝下述观念,即对于人类社会来说只有一个自然秩序。然而,它们实际上主张仅有数量寥寥的自然秩序适合人类社会——这些为数不多的限制人们的心理、经济或者组织的秩序会留下来。

昂格尔自己曾一度接受一个自然社会秩序观念。在《现代社会中的法律》(*Law in Modern Society*)一书中,他写过上述观念与什么能够证明政治权力是正当的——这一问题之间的联系:"除非人们重新感到社会实践代表某些类型的自然秩序而不是代表一系列任意武断的选择,他们就不能指望躲开不具有正当性的权力的困境。"[13] 而且,曾经有一个时期,在昂格尔看来,法律实践与自然主义观念之间有着一个深刻的联系:"纵观历史,法律职业与探寻社会生活内在秩序的努力之间一直有一个联系。"[14] 在这些陈述中,不难辨别他信奉的是一个自然社会秩序的观念。

什么使昂格尔改变了主意并拒绝接受自然主义命题,即使在被弱化的深层结构理论版本中?在他后期著作中,昂格尔得出结论说:

---

[13] Roberto Unger, *Law in Modern Society* (New York: Free Press, 1976), p. 240.
[14] Ibid., p. 242.

人类历史产生了某些"令人意想不到的事情",当这些"令人意想不到的事情"被人们充分肯定时,它们就战胜了深层结构理论的两个主要观点(但是,没有战胜框架与常规之间的基本区别)。他早期对自然主义命题的赞同可能被推定为是对这些"令人意想不到的事情"认识不足造成的。根据昂格尔当前的观点,对于人类历史事实的最佳解释挫败了所有力图对社会世界规定一个严格的历史顺序的努力,挫败了所有力图把社会框架视为一个不可分割的整体的努力,或者挫败了宣称对社会世界种类予以严格限制的约束的努力,这些社会世界的种类具有现实可能性。例如,在本世纪,北美和西欧之外的国家(一个典型的范例就是日本)已经将西方经济和政治组织的因素同其本国文化因素相结合,创造了与深层结构理论倡导者早期所想的可行框架截然不同的社会框架。在昂格尔看来,这种无法预料的发展情形不仅终结了马克思主义的历史发展理论,而且也完全毁坏了深层结构理论中最为有力的反马克思主义的版本。[15]

昂格尔并未假装同意对历史事实的一个简单叙述,仅靠其自身,就能得出结论证明深层结构理论不可能成功。即使我们承认,简单的历史事实已经击败了迄今为止所有被表述出来的深层结构理论,一个成功的深层结构理论可能只是下个世纪或者继之而后世纪的令人意想不到的事情中的一个而已。确实,有人可能认为反对深层结构理论的历史论点相对薄弱。深层结构理论几个世纪的失败,这件事情本身,似乎不能作为一个特别有力的观点以谴责这一理论计划永远无效。而且,有些事情(一个理论计划,一项技术,一个

---

〔15〕 对于昂格尔认为已经被历史的某些令人意想不到的事情击败的反马克思主义理论,参见 W. W. Rostow, *The Stages of Economic Growth: A Non-Communist Manifesto*, 2nd ed. (Cambridge: Cambridge University Press, 1971).

社会行动计划）经常出错，这个简单事实本身不过是对一个基本而又不可挽回的缺陷的微弱证据而已。当一件事情出错时，需要做的事情是说明事情为什么会出错，而且要对解释的某些真实性加以确认，这个解释不能只是对事件的重述。正如我对昂格尔著作的解读那样，昂格尔确实试图提出这样的解释和对解释的某些真实性加以确认。

昂格尔对深层结构理论失败原因的解释在于他对人性的阐述，恰是这一阐述本身为我们提供了视角，正是通过这些视角来解释历史上发生的令人意想不到的事情。人是背景依赖（Context-dependent）和背景超越（Context-transcendent）的生物。昂格尔强调，这两个方面是我们本性中的基本方面。前者意味着人最终总是要安顿下来，生活在某些社会框架里。后者则意味着没有任何一个社会框架（或者它们的限定顺序）能完全满足人的需求，他们总是拥有超出他们框架的能力。人们总能发现他们能够为个人的和政治的生活想象出有价值的可能性，这些可能性不能适合过去或者现在的社会框架界限的限制。实际上，他们总会发现他们能够想象出一种无穷无尽的可能性。把深层结构理论置于失败境地的历史上发生的令人意想不到的事情就是人类超越背景力量的显示。它们是爆发在有限的人类历史世界中的无限人类个性的显现。在昂格尔看来，恰是我们超越背景的力量最终解释了为什么深层结构理论一直不断地被历史上令人意想不到的事情置于窘境，也解释了为什么深层结构理论在未来会遭遇到某些令人意想不到的事情，这些事情会使这一理论处于尴尬的境地。

但是，对这种超越背景力量的独立的确认是什么呢？我相信，昂格尔会诉诸个人有关自身和有关他的社会世界的主观经验。昂格尔表示，个人有关社会框架的经验是（部分是）受限制的经验，但是他个人自身的经验是无穷无尽的、有价值的可能性之一。正如昂格尔有时表述的，作为一个无限的个性，每一个个人自身的经验，都受到他的社会世界有限边界的限制。[16] 对于昂格尔而言，深层结构理论由于轻视无限的人性，不可避免地成为人类超越背景力量这一无穷无尽创造力的牺牲品。

批评昂格尔反对深层结构理论的观点的一个方法是宣称超越背景的经历并不像昂格尔所认为的那样是一个普遍的人类现象。威廉·高斯顿（William Galston）在对昂格尔的人性理论进行评论的过程中提出了这一看法。高斯顿表示，昂格尔所援引的超越背景的经验仅仅是某些现代人格类型的特征：

> 想象并采取行动毁灭背景的冲动实际上是现代主义艺术家、作家以及革命者的特征。但是，昂格尔错把部分当成了全部。他的关键性错误是假定一个少数精英的动机和满足不知何故地构成了全人类的（隐藏的）本质和愿望……绝大多数人都会在既定背景内部找到满足，而且对上述若干背景的破坏经历不是赋予人们权力，而是对他们的剥夺。[17]

那么，根据高斯顿的观点，昂格尔对人类本质的描述存在重大缺陷，因为他误把少数人的经验当成了一般人类经验的代表。

---

〔16〕 Roberto Unger, *False Necessity* (New York: Cambridge University Press, 1987), p. 12. 但是，在使用"受制于有限的无限"这一短语时是有一个警告的。See Unger, *Passion* (New York: Free Press, 1984), p. 4.

〔17〕 William Galston, "False Universality: Infinite Personality and Finite Existence in Unger's Politics," *Northwestern Law Review* 81 (1987): 759.

高斯顿的许多批评没有说服力，因为它以对昂格尔理论的一种歪曲描述为基础。昂格尔从来没有否认过绝大多数人会在他们既定的背景中找到满足；这是人性的一个方面，昂格尔没有忽视这一点。另外一个方面就是，人们也同样经历许多不满足，这些不满足来源于这些背景所强加的许多限制，所以他们就试图超越这些限制。而且，昂格尔十分愿意承认，作为一个历史事实，背景的严重破坏给人们的典型经历是权力被剥夺，因为此类的破坏典型地构成对个人安全和保障的严重威胁。昂格尔的关键观点之一是，修正背景的活动，即使十分广泛，也不必然对个人安全和保障造成威胁，而且正如我们即将看到的那样，其计划的主要目标之一就是描述一系列政治安排，这些政治安排会切断修正背景活动与个人的失去安全之间的历史连系（link）。

另外，超越背景是一种人类的普遍能力这一观念并不像高斯顿所认为的那样是判断错误的。人类学证据有力地表明，在所有的人类文化中，都存在一种重要的超越背景的因素。尽管所有的文化都有规则，但正如马林诺夫斯基所强调的那样，在所有的文化中，规则时常会被歪曲、破坏和忽视。此类忽视规则的活动几乎不局限于现代文化中的一小撮精英。而且在所有的文化中，至少有些规则在个人经验中是令人不适的限制，因为它们限制了个人生活和政治生活中许多有价值的可能性，这再一次表明，人们在许多重要的方面会"溢出"（overflow）他们的社会框架规则。[18]

然而，昂格尔为击败深层结构理论而诉诸他的人性理论最终没有达到目的。在描述我们超越背景能力方面，昂格尔强调那些我们

---

[18] See Edgerton, *Rules*, *Exceptions*, pp. 14~15, 22, 28.

依据社会规则进行生活而感受到的许多限制的不适,也强调我们不得不想象不同社会世界的那些显然是无穷无尽的力量。即使昂格尔所描述的人类本质在这些方面是准确的,他反对深层结构理论也不会成功,除非他补充一个额外的主张,这个主张就是,人类能够感到充分满足的那种社会世界是这样的,它们可以避免即刻的瓦解而且是稳定的。

昂格尔假定,能够提供此类满意的社会世界种类的数目如此巨大,以至于很难为任何深层结构理论的目录所容纳。这样一个假设看似是昂格尔所理解的人类本性中超越背景那一方面的一个隐含的部分,而且看起来也是昂格尔从历史上发生的令人意想不到的事情中迅速推理出深层结构理论计划无效这一结论的一个关键因素。然而,一旦明确有力地表达了这种假设,我们就很容易看出这是在回避问题的实质。而且,这一假设并未体现在这样的前提之中,这个前提就是,在任何社会世界之中人类从来没有找到到家了的感觉,也未体现在这个前提之中,即人类对社会世界可以想象出一个无穷无尽的样式单子。由此,我的结论是,昂格尔反对深层结构理论的观点不够充分。自然主义命题未被打败,社会作为人类的一个产品的观念尚未确立。

然而,还有一种不同的反自然主义的观点,当昂格尔及其批判法学的同僚抨击自然主义命题,赞成社会作为一个人类产品这一观念时,这个观点能够为他们提供很多东西。一个比昂格尔的社会理论假设更为简洁的反自然主义的观点,其目的不是瞄着作为社会理论假设的深层结构观念,而是瞄着它们时常在政治话语和观点中起作用的深层结构观念。特别是,这个观点寻求打败在政治行动和社会重构计划中被贴上"不可行"或者"不可能"计划标签的观念的运用,尤其是那些致力于摧毁或者削弱社会等级结构和/或减少利己主义在社会生活中作用范围的计划。这一观点不需要表明任何一个深层结构理论都不能成功。它需要表明的只是，尚没有一个这样的理论能够宣称自己充分成功地提供了一个基础，在这个基础上能够得出这样的结论，即某些社会和政治重构的计划违反了社会发明的自然限制。这一观点对批判法学思想家们来讲十分重要，因为它会打败那些时常被提出来而使得激进型政治行动瘫痪的反对意见，而激进型政治行动实际上是所有批判理论家们所支持的。

　　反自然主义的观点实际上是一系列有联系的观点，其中的每一个观点都从不同的方面努力瞄着某些被看作是不可能的社会重构方案。在每一个情况下，这个观点都力图表明，对于社会重构方案违反了人类社会组织的一个自然限制的争论总是证据不足。在大多数情况下，这样的观点是很有说服力的。[19] 这些观点在深层结构理论失败的基础上，以充分的认识精确度，详细说明和确认那些对可能的社会结构所宣称的限制，并且由此使得激进的社会重构方案成为不可能。虽然我在这里不能确立这样的观点，但是我相信，对于那些援引任何对社会生活加以有意义自然限制的观点的一个考察都会表明，这些观点宣称"一个 x 类型的社会是不可能的"主张和宣称"一个 x 类型的社会在道德上是可质疑的"主张之间的模糊不清表明它们掩盖了缺乏经验性证据的事实。当缺乏证据这一事实被提出来时，这些观点就会从前一个主张转向后一个主张。

---

[19] 对于社会的可能性会有一些限制，这是高度确信的。举例来说，社会必须被组织起来以便为其成员提供足够的特定水准的热量摄入量，从而使他们能够生存和繁衍下来，而且社会必须有某些规定行为的规则。在很大程度上，尽管此类的限制并不会自动地使即使是社会重构的最为激进的模式变得不可能。但是可能有一种例外，参见本章的"抽象概念和法律"部分，在那里，我考察并否认了一个激进的立场，这个立场看似假定存在没有约定俗成的社会规则的社会。

如果说尚没有令人信服的观点以反对一个成功的深层结构理论的可能性，那么至少还有一些令人信服的观点以反对深层结构自然主义主张的当前用法，即把激进的政治观念当作不可操作的或者不可行的而抛弃。没有充分的理由得出结论说，自然主义的命题，作为一种社会理论，是错误的。我们只是不知道它是否正确或者错误。但是，试图运用源于自然主义命题的观念把激进的政治行动置于瘫痪境地，一般来讲是不成立的。我相信这是从昂格尔的反自然主义观点当中能够拯救出来的最为重要的部分，而且它无论如何都是有意义的。

极端理论对阵超级理论

昂格尔表示，把社会作为人类的一个产品这一观念引到它的逻辑结论，至少有两种截然不同的计划。其中一种他称之为极端理论（ultra-theory），另外一种称为超级理论（super-theory）。批判法学运动内部有一个重要群体采用了极端理论的某些观点。这个群体成员包括马克·图什内特（Mark Tushnet）、彼得·加贝尔（Peter Gabel）、邓肯·肯尼迪（Duncan Kennedy）和罗伯特·戈登（Robert Gordon）。[20] 批判法学中超级理论最为著名的倡导者是昂格尔本人。为图什内特及其同伴所采用的极端理论形式是法律现实主义激进派规则怀疑主义的延续。超级理论是对这一观念的一个深刻而又微妙的阐述，这个观念是，一个对社会现实的完整阐述必须为规则

---

[20] 极端理论这一术语为昂格尔所创造。尽管这些理论家们并不用这个术语来称呼他们自身，但是，那些他们所赞同的观念可被认为是对昂格尔所称的极端理论的一种形式的体现。正如我们即将看到的那样，这种形式的极端理论多少不同于昂格尔所着重关注的版本，但它是这个版本辩证发展的结果。

可以限制和塑造个人和个人能够有目的地超越那些支配他们当下社会生活的任何规则体系的观念留有空间。

相互冲突的理论

昂格尔的超级理论以对社会的两个重要归纳为基础：①所有的社会世界都是从个人之间的冲突和斗争中产生的，而且②所有稳定的社会世界都由两个主要的因素组成——一个限制和引导个人行为、思想的框架以及发生于此框架内的常规活动和思想。一个框架就是社会规则的一个结构，一个表述清楚的规范体系。在昂格尔看来，恰是框架的存在为超级社会理论提出了核心任务，为框架如何形成，它们如何成为一体，它们如何被修改以及它们怎样失效提供了一个一般性的说明。超级理论认为，当人们对社会生活基本规则的争论和冲突停止了，人们开始认为已经就位的规则是好的和自然的时候，框架就形成了。当现有基本规则所体现的休战界限不再被尊重，战争再次爆发时，框架就崩溃了。理论的任务就是要形成某些一般的解释，说明这些程序如何发生，什么时候发生。这些解释必须表明这些军事暗喻的现实价值，但是要避免重新陷入深层结构自然主义中去。

昂格尔把极端理论描绘为对超级理论的两个基本归纳的接受。然而，它拒绝对社会框架的形成、运作或者崩溃给予任何一般性解释的努力。拒绝的理由是这样一个观点，即这一努力将不可避免地陷入到深层结构自然主义中去。根据极端理论的观点，超级理论并没有充分认真地对待社会世界的人造特性；没有把社会作为一个人类的产品的这一观念贯彻到底。

昂格尔所描述的极端理论版本在下列方面是不稳定的：假如社

会框架真的存在,那么自然会有人问,构成它们各式各样的规范如何汇集一起形成了一个互相联系的体系。假如框架确实能够限制和引导个人的行为和思想,那么自然会有人问,它们完成这一任务的框架所依据的原则是什么。这并不是否认创造社会框架过程中的机会因素,而是要表明,假如持续存在能够引导个人行为和思想的框架,那么就有理由来解释为什么它们能够这样做。所以,如果我们能够认真对待此类框架的存在,那么我们必须问,"对社会框架能够持久而且能够引导个人的行为和思想予以解释的原则是什么?"

但是,当极端理论拒绝对社会框架的任何一般阐述的可能性时,它拒绝提出的正好是这一类问题。当然,不同类型的社会框架可能依照不同的原则运作,但是,任何一套运行的原则在某种程度上都是可概括的——这种概括潜在地将适用于不止一种具体框架。极端理论坚持认为,我们仍然停留在特定框架的水平上,并且拒绝向一个概括阐述行进,它把这种概括阐述当作对社会是一个人类的产品这一见解的背叛。

因此,昂格尔所描述的极端理论版本是不稳定的,因为它接受框架对个人行为和思想引导和限制的存在和持续,但是拒绝对框架是如何形成的或者框架如何实现对个人行为和思想的引导的任何一般性阐述。我认为,当昂格尔提出从拒绝框架的任何一般理论到拒绝框架本身的存在只是一小步时,他已经意识到了这一逻辑论证的不稳定性了。[21] 实际上,我相信,批判法学中的极端理论分支已经明确地走出了这一步。这个理论分支否定框架的存在,至少当有人认为框架是客观存在的,并且能够限制和引导个人行为和思想

---

[21] Unger, *Social Theory*, p. 168.

时，这个理论分支的态度是如此。从这一理论的观点来看，假如有人希望谈论框架，那么它们只能是一个人感知性地把模式强加于过去一连串的行为和思想而已。事件本身并不存在这些模式，这些模式是主体强加于未经区分的一连串过去的事件上的。而且，极端理论的当前版本拒绝接受任何康德式（Kantian）的认为存在一个固定和普遍结构的观念，人类主体根据这些结构在一连串事件上强加认识性命令。因此框架仅存在于特定的旁观者眼中，它们缺乏客观实在性，也缺乏对人们的思想、行动或者愿望施加任何客观控制的力量。在任何意义上，这就是深嵌于批判法学内的极端理论分支中的观点。

极端理论的这个版本就其内在含义来说比昂格尔所描述的极端理论更为稳定。既然框架不能引导个人的行为和思想，那么就不需要有一个理论来解释框架是如何这样做的。既然构成框架的模式仅仅是由个人的感知者强加于行为和事件的，那么就没有逻辑上的强制力来要求对它们进行一般性理论阐述，像它们曾经是一个客观存在一样。我将这一更为稳定的版本称为批判法学的极端理论（基于文体的变化，或者简单地称为极端理论，但我所说的是这个批判法学的版本，而不是昂格尔所描述的不稳定的版本）。实际上，它是法律现实主义中的规则怀疑主义的扩展和概括，其内容不仅包括法律规则，也包括任何类型的社会规则。

批判法学的极端理论与昂格尔的社会理论观点有着根本不同。昂格尔不承认社会现实的本质以及社会过去和社会未来之间关系差别的激进性质。批判法学的极端理论以一个极端存在主义的看法为基础，这个看法就是：不存在有能力控制个人选择、行动和思想的社会制度和规则；社会未来是完全不确定的，完全不受社会历史的控制。

当然，批判法学的极端理论家们承认，社会结构能够控制个人行为的信念是我们社会现实的一部分，但是从他们的观点来看，这种信念必然是错误的。实际上，这种信念是一种我们为了将我们自身从现有的焦虑中解脱出来而编造的自我欺骗，而这种焦虑来自于我们对未来不确定性的认识。彼得·加贝尔（Peter Gabel）这样表述这个观点：

> 我们合谋生产了一个"信仰"……这个信仰主张存在一个可大体上被称作一个"主权"和一个规则体系……这些规则"支配着"我所称作的下一个时刻，去掉了这个时刻的那些附随的偶然特征。[22]

在加贝尔看来，这是一个错误的信念。法律和国家，就像其他所有的社会制度和结构一样，不具有使它们对构成一个群体的个人行使权力的现实性。这并不是说没有社会现实；恰恰相反，社会现实仅仅由那些人们已经做出的选择所构成，而且这些选择对那些尚未做出的选择缺乏控制的能力。

图什内特这样表达极端理论的观点："社会世界完全是被建构的。每当人们思考它时，社会世界就融入到人们已经做出的一系列选择当中来了。"[23] 这些选择，图什内特告诉我们，总是偶然的，从来就不是必然的，而且总是不能控制尚未做出的许多选择。人们

---

[22] Peter Gabel, "The Phenomenology of Rights-Consciousness and the Pact of the Withdrawn Selves," *Texas Law Review* 62 (1984): 1570.

[23] Mark Tushnet, "An Essay on Rights," *Texas Law Review* 62 (1984): 1402.

的选择所解决的事情只是当时的事情；它们不能解决未来选择时的事情。而且，图什内特相信，这种社会现实的观点战胜了"自由主义的假定——人们的行为能够被那些有着某些超越个人内容的规则所支配"。[24]

罗伯特·戈登（Robert Gordon），批判法学另外一个表达极端理论观点的著名人物，写到："社会现实由具体结构构成……尽管结构是建构的，由人们的意志所决定，一部分连结着一部分，人们对它们进行'外化'，赋予它们以实在性，并用它们来控制人们的选择，认为它们处于人们的选择之上。"[25] 戈登进而对这个外化的具体范例进行了批评，这就传达了这样一个清晰的信息，即社会结构不能控制人们的选择。

极端理论家们十分愿意承认，个人能够行使权力并能够控制其他的个人，并且他们强调，这种控制经常通过观念的运用来实现，包括运用诸如私有财产权这样的法律观念。他们的观点是：是人类个人，而不是法律，也不是其他任何社会结构，行使着控制权。恰恰是法治政府的那个观念，而不是人治政府的观念，是建立在判断错误的前提条件基础之上的，这个前提条件就是社会结构有客观实在性，这个前提条件使得它们能够对个人行使权力。极端理论家们谴责这一前提条件，认为它是具体的错误实例。

昂格尔的超级理论明确拒绝不存在能够控制人们选择的社会结构这个观念。在昂格尔看来，社会框架限制并引导个人行为和思

---

[24] Mark Tushnet, "Legal Scholarship: Its Causes and Cure," *Yale Law Journal* 90 (1981): 1207.

[25] Robert Gordon, "New Developments in Legal Theory," in *The Politics of Law*, pp. 290, 288.

想。这些框架就是对人们的所做、所想和所欲进行客观控制的结构。但是，昂格尔的理论和极端理论之间的差异未阻止它们对社会现实本质的相互冲突的解释，因为这些相互冲突的解释会再次导致许多重要的法律哲学和政治哲学问题上根本不同的立场。让我们转向这些问题吧。

社会理论和法治

批判法学的极端理论是第三章所考察的极端不确定性立场背后的社会理论。我在第三章中提出，假如大量的规则和构成规则的原则没有客观结构，那么法律将充满不确定性。我也从语言哲学的角度提出了一些理由，认为法律话语确实有这样一个结构。这一观点的形成是为了反驳解构主义关于含义的立场。但是我相信，对于那些在批判法律研究运动中接受极端不确定性立场的人们来讲，观点的底线不以对含义采取解构主义方法为基础，恰恰相反，它以体现在批判法学的极端理论中的社会现实理论为基础。

批判法学极端理论家认为，法律或者法律话语没有客观结构，因为它们和社会现实的任何因素都没有对应。法治要求法律为现实的和潜在的案件提供确定的结果。但是极端理论家认为，原则性结构不能独立于个人如何选择看待原则性规则之间的关系之外，这就摧毁了法律的确定性。每一个法律规范适用的含义和范围在很大程度上随着它在较大的法律规范体系中扮演角色的变化而变化。改变一个既定规范在整个体系中的位置，它的含义和适用就会发生根本的变化。以不同的方式运用众多法律规范，法律结果将完全不同。

但是，极端理论家认为，任何既定规范的位置都不是固定的，恰恰相反，它通过一个具体的个人如何选择适用众多原则性规范而被创造出来。情况可能是这样的：由于我们法律文化中绝大多数法律职业者们以非常相似的方式来选择适用原则，存在某些客观结构的欺骗性的表象只是描绘了客观结构而不是创造了客观结构。但是不存在这样的客观结构。社会现实，包括法律，都不具有独立于任何特定个人选择之外的任何独立结构。由于上述原因，不存在法律所要求的逻辑结果；法律只是某人所选择性地理解的结构，他认为法律会对法律案件带来确定的结果。

而且，对于批判法学的极端理论家而言，法治无法服务于它规制和限制私权力和公权力这个重要的自由主义职责。这一职责不仅要求诸如此类法律应当能够为法律案件提供明确的结果，而且也要求此类法律应当由限制和引导个人行为的规范框架所构成。但是，批判法学的极端理论家认为，根本就不存在能够行使此类权力的客观社会框架。像所有其他的社会规范一样，法律规范并不能客观地限制个人行为。因此，恰恰是图什内特的社会现实概念构成了他反对"自由主义的前提，即人类行为能够被那些具有超个人内容的规则所支配"[26]的基础。

从批判法学的极端理论得出来的结论就是，个人依靠法律权利保护自己免受私权力或者公权力的迫害是一个错误。在法律权利中寻求保护是错误地假定社会规则自身，以某种方式对个人施加权力和控制。它没有看到社会规则只是一些个人对其他个人施加权力和控制的工具。它通过规则能够并且确实控制着我们这样的错觉而被接受。那么，对于批判法学的极端理论而言，自由主义的观念，即法律权利在保护个人免受公权力或者私权力的侵害方面极其重要，

---

[26] Tushnet, "Legal Scholarship," p. 1207.

这是一个虚构的故事。批判法学的极端理论倡导者们并没有由此得出结论说，我们应当放弃从那些能够对我们的生活造成严重破坏的权力中心寻求保护自我的努力，而是说我们必须寻找一些不以规则为基础的方式来达到这一保护的目的。

另一方面，昂格尔的超级理论所体现的社会理论类型完全符合法治的可行性，并且也依靠法律权利来保护个人。对于超级理论来讲，社会规则能够限制个人行为。法律能够被用来规制权力，之所以如此，是因为它是构成社会世界规则框架的一个因素。而且像框架的其他部分一样，它有着独立于任何具体个人选择或感知的结构。恰是这样的一个结构才有可能使得法律不是一团没有差别的规范，才有可能具有为法治所要求的确定性。

那么，不应该奇怪的是，昂格尔近来提出的赋权民主（empowered democracy）计划，在相当程度上依赖于法治对公权力和私权力的规制。在没有探究昂格尔计划细节的情况下，我们可以通过简要地描述它的两个突出方面来传递其要点。

第一，尽管财产权在它们当前的形式上被根本重构，但是，在昂格尔的政治秩序中，仍然有着一个经过精确界定的财产权体系。这些新型的财产权对财产所有者怎么处理他们的财产进行规制，并且对国家任意攫取财产的权力加以限制。确实，相比于传统的自由主义财产权利，其目的和作用在于阻止财产所有者扩大私有权力的集中而言，这些新型权利的设计在这方面是好一些。但是正像自由主义的财产权利一样，昂格尔式的财产权利确定了一个定义明确的自由区域，在那里，只要他认为合适，个人就有着广泛利用其财产的自由，而且，整个财产权利体系受到法治的保障。

第二，自由主义的基本权利，即言论自由、出版自由、宗教自由得到保留，获得最低限度物质福利的权利——豁免权（immunity rights）也被补充进来。它们的作用就是规制和限制公权力，而且也受到符合自由主义法治标准的法律规范体系的保障。

在这一点上，有人可能会提出疑问，若把昂格尔当前的立场描述为自由主义的一种形式而不是批判法学的版本，可能更好些，尤其是根据他将自己的政治哲学描述为"超自由主义"[27] 更是如此。尽管极端理论明确地存在于批判法学思想的基本框架之内，昂格尔已经跨出了这一框架，他对法治所保障的自由主义基本权利表示赞同。为了解决这个问题，我们必须将视线转向更加全面地讨论批判法学的基本政治目标，以及这些目标与自由主义法治之间的关系。

民主：赋权和自由

昂格尔及其批判法学的同僚都一致相信，在自由主义民主社会中，公开的政治冲突范围和民众政治行动影响激进社会改革的力量都受到了不适当的限制。而且，他们同意，法律（对极端理论家们来讲，他们将"法官和律师"理解为"法律"）在创造并维持公开和激进的政治活动中只能在扮演一个很局促的角色方面起着一个重大作用。实际上不是法律通过规定降低了政治在设置人们生活和结社条件上的作用；在批判法学的眼中，"凡事都是政治"，包括对政治的限制和对政治的消解。正如昂格尔对此的解释，"凡事都是政治"这一口号与社会是一件人类的产品，是人们利益和意识形态相互冲突的结果这样一个主张是等同的。[28] 所以，实际上法律和法

---

[27] Roberto Unger, *The Critical Legal Studies Movement* (Cambridge: Harvard University Press, 1986), pp. 41~42.

[28] Unger, *Social Theory*, pp. 10, 145, 172.

官都不能限制政治在社会结构中的作用,更谈不上在使人类社会自然化方面能够有所作为。但是,法官和律师能够运用法律—政治的区分,通过确定人们生活和互相交往的条件来掩盖政治冲突的普遍性。而且,法律和法律官员可以缓解、劝阻、制止和限制公众旨在使社会中的权力和特权激进的平等化而采取政治行动的努力。

昂格尔及其批判法学的同僚反对法律的后一种效果,部分地是基于这样的考虑,即激进的平等化是必要的,它使得社会生活在道德上可以被人们接受。他们反对的理由还在于,一个改革基本制度安排的政治力量受到阻止和抑制的社会是一个不能公正地对待人类超越背景能力的社会。它试图使自己自然化,使其成员把在这个社会内部的生活和结社条件看作是自然秩序的一部分,它是一个自我欺骗的社会。

昂格尔及其同僚也认为法律—政治的区分被用来掩饰政治和道德冲突的普遍性。他们声称,这一计策的最终结果有助于把重要的政治问题与一般的公共争论和决定隔离开来。在法律舞台上,政治问题被转化为只有内行才能看懂的法律原则术语,努力把法律问题和它们的政治出处之间的联系掩饰起来。当然,法律并不总是成功地掩盖法律问题和政治问题之间的联系,也并不总是成功地防止把法律问题视为政治问题——对堕胎、校园祷告等的争论就是证明。但是,批判法学的作者们认为,有许多法律问题,既包括公法的也包括私法的,其政治利害关系或多或少地从公共观念中被成功地掩饰了,通过这种掩饰,公众被有效地排斥在外,因为他们欠缺理解晦涩难懂的语言和神秘的法律程序的能力。法律的政治只是一个限于已经掌握法律语言和程序的精英团体的政治。

根据这些反对自由主义民主政治的意见,昂格尔及其批判法学同僚的目的是把民主政治从它在当前自由主义社会中运作所受到的严厉约束中解放出来,摧毁那些当前妨碍民众政治动员以影响激进社会改革的潜在力量,移开那些对某些重要政治问题的公共争论和审慎思考进行有效限制的障碍物。

但是,在什么是成功地把政治从过度的自由主义限制中解放出来这一问题上,昂格尔和批判法学的极端理论家们之间有着严重分歧。像自由主义一样,昂格尔仍然坚持认为,政治运作受到某些重要限制。昂格尔的豁免权以一种自由主义所认可的方式把某些问题从一般政治争论领域移开。而且,他强调,政治继续依据法治运作。因此,昂格尔相信,自由主义对政治的每一个限制不都是不适当的,而且在不放弃自由主义观念,即个人权利受到法治保障的情况下,政治可以摆脱自由主义的不适当限制。他试图把某些自由主义限制整合到一个社会—政治系统中来,这就是一个赋权民主制度,在那里,民主政治将有不断增强的力量来改革基本的社会制度,公共争论和审慎思考也不再限于把政治问题变成晦涩难懂的法律问题。

更符合传统特点的自由主义者们批评赋权民主,因为赋权民主把民主政治放任到一个过分的程度。他们认为,那会使社会生活极不稳定,大多数人会被冲突所困扰,他们强调各种各样的危险,如法西斯主义,法西斯主义曾在历史上参与了把政治从自由主义精神中解放出来的运动。[29] 昂格尔的言辞看起来确实强调了赋权民主制度之下社会生活相当不确定的特点,尽管他确实试图建议

---

[29] See, e.g., Galston, "False Universality," pp. 759, 762, and Cass Sunstein, "Routine and Revolution," *Northwestern Law Review* 81 (1987): 889~90.

人们在某种高度抽象的水平上感受到一种对他们的社会生活的确定的质量,并以此来揭示赋权民主制度的这个方面。昂格尔是否能够就自由主义对赋权民主的这些批评做出令人信服的反应不是一个我在这里钻研的问题。鉴于自由主义和超自由主义共同认可某些基本个人权利受到法治的保障,这样的一个问题将把我们极大地引向偏离我希望坚持的法学焦点问题。然而,昂格尔立场的逻辑一致性尚有一些严肃的问题必须提出来,这些问题对法理学问题具有直接影响。

考虑一下受到批评颇多的法律—政治区分问题。像批判法学的极端理论家们一样,昂格尔也对这种区分持批判态度。尽管昂格尔的思想发生了一些其他重要的变化,但他一直没有放弃这个批评。在《批判法律研究运动》一书中,昂格尔已经提出了赋权民主的基本特征,然而,他继续抨击法律—政治的区分。根据他的宣言,承认这一区分犯了法律形式主义在法理学上的罪过(Sin)。

重要的问题是昂格尔从来就没有充分解释赋权民主制中法律对财产权和豁免权的保护与拒绝法律—政治区分如何具有一致性。难道财产权的保护不要求官员应当把他们关于一个原告对 x 具有所有权的判断,同他们关于如果原告被赋与对 x 的所有权在道德上或政治上是最佳的判断区别开吗?难道不要求国家机关把它们基于一个推理模式而得出的判断同不受约束的道德或政治考量明确区别开吗?豁免权难道不也有同样实在的问题吗?

在我看来,这些问题有明确的答案是肯定的。实际上,在《虚假的必然性》一书中,昂格尔接受了这一点,提出了他具有一个独立司法的赋权民主制,"对权利界限地方化争议的裁决,由摆脱了政府权力的行使和整个法律制度的专家官员来进行,可能得到最好的处理"。[30] 问题是，这样一个独立司法原理同他对法律—政治区分的抨击和他对自由主义法律形式主义的抨击完全不一致。

我相信，对于这一批评，昂格尔可能提出两个相关的观点做出回应。首先，在一个赋权民主社会中，争议的权威解决办法将从晦涩的语言和神秘的程序中解放出来，而这些晦涩的语言和神秘的程序使得当前大多数人对它无法接触。"律师与门外汉的差别将使这样一种局面大行其道，即对我们现在界定为法律问题的或多或少权威性解决办法具有多个切入点"，相应的结果是"律师业的四分五裂"。[31] 其次，在赋权民主制度下，公众会完全赞赏这样一种情形，即支配争议权威性解决办法的规范是对人类生活具有争议的规范性观点的表达，人们会对这些引出问题的观点进行争论并作出决定。这两个观点综合起来表明的是，在赋权民主制度下，精英法律政治会有一个解体；每个人对基本道德与政治问题如何在社会冲突和争议权威性解决办法中得到表现会有自己的理解，每个人在讨论和协商这些问题时都可以有自己的声音。

让我把这个问题放在一边，这个问题就是律师业的四分五裂与在整个法律体系中作为专家的官员们的存在是一致的。让我也把这个严肃的问题放在一边，这个严肃的问题是，认为律师业会产生一个四分五裂的局面，以及在赋权民主制度下法律人与门外汉之间的差别观点的一个解构具有多大的说服力。为了把关键的法学问题与其他问题分离开来，我愿意同意昂格尔在这一点上对赋权民主制的描述。回应昂格尔的主要观点是，即使承认法律职业要么消失，要

---

[30] Unger, *False Necessity*, p. 452.
[31] Unger, *Critical Legal Studies*, p. 111.

么作用被极大削弱,也不能像自由主义法律理论最彻底的版本所理解的那样,得出赋权民主制之下不存在法律—政治区分的结论。确实,有人会争论说,既然权威性原则被看作是有争议的政治和道德立场的表达,那么认为法律与道德的区分就打了折扣,这是有道理的。曾有些法律理论家们认为法律规则(尤其在私法中)在政治上和道德上是"中立的",因为规则可以从无争议的前提条件中逻辑地推导出来。这些理论家们,十有八九是错误的,正在运行中的赋权民主制原则清楚地否定了他们的观点。

但是,自由主义理论的最为彻底版本也可以否认他们的观点。在自由主义的各种版本中,维护法律—政治的区分就是主张依据法律对一个人的权利进行的法律推理能够,而且应当完全与道德的或者政治的考量区分开来,因为道德的或者政治的考量不受与已被传统地接受了的规范、决定以及原则在实质上保持一致的要求所限制。昂格尔拒绝的就是后一种意义上的法律—政治的区分,这是他对法律形式主义批评的一个组成部分。然而,如果赋权民主制要依据法治保障财产权和豁免权,恰恰是后一种意义上的观念必须确立并得到维护。即使有可能建立一个靠律师业和法律人与门外汉的差别来运作的保护这类权利的制度,这个观念也是正确的。

批判法学的极端理论家们认为,昂格尔思想中的这些不一致性源自于他未能彻底摒弃自由主义法律理论。他们认为,除非我们放弃了这个观念,即法律,或者其他任何规则制度,能够客观上控制个人行为和思想,否则政治将永远不会从它所受到的自由主义的不当限制中充分摆脱出来。对于极端理论家们而言,自由主义法治和个人权利受到法律保护的观念是幻想,这种幻想削弱了人类的集体力量。解放这些力量要求完全否认这些自由主义观念。在这一个问题上，赋权民主制失败了。

那么，看起来昂格尔必须要在自由主义民主制和极端理论家们对法律的否定之间进行选择了。但这是不正确的。昂格尔仍然可以赞成赋权民主制，但一致性要求为赋权民主制的辩护需要为法律—政治的区分和法治作出辩护。尽管昂格尔仍然可以主张自由主义的民主制度不适当地阻碍了民主政治行动改革基本社会安排的力量，但是一致性要求他承认自由主义对政治的某些重大限制应包含在赋权民主制当中。因此，我们可以对自由主义、昂格尔的超自由主义和极端理论背后的政治哲学之间的关系勾画出一幅粗略的图画。自由主义对民主政治改革社会的权力进行实质性的限制进行辩护；它倡导一个有助于稳定社会秩序的法治，主张法治能够以一个相对固定的方式来确定生活和交往的基本条件。超自由主义为对民主政治权力的大幅度削弱的限制进行辩护。它倡导一种仅以试探性和临时性方式来确定生活和交往的基本条件的法治，把大多数社会秩序留给激进的改革，并且继续"把一个分裂的社会向政治开放"。[32] 批判法学极端理论背后的政治哲学拒绝自由主义对民主政治的一切限制，包括那些被吸收到赋权民主制中的限制，认为这些限制是幻想和神秘化的产物。就自由主义是否不适当地限制了政治这一问题，昂格尔和极端理论家们可以联合起来一起反对自由主义。至于法治的可能性和/或者可取性这一议题，昂格尔和自由主义者们能够联合起来一道反对批判法学的极端理论家们。围绕着后一问题的许多问题是本章剩余部分的研究重点。

---

[32] Unger, *Social Theory*, p. 48.

对批判法学极端理论的批评

昂格尔没有对极端理论进行持续的批评。实际上，他表示目前没有充分理由来否定极端理论。在极端理论和他建议的政治计划之间强烈的紧张关系问题上，他采取了一个使人感到迷惑的立场。正如我们已经看到的，他所建议的计划依赖于法治的确立。一位极端理论家可能不得不宣称，昂格尔的计划以有重大缺陷的社会现实观点为基础。尽管一位极端理论家为了改革自由主义民主制并帮助把民主政治从至少是某些自由主义的限制中解放出来，可能会与赋权民主制的辩护者们结成一个实用主义的联盟，但是，这种联盟只是临时性的。在一些观点和一些重要的问题上，昂格尔与极端理论家们有着根本的政治分歧。例如，假如把昂格尔的计划变成制度性现实，那么对下一步应当做什么就可能有分歧。极端理论家会对保留在赋权民主制当中的自由主义因素发起有力的批评。

实际上，极端理论政治计划的本质是永远反对任何既定的社会秩序，即使对相对未确定的赋权民主制当中的确定因素也要反对。图什内特毫不掩饰地阐述了这个永久性反对计划。谈到那些从今天的角度来看他认为值得希冀的社会变化时，他写到："当事情变化了，剩下来的所有东西就是坚持反对的立场。"[33] 那么，当他把他的计划描述为一个"不停顿的批评"[34] 时，也就不奇怪了。另一方面，昂格尔明确否认这种永久性反对的政治计划。他的超自由主义被设计用来作为替代不停顿批评政治哲学的一个选项，一个政治

---

[33] Tushnet, "An Essay on Rights," p. 1402.

[34] Mark Tushnet, "Critical Legal Studies: An Introduction to Its Origins and Its Underpinnings," *Journal of Legal Education* 36 (1986): 516.

激进派可以接受的选项。

因此，超自由主义者和自由主义者同样有充分理由发展对批判法学极端理论有说服力的批评。没有这些批评，对于那些主张依靠法治限制权力是误导的批判法学的极端理论家们就没有令人信服的回应；对于那些主张将社会未来置于社会过去控制之下的任何努力都是进行自我欺骗的极端理论家们就没有令人信服的回应。

实际上，极端理论依据的是一个有着严重缺陷的社会现实概念，而且是以几个靠不住的推理为基础。关于社会过去是否能够控制社会未来这一问题，我们可以用我早已提及的一个观点来进行批评。批判法学的极端理论家们相信，社会过去从来不能保证社会未来的特征，这是对的。社会世界将继续以它到目前为止一直出现的方式变化，这从来就不是一个必然真理。然而，极端理论家们却由此荒谬地推理出社会过去不能控制社会未来，社会规则不能限制和引导人类的社会行为和思想。这一推理是一个谬论，因为控制从来就是一个程度问题；尽管它可能从未达到在过去和未来之间构建一个必然连接点，但并不能因此就说不存在控制。[35]

批判法学的极端理论家们在这里已经被一个错误地设想的依赖引入了歧途，这种信赖所依靠的是偶然性和必然性这对形而上学的范畴。他们的推理是，社会未来充满偶然性，它并不必然表现为一个特定的方式；特别是，它并不必然是对社会过去的重复。他们错误地断定，社会过去对社会未来不能施加控制。这一谬误推理的基础是这样一个错误信念，即只有在这种情况下 x 和 y 之间才存在控

---

〔35〕 回想一下卢埃林对规则的描述：它对未来会有一手，即使只是几个手指的滑动。See note 6.

制关系，那就是仅当 x 命令 y 以一个特定的方式来行为才必然导致 y 以那种方式来行为。

而且，极端理论家的这种观点，即控制要求社会过去与社会未来存在必然的连系与他自己的个人能够控制他人的观点，自相矛盾。回想一下，批判法学的极端理论家否认社会规则有力量控制个人的行为和思想，但同时他却肯定个人（例如，奴隶主）能够控制其他个人（例如，他们的奴隶）。然而极端理论家对为什么规则不能控制个人进行解释的观点也否定了个人控制其他个人的可能性。奴隶反抗、工人造反、被压迫者起义，没有任何事情能阻止这些情况发生。极端理论的观点迫使人们得出结论说主人不能对奴隶施加控制，老板控制不了工人，压迫者无法控制被压迫者。这些结论除了完全难以令人置信之外，也完全与批判法学极端理论家们的主张不一致。从被压迫者可以随时造反这一事实不能得出压迫者对被压迫者不实施控制的结论，而是说，这种控制不是绝对的。对于社会规则也得出完全同样的结论：规则可随时被抛弃这一事实并不表示它们没有控制，而仅仅表明这种控制不是绝对的。

极端理论的问题是要对社会生活中的限制和控制形成一个令人信服的说明，这个说明要表明为什么个人能够控制其他个人，而社会规则不能控制个人。我不相信可以形成这样一个说明。为了搞清楚形成这样一个说明的努力是如何被削弱，我们必须要转向极端理论与一个与之截然相反的社会理论共享的一个前提。

在社会理论范围内与极端理论相对立的一端，存在这样一种理论，它假定在众多个人，他们的行为、思想和相互关系之上存在着集体性实体。这些集体性实体被认为是组成社会现实的核心因素，而且有权对个人所为、所欲和所想加以控制。对于那些接受此类社会本体论的人们来讲，证明该理论真实性的决定性经验就是社会规则和角色行使限制的经验，这种经验不同于由特定个人所施加的限制经验。涂尔干（Durkheim）在他关于社会事实的存在和特点的主张中明确表达了这一观点："既然它们的主要特点是它们对个人意识施加压力的权力，那么结论就是，它们不源自于后者。"[36]

这一集体主义观点与批判法学极端理论的观点有如此明显的不同，但是它们共享着一个重要的前提，即如果由社会规则施加限制的经验，作为与由具体个人所施加的限制的对立物，不是一个幻想，那么社会必然是由集体性实体构成的。集体主义者们肯定前者；批判法学的极端理论家们否定后者。然而，这一前提是错误的。没有一个集体主义本体论，作为由特定个人施加限制的对立物，由规则施加限制是可能的。换而言之，涂尔干的推理不合乎逻辑。

为了表明确实如此，我们必须考察一下社会规则的性质。目的在于表明存在一个反集体主义的社会本体论，它能够充分解释由规则施加限制的经验，而且能够说明它有别于由特定个人施加限制的经验。为了阐述必需的社会规则，我将依据哈特关于社会规则的某些观念，这已经在第二章中考察过。哈特的描述对于当前的目标是有用的，因为它所使用的本体论是一个包含人类个人、他们的行为、他们的思想以及他们彼此之间相互关系的本体论，但却不包含任何涂尔干意义上的集体性实体。

回想一下哈特的描述，如果一个既定人口中的大多数人从

---

[36] Emile Durkheim, *The Rules of Sociological Method*, 8th ed., trans. S. A. Solovay and J. H. Mueller (New York：MacMillan, 1964), p. 101.

事行为 x，并且都采用批判的内在视角来看待从事行为 x 这件事，那么从事行为 x 这个社会规则就存在于这个既定人口当中。内在视角意味着有这样一个倾向，即不从事行为 x 被视为挨批评的理由。换种方式说，规则被认为有行为指导意义，而且当为规则所要求的行为未被履行时，人口中的任何人都把这种不履行看作是批评的依据。当然，这只是理论上的理想状态而已。在现实生活中，人们破坏规则的行为和一些人不接受适当的内在视角的行为，使规则的内在方面和外在方面都受到了重大削弱。不存在一个清楚的点，在这个点上社会规则就会消亡。社会现实并不如此。它没有鲜明界定的边界和分界限，但却不能因此而被从本体论的图谱中排除出去。

我们现在需要以一种并不与特定个人所施加的限制经验相冲突的方式来说明由规则行使限制的经验。尽管受限制的经验可能与各种各样的潜在的邪恶相连，但此处正在讨论的限制经验就是一个被他人批评对象的限制经验。人们倾向于不愿被批评。就人口当中的某一个人都可能成为批评对象而言，这个经验是由规则施加限制的经验，而不是由特定个人施加限制的经验。也就是说，我从事行为 x 以避免批评，这个批评不是来自特定的个人，而是来自可能发现我的行为的任何人，我的经验是受规则限制的经验。对担心受到一个特定的个人批评的主体来说，他的经验是由具体个人（或者一群身份明确的个人）所限制的经验。在这两种情况下，限制的经验都是真实的。而且，在两种情况下，只有具体的有血有肉的个人才能感受到后果。区别在于，在抽象层面，那些可能得到不受欢迎的后果的个人是被想象的；在规则的情况下，个人是从他们的特殊中抽象出来的；在具体个人的情况下，个人则不是如此。[37]

因此，规则行使限制的权力不是依赖于某些神秘的社会本体论，这些社会本体论认为，规则存在于柏拉图式的天堂中，它们有独立于具体个人世界的现实性。规则只能通过具体的个人才能行使它们的权力。但是当规则施加限制时，这些具体的个人是以一种从他们的特殊性中抽象出来的方式被看待的。

对规则实施限制现象的这一态度削弱了极端理论。这一态度如此理解规则，以使得规则对个人实施限制的机制与极端理论家们所承认的限制类型中运行的机制相同。这削弱了拯救极端理论的努力，这个努力论证说，设计用来表明由具体个人的限制是真实的，由社会规则的限制是虚幻的。鉴于抽象的力量，由特定个人所施加的限制的说明，都能够容易地转化为对社会规则所实施的限制的一个说明。

法律的结构

法治不仅要求社会规则应当能够对个人群体实施限制，也要求构成法律的规则群体应当具有某些客观结构。因此，艾伦·弗里曼（Alan Freeman）的评论就包含着某些真理："拯救法治观念的持续不断的冲动……在某种程度上必须把法律想象为一个具有客观指示结构的'东西'。"[38] 就弗里曼建议法治观念要求一个本体论，这

---

[37] 我由特定个人施加的限制和由规则施加的限制所得出的区别，在很大程度上以乔治·赫伯特·米德（George Herbert Mead）的被一般化的他者概念为基础。See Mead, *Mind, Self, and Society* (Chicago: University of Chicago Press, 1962), pp. 154~56.

[38] Alan Freeman, "Truth and Mystification in Legal Scholarship," *Yale Law Journal* 90 (1981): 1232.

个本体论将法律视为具有独立于人类个人思想和行为的现实（即作为一个"东西"）而言，正如我在前面的章节中希望表明的那样，他是错误的。但是，就他建议法治要求法律规则群体具有某种客观结构，而这种客观结构独立于任何特定的个人随意思考的规则组织方式这一点来说，他是对的。那么，是什么决定着法律原则的结构？我们根据什么可以说一个以一种极端不同的方式思考法律结构的人是错误的呢？

一组具有法律权威的规范结构在很大程度上是一个规约问题，同处于该群体中的任何一个具有法律权威的具体规范是一样的，正如某些规则具有法律权威，是因为在相关人群中大多数人传统地认为它们具有法律权威，并按照其具有法律权威来行为一样，这些规则的结构也是由这样的传统而决定的。正如一个特定的个人对某些规则是否具有法律权威可能认识错误一样，一个特定的个人对权威性规则的结构也可能有错误的认识。法律原则的结构，正如同它的内容一样，是一个相关人群中的大多数人传统上怎么看和怎么做的问题。

确定法律结构的相关人群是哪些呢？答案会因社会不同而有所不同。在当代自由主义社会中，法律官员是这一人群当中的重要部分，尽管有一些位置应该留给律师、警察、监狱长以及普通公民。在当代自由主义国家中，法律官员必须被放置在相关人群的重要位置上，这是因为，大多数人大多数时间里以行动和思考的方式创造出来的社会规则，给予这些法律官员在法律含义上以最终决定权。这些官员的决定通常——尽管并不总是这样——胜过普通公民、监狱长、警察和律师的说法。假如有一个社会规则建立公众法庭来对法律的含义做最终的判断，那么我们会有一个由不同的相关人群来确定法律原则的结构。但是，当代自由主义国家并不是按照这样的方式来运作的。

在我们的法律制度中，法律原则的结构并未得到完全精确的说明。对于构成原则不同组成部分的各种规则的相对中心地位问题，法律官员之间存在分歧。这种分歧导致不同的观点，导致下级法院裁决的撤销等。然而，这一分歧是在对原则结构达成实质性一致的背景下发生的。一个心理医生和他治疗的一个患者在治疗期间对他进行威胁，二者之间是否存在一种"特殊的关系"？法官可能持不同的意见。但是大多数法官同意，这个特殊关系规则相对于普通法的主要规则——对于一个没有契约援助义务或者法定援助义务的人不存在援助义务——来讲，仅是一个相对边缘性的例外规定而已。大多数法官在这点上赞同侵权法原理的结构，并不是因为这一结构具有与法官的思想和行为不同的某种本体论地位，恰恰相反，侵权法原理之所以具有那样的结构，只是因为法官们采用了推理和裁定的规约。

许多批判法学的作者愿意承认，在我们的法律制度中，法官和其他法律官员之间存在一个高度的一致性和可预测性。然而，他们认为，这种情况不能归因于法律的确定性，也不能归因于法律原则具有独立的结构，这一结构与任何特定个人所认为的方式不同。恰恰相反，批判法学的观点是，之所以有这种情况，是因为法官们往往会有类似的社会经济背景，因而会共享类似的政治和伦理立场。正是这些共享的背景性规范原则，而不是某些假定的客观原则结构，导致了一致性和可预测性。在这一点上，凯瑞斯（Kairys）写到：

我们的法官所共享的背景、社会化程度和经历……导致了他们对社会的和政治的冲突进行分类、处理和解决方式的明确模式。而且,在一个特定的历史背景下,某些规则和结果相对没有争议,并且可预测,这不是基于判决先例或者其他任何法律原则的缘故,而是因为上述背景中广为人们所共享的社会和政治假定的特点使然。[39]

约瑟夫·辛格(Joseph Singer)以一种类似的方式主张说,一套背景性规约,它赋予法律规范体系以充分的结构和确定性,从而使得它们能够对法律结果做出可靠的预言:"规约,而不是逻辑,告诉我们,法官不会解释说宪法要求社会主义。"[40]

作为对辛格主张的回应,约翰·斯蒂克(John Stick)认为,这些背景性规约是法律的组成部分,而不是像辛格所假定的那样,是由于法律本身具有一种不充分确定的结构,它们只是由法官引入的某些系列的外来因素。[41] 但是,为什么此类背景性规约是法律的组成部分呢?我阐述的法律本体论对这一理由的看法是,因为法律的内容和结构是由法律官员所接受的规约决定的。因此,法律的结构,不是客观上不可确定的,而是由规范决定的,而这些规范的权威性,如同所有的法律规范的权威性一样,最终植根于规约。

---

[39] Kairys, "Legal Reasoning", p. 15.

[40] Joseph Singer, "The Player and the Cards: Nihilism and Legal Theory," *Yale Law Journal* 94 (1984): 22.

[41] John Stick, "Can Nihilism Be Pragmatic?" *Harvard Law Review* 100 (1986): 354 ~ 55.

法律和政治

　　批判法学对前述观点的回答可能是这样的，即法律的确定性结构是以自由主义难以支付的代价——法律—政治的区分的瓦解——换来的。假如确定原则结构的背景性规范有阶级偏见或者是以其他方式不公平地抨击某些规范性概念，那么有争议的伦理或者政治信仰将会使法律推理受到不良影响，进而使得法律—政治的区分瓦解。批判法学的主张是：此类规范实际上不公平地抨击了某些观点，尤其是平等主义的观点。

　　注意，批判法学的这一观点把法律是否具有一个客观结构这个问题转换成了法律与政治之间是否有区分的问题。这个观点已经默认法律有一个客观的结构，继而认为，这一结构以一种不公平的方式在规范上具有倾向性，因此违反了法律—政治的区分。

　　然而，上述观点混淆了两个明显不同的问题。一个问题是，能否对那些在我们的政治领域内主张的规范性观点的实质价值不做新的评价的情况下进行法律推理？这是法律能否与政治保持分离这一问题的一个方面。另外一个完全不同的问题是，我们的政治是否不公平地抨击（或者赞成）某些规范性观点。批判法学的观点从我们的政治不公平地抨击某些规范性观点这一前提谬误地推导出法律和政治的分离不成立。即使承认这一不公平的指责，也得不出法律—政治的区分不成立的结论。

　　因此，让我们同意用那些构成原则结构的规约抨击平等主义观点。这也并不能得出，一个法官在对一个案件进行推理的过程中必须要对规范性观点做出任何新的评价，正是这些规范性观点彼此之间的冲突导致了这些规约的确立。法官的法律职责是接受规约并以此为起点进行法律推理，而不是对规约的价值以及对支持它们的价值观念重新评价。即使从对法律—政治区分最为严格的自由主义观点来说，如果法律推理能够在没有此类评价的情况下进行，法律—政治的区分依然成立。而且，作为一个概念问题，法律推理能否进行与政治是否有不公平偏见的问题不相干。

批判法学的学者们会迅速辩称，法官时常创造出构成原则结构（和内容）的规约。这就是"司法立法"，在批判法学看来，这完全违反了法律—政治的区分。

回应批判法学的这一主张，必须得说的是，任何允许我们的法律制度存在相当程度的不确定性的理论将承认，法官在作出判决的过程中有时超越了法律的指示，在这样做的过程中，他们依赖的是政治判断。在第二章中，我承认，我们的法律制度中存在相当程度的不确定性，而且也同意在判决某些案件的过程中，需要依赖于规范性的政治判断。然而，并不能由此即时地推理出批判法学认为法律—政治的区分在我们的法律制度中不存在的指责是正确的。规范性政治判断在法律推理中起作用这一假设前提自身并不能说明法律与政治之间没有真正的区分。这一推论之所以不成立是基于两个原因。第一，在绝大多数案件中，在没有对那些在政治领域内这一个或者那一个规范性观点的价值予以新的评价的情况下可以进行法律推理。第二，即使在那些法律无法规定一个确定的结果，而政治判断此时则起作用的案件中，法律推理可能仍被要求必须在许多的限制条件下来运作，这些限制条件能够清楚地把法律推理与政治领域内的各种观点区分开来。

在第二章中，我认为，在我们的法律文化中，处于支配地位的规约要求法律判决和法律推理应当与大量被习惯性地接受的判决、原则和规则保持最大程度的一致。绝大多数案件都受这一规约约束,基于此,法官做判决的风格是不做新的政治评价。判决通常以它与既定法律在逻辑上吻合为依据,而不是以它在政治或者道德上的公正为依据。

正如我在第二章中所论述的那样,处于支配地位的法律规约有时也会瓦解。然而,即使出现了这样的瓦解时,法官们也不能够随心所欲地作出他们认为具有最佳道德或者政治理由的判决。仍然存在一个有效运作的规约,它要求判决和支持判决的推理与既定法律的实质部分保持一致。确实,既然时常有许多互相竞争的潜在的判决原则与既定法律具有实质上的一致,这种支持性规约为政治判断留下了充足的空间。但是,法律推理仍然根据一个规约运作,这个规约要求法律推理与既定法律在实质意义上保持适合,即使在这些相对不受限制的条件下也是如此。法律推理总是根据一个"适合"要求运作:要么是根据占支配地位的规约所要求的"最大程度的适合"运作,要么是当占支配地位的规约失效时,根据"实质性适合"的要求运作。

另一方面,政治观点的运作没有适合的要求。它可以自由地援引和捍卫那些被证明与当前很多权威性规范相矛盾的原则,而法律推理的规约所允许的范围要少得多。而且,从这种观点中产生的立法可能要求对整个法律领域进行重要的重建,这种重建可能远远超出我们法律文化中法律推理要求的一致性。

因此,法律推理能够清楚地与政治或者意识形态争论的、相对不受限制的论证和思考特性模式区分开来。即使在法律不确定的情况下,法律推理仍然是在限制的条件下进行的,这一点可以把法律与政治领域内所发现的论证类型区别开来。尽管承认政治判断在法律推理中起一些作用,但是,法律与政治之间依然存在一个重大区别。[42]

批判法学的激进派反对这一主张,它认为,适合的要求并没有对法律推理强加真正的限制;任何规范都能像其他规范一样,可以被理解为与既定法律相适合。但是我们已经看到,这一观点是以站不住脚的语言和社会现实的概念为基础的。只要承认适合要求具有实效,那么就没有充分理由否认在我们政治文化中法律与政治之间存在一个真实的区分。

基本矛盾

在本章中,到目前为止,我已经论证了社会规则能够通过限制和引导行为和思想来控制权力;而且,自由主义国家的法律是一个具有客观结构、能够产生确定法律结果的规则体系。批判法学的激进派援引极端理论,否认与个人相对立的规则能够限制人的行为和思想,也否认法律具有任何客观的结构。我试图表明,极端理论依赖的是一个站不住脚的规则和社会事实概念,而且,一个有说服力的概念已经揭示法律具有一个客观的结构,也能够控制个人的行为。我也认为,在我们的政治文化中,法律与政治之间存在真正的区分,尽管必须承认的是,有些政治判断对法律推理会有某些渗透。但是批判法学的著作中还有一个思路认为,即使在这一点上承

---

[42] Cf. Kent Greenawalt, "Discretion and Judicial Decision: The Elusive Quest for the Fetters That Bind Judges," *Columbia Law Review* 75 (1975): 382.

认我的观点，但接受自由主义的我们应当依靠法律控制权力和保护民众免受压迫与迫害的主张仍可能是一个错误。这一思路是以邓肯·肯尼迪所述的"基本矛盾"为中心的。[43]

基本矛盾，正如肯尼迪的解释那样，涉及到一个自我和他人之间关系的不能解决的二难推理难题。这个难题围绕着下列事实展开，即个人为了确认他的身份和自我价值的感觉需要他人，但是，那些因此而被需要的他人与此同时却对个人的身份和自我价值的感觉构成威胁。对于个人所需要证实的一切，只有这些其他人才能够予以确认，但是，也正是这些人能够毁坏这一切。那么，个人面对的难题就是如何安排自己与他人之间的关系，以便获得他需要从他们那里获得的帮助而不必冒着他们不仅无法给予帮助，还将毁坏他需要加以证实的东西的不期风险。说个人与他人之间的关系受到基本矛盾的困扰，就是说存在这样一个二难难题，但对此却没有一个适当的解决办法。

正如不止一个评论者已经指出的那样，从逻辑的意义上，这一基本矛盾其实不是一个矛盾。[44] 声称一个人既需要他人，他人又构成对他的威胁，二者之间肯定不矛盾。声称对源自于有关自我与他人关系的这一双重事实的二难难题，没有适当的解决办法也不是矛盾的。有关基本矛盾的说法是由上述这两个完美一致结合的断言构成。从我们与他人的关系来讲"基本的二难难题"会少一些误

---

[43] Duncan Kennedy, "The Structure of Blackstone's Commentaries," *Buffalo Law Review* 28 (1979): 211~21.

[44] See, e. g., Phillip Johnson, "Do You Sincerely Want to Be Radical?" *Stanford Law Review* 36 (1984): 257, and Jeffrey Reiman, "Law, Rights, Community, and the Structure of Liberal Legal Justification," in *Justification*: *Nomos XXVIII*, ed. J. R. Pennock and J. W. Chapman (New York: New York University Press, 1986), pp. 190~91.

导，但是在这里我们不必纠缠于术语。

基本矛盾与法律是什么样的关联呢？肯尼迪声称，自由主义法律理论致力于这样的理念，即法治能够解决这一基本的二难难题："自由主义的（法律思想）模式最终依赖于法治对（基本矛盾）的调解。"[45] 据称法治通过把那些对个人有害的相互作用与那些对个人有益的相互作用分别开来，不允许前者而准许后者，以此完成这一调解或者解决这一难题。法律，如果能够适当地形成和组织的话，将能够保护个人免受威胁，同时也能使个人自由地参与到那些能够证实他对身份和自我价值感觉的关系当中来。

当然，肯尼迪和他的批判法学信徒们强烈地抨击法律能够解决基本矛盾这一观念。他们把这一抨击视为自由主义法律理论内部批评的组成部分，以此表明它无法满足它对自我设置的要求。因此，克莱尔·多尔顿说，自由主义的理论依赖于下述概念："对于什么是积极的和什么是消极的相互作用"，法律规则能够提供"清晰的指导方针"，而且能够"防止国家逾越它恰当的界限"。[46] 然而，由于"我们无法决定应当怎样设想人们之间的关系，应当怎样理解和管辖自我和他人之间的界限"，[47] 因而就无法提供此类规则。因此，"自由主义制度无法达到它对自己的期望。缺陷是根据内部标准而不是外部标准来衡量的"。[48] 紧跟自由主义内部的这一批评，多尔顿和她的批判法学同僚总结说，遵循自由主义的建议，依赖法治来限制和规制权力是一个错误。

---

[45] Kennedy, "Blackstone's Commentaries", p. 353.

[46] Clare Dalton, "An Essay in the Deconstruction of Contract Doctrine," *Yale Law Journal* 94 (1985):1006.

[47] Ibid.

[48] Ibid., 1006, n. 12.

批判法学抨击自由主义的观点，在很大程度上是一个稻草人观点，它以对两个完全不同主张的混淆为依据。一个主张是，法治能够解决我们与他人交往中的这个基本二难难题。也许还有一些自由主义的理论家们已经提出过这一主张，虽然我对此有些怀疑。但是即使有这样一个理论家，也没有理由把他对这个问题的观点看作自由主义法律理论的重要部分。最为彻底的自由主义理论所主张的，不是法治能够解决二难难题这一不可行的断言，而是一个完全不同的断言，即相比于可能使公共权力和私人权力不受法律的限制和规制的回应来说，法治的确立是对这个问题一个较好的回应方式。[49]

当然，法律是不能消除这种风险的，即在人们的相互交往关系中，一个人会发现他往往受到压制而不是得到肯定。当然，法律也不能保证只要法律得到遵守，个人就能够使自己只参与自我肯定的关系。不这样认为就是荒谬。但是围绕着法治是否能够实现这些目标，自由主义与批判法学之间的问题没有趣味。问题在于在处理迫害、偏见以及压制这些问题上，相比于其他的选择，法治是否是一个较好的方式。当法律力图规制和限制迫害、偏见和压制这些暴力时，在相当大的程度上，它或许真的不十分有效。可能其他一些控制方式会有更好的效果。我将在下面两个部分来探究这些问题。这里要说的是这些问题不是通过指出法律无力保证个人受到保护，免受他人的迫害，而他人可能会颠覆他对身份和自我价值的感觉来决定的。

---

[49] Cf. Don Herzog, "As Many as Six Impossible Things before Breakfast," *California Law Review* 75 (1987): 627.

抽象概念和法律

批判法学的作者们时常谴责法律把或者试图把人们看作抽象概念来对待。例如，卡尔·克拉尔（Karl Klare）声称，自由主义理论的"重大问题"之一就是"它的错误信念，即把个人视为一个抽象，脱离了他或者她的整个社会生活背景"。[50]

克拉尔观点的问题在于它完全忽略了这样的一个事实，即所有的社会规则都把个人看作抽象的。以抽象方式对待个人不仅可能，而且对人类社会生活来说也是必要的。有社会规则的地方，人们必须把自己以及他人看作是"不过是任何一个人"或者"一个不特别的人"，这是从萨特（Sartre）的暗示性术语中借用来的。[51] 这是因为规则要求行为模式应当足够地简单以至于能够（以一种相对简短的命令）为正常人所认知。假如没有行为模式，这只是理想，而不是规则。如果行为模式不可认知，对它们采取内在的批评态度就没有意义；也就是说，把规则看作具有行为指导就没有丝毫意义。如果存在一个能够为人口当中的绝大多数人所认知的具有行为指导的行为模式的话，那么此类模式必须以相对抽象的术语予以表达。这只是相关人

---

[50] Karl Klare, "Labor Law as Ideology," *Industrial Relations Law Journal* 4 (1981): 479. 据我所知，克拉尔此处的主张与他别处的主张——"法条主义必须被视为是人类的一个巨大成就"——完全不一致。Klare, "Law–Making as Praxis," *Telos* 40 (1979): 133. 如果根本不可能以抽取人们具体特性的方式来对待人们，那么法条主义是不可能实现的。而且，有关法条主义的主张与克拉尔努力证明法律—政治的区分是假的行为不一致。Klare, "The Law School Curriculum in the 1980's: What's left?" *Journal of Legal Education* 32 (1982): 339.

[51] See Peter Caws, *Sartre* (London: Routledge and Kegan Paul, 1979), pp. 24, 97, 110, 121, 198. Cf. Mead, *Mind, Self and Society*, pp. 154~56.

口中的人们必须从他们特殊性中抽象出来的另外一种表述方式而已：如果他们不能这样做，他们就不会有行为指导的规则。

或许克拉尔真正想说的是不能接受把个人看作一个抽象的人。这可以通过他援引浪漫的青年马克思的观点看得出来，马克思相信，以同样的方式对待不同的人在法律上必要，但在道德上则令人反感。[52] 但是，认为个人不应当从他们特殊中抽象出来的方式来对待这一观点是站不住脚的。这个观点要求相信所有的人类关系都应当被转化成为最深的亲密关系。只有这样一种亲密的关系才能完全克服把他人看作是抽象的倾向。实际上，基尔基格德（Kierkegaard）认为，只有个人与上帝的关系才可能彻底地把他从被当作是一个抽象的状态中解放出来；个人与他人之间的关系永远不可能亲密到这一点。

尽管我们不必像基尔基格德那样认为要抹去一个人与另外一个人的关系上最为抽象的痕迹需要一个极度的亲密程度。这样一种亲密程度是值得珍视的东西。然而，认为这必须是所有社会关系的模

---

[52] 克拉尔在写自由主义法律把人们作为抽象概念来对待时，他引用过马克思的观点。Klare, "Labor Law as Ideology," 479 n. 115. 此处引用青年马克思的极端反法律主义观点很难与克拉尔早期的主张——一个没有法律的社会就是"一个极具危险性的想象……它只会引起斯大林主义的独裁般的暴政"相一致。See Klare, "Law-Making as Praxis," p. 135.

彼得·加贝尔（Peter Gabel）在他关于法律未来的主张中也非常困惑。一方面，他倡导一场社会运动，该运动旨在"使法律的合法性统统丧失，这就是说，使——社会生活由虚假的观念创造出来，也由这一虚假的观念来实施——这一观念丧失合法性"。Gabel, "Reification in Legal Reasoning," *Research in Law and Sociology* 3 (1980)：46. 我认为，这一陈述反映了加贝尔下述观点：诸如法律和国家之类的术语并没有客观的指示物。但他在脚注中补充说，他有关法律合法性丧失的主张"不应当被看作暗示未来的社会可能是'没有法律的'更加人性化的社会"。他说，在一个诸如他所想象的社会中，可能会对"那些已被外在化并被表明是一个'宪政性'政治逐步形成一个临时性形式的道德合意"（50，n. 11），藉此来澄清这一点。从这些相当晦涩的主张中，我唯一能够得出来的解释就是，加贝尔相信在未来的社会中，可能有权威性的规范，但是这些权威性规范却不能为类似于哈特所主张的次要规则所识别、应用和改变，因此，这一形势在哈特看来，可能是前法律阶段。

式是荒谬的，而且，一个人不必是以一个自由的个人主义者来做出这一断言。即使在人类文化的最为共产主义的社会中依然要有社会规则，而且所有的社会规则都涉及把人们看作"任何人"，看作一些需要规则的抽象。简单地讲一个没有社会规则的文化是不存在的，而且即使有可能创造出一个这样的文化，也没有充分理由认为这种文化就是值得人类追求的。[53]

一些批判法学思想家们认为，这个问题本质上不是一个抽象的问题，而是一个法律，尤其是自由主义的法律在相对高的抽象水平上如何起作用的问题。是法律应当被取消，而不是所有的社会规则应当被取消的问题。[54] 克莱尔·多尔顿在描述她批评法律的目的过程中表达了这一思路："假如我们选择，想象一下，批评作为从我们面前把法律抽象清除的一个强有力的工具，我们的感知是根据这种抽象来进行的，留待我们的只是摸索。但是强迫我们运用可获

---

[53] 在所有的文化中所发现的规则这一断言不应当被误解为否认了人类学证据，即在所有的文化中，规则时常被歪曲、破坏以及规避。但是，人类社会总是有规则的，正如马林诺夫斯基表述的那样，规则"不能是僵硬的，既然它们担当的是张力减增的弹性力量"。See Malinowski, "Introduction," in *Law and Order in Polynesia*, ed. H. I. Hogbin (Hamden, Conn.: Shoe String Press, 1961), p. xxviii. 对于自由主义的观念——法律规则能够有效地保护人们免受压迫和不宽容——来讲，所有规则的弹性有着某些重要的涵义。见本章的最后一部分，"作为保护者的法律"。

[54] 并非所有的批判法学作者们都倡导放弃法律制度赞同运用非法律的社会规制模式。参见第57个注释。好几个批判法学的作者暗示，法律没有必要被抛弃以便能更好地为门外汉所理解，因此法律专家与门外汉之间的对比就能够被变得柔和起来。See Roberto Unger, *Critical Legal Studies*, p. 111; and William Simon, "The Ideology of Advocacy," *Wisconsin Law Review* 1978 (1978): 129~44. 这个暗示完全与自由主义法律理论的基本原则相一致。实际上，在这一问题上，批判法学的作者们可能会找到一个有益的支持者：伟大的自由主义者杰里米·边沁，他强烈地倡导重建英国的法律制度以极大地降低律师所扮演的角色。See Frederick Rosen, *Jeremy Bentham and Representative Democracy* (New York: Oxford University Press, 1983), p. 158.

得的其他决定方式。"[55] 我认为多尔顿的意思是抛弃法律本身，而不仅是抛弃当前起支配作用的具体法律范畴。

姑且承认，与其他社会规则相比，法律的特点是在一个高度抽象的水平上运作，至少在道德、宗教和政治多元化的自由主义社会中是如此。在那个抽象的层次上，法律经常把被看作是相关特定伦理体系、宗教教义或者政治道德的考量排除出去。假如不是这样的话，法律推理就不能彻底地与不受限制的道德探求和政治选择区分开。而且，自由主义法治概念要求公共权力和私人权力都应当受到规范的规制，而这些规范以一种常规的、可预测的方式普遍适用于任何情形。这再次要求，一个案件的某些方面根据可预测性故意被排除出去。假若制度不能预先假定所有的官员都共享同样一套背景性道德、宗教和政治观念，那么他们所制定的权威性规范就不能经常要求高度背景敏感的判断而不对法律的规范性、可预测性，甚至法律制度的稳定造成威胁。

因此，自由主义法律确实要求一个高度的抽象，它是在这个意义上，即它有时规定要有意识地排除一个案件中的某些特殊性，而一个人介入背景更加敏感的道德或政治考量时，这些特殊性对案件的判决都有关联。所以，自由主义法律应该承认，与敏感的背景性规范考量相比，法律推理是在一个相当高度抽象的层次上进行的。但是他会同意，鉴于道德、宗教和政治多元的背景，对与在一个相对高度的抽象层面上所进行的推理相一致来规制权力的制度，有两个很好的理由。其一，它采取一种允许我们避免在每一个冲突或争议发生时都重

---

[55] Clare Dalton, "Review of Kairys, The Politics of Law," *Harvard Woman's Law Journal* 6 (1983): 241.

新提出社会和人类生活的基本问题的视角。它把我们的精力从持续的道德和意识形态战斗中解放出来，使我们能够精力充沛地追逐其他目标：商业的、科学的、艺术的等。其二，法律的抽象能够在实质上有助于保护人们免受不宽容和偏见的迫害：当犹太人、黑人或者同性恋者被现存法律规则体系视为"任何人"的时候，他或者她会免受到不宽容和偏见倾向的迫害而得到保护，而不宽容和偏见在规制公共权力和私人权力更高的背景敏感程度模式中会有更大作用。让我们分析一下批判法学对于自由主义这些观点的回应吧。

在自由主义第一次为法律的抽象性进行辩护的过程中，批判法学的许多思想家们认为，自由主义有特点的一个努力是消解那些可以被用来重建社会的精力。自由主义的目标是把这些精力引导为私人的追求，从而使现有的权力和特权结构不受挑战。批评家们反对这一种引导，这不仅是因为他们发现当前的社会安排已经被非法权力和特权等级体制所败坏，而且也因为他们相信人类社会生活的最佳形式，借用昂格尔的话来讲，就是具有高度的可塑性（plasticity）的形式。[56] 现存的自由主义民主制度之所以受到谴责，因为它充满了压迫和统治，而且过度僵化，这些都被用来反对政治行动所具有的潜在改革效果。

在社会生活的基本条件应当向具有改革性政治行动开放，以及改革的精力应当被引导到政治或者非政治领域的意义上，这些问题属于把自由主义的政治道德同批判法学的政治道德区分开来的基本问题。我不想对这些问题所涉及的有关人类生活深远意义的问题进行深入研究。我把自己限于两个主要观点。

---

[56] Unger, *Social Theory*, p. 59.

首先，对于社会应当向政治改革开放到多大程度的推理要求对这种政治行动相对于其他人类努力的价值做出判断。有些自由主义者认为可以在相对价值这一问题上保持中立，但是他们错了。他们的特点是认为只要制度性安排为人们参与政治活动和非政治活动提供机会，把选择留给个人，那么在这些活动的价值问题上，这个制度就是价值中立的。但是，这一观点疏忽了重要的一点，即即使制度性安排为人们的选择提供机会，但不同系列的制度性安排为人们从事政治活动提供不同水平的动机。大致讲来，政治活动在政治中的分量越重要，根据一个既定的安排通过正常政治活动可以实现的可能性愈大，这个制度为人们参与政治活动所提供的动机也越大。

应当选择哪一套安排呢？是选择把很多重要问题都与政治隔离的自由主义民主制度这样的安排吗？还是选择在普通民主过程中来处理更多问题的赋权民主制度这样的安排呢？一个人对于政治活动价值的判断与他的选择密切相关；在其他各种因素都相同的情况下，一个人把政治活动的相对价值看得越高，他往往就越有理由选择此类安排，例如，赋权民主制，它为人们从事政治提供了更多的动力。昂格尔之所以认为赋权民主制度优于自由主义民主制度，部分原因在于他对政治活动相对价值的评价比自由主义者们通常对此的评价要高。而他之所以要高度评价赋权民主制度的价值，原因来自于他的这样一个观点：政治活动是人类展示他们具有超越背景能力活动的重要形式，他珍视人类的这一能力。

一般的自由主义者或多或少低估人类超越背景的能力，正如高斯顿（Galston）对昂格尔的批评充分明确地表达的那样，他也充分表达了对具有改革性政治内在价值的低估。昂格尔并不试图掩盖他超自由主义背后的价值判断;与他的自由主义同僚不同的是,高斯顿不试图掩盖他的自由主义背后互相竞争的判断。他们两个都认为,在人类活动不同形式的价值这个重要问题上,一个政治哲学无法保持价值中立,他们的理解是正确的。

我对政治活动价值的第二个观点是,那些认为使社会生活在实质上比政治活动更具可塑性的要求抛弃法律的批判法学的思想家们是错误的。认为任何法律制度必然使社会生活变得僵化,至少会像现存的自由民主制度中的法律所作的那样,是毫无依据的。正像昂格尔在表述赋权民主制原则的过程中所作的理解那样,批判法学的立场不应当是要取消所有的法律,而是要取消法律中那些使得社会生活条件过于僵化的因素。那些能够使社会生活更加适应政治活动的法律制度可能也需要包含一些权威性的规范,这些规范在非常高的抽象水平上表述出来。

自由主义赞成法律抽象性的第二个观点是,抽象性能够在实质上有助于保护人们免受某些相当程度的非法的社会敌视。法律的抽象性要求,官方的决策者不考虑一个人的特点,若不如此,将可能导致决策者基于不宽容或者偏见的动机作出决定。例如,一个犹太人因对方违反合同而获得损害赔偿时,合同法规则应禁止法官考虑他的宗教背景并由此做出对他不利的裁定。[57]

---

[57] 南希·罗森布拉姆(Nancy Rosenblum)已经很精细地捕捉到多元主义背景下抽象的法律概念一般价值:

一想起自我和他人,就好像只不过把他们看作是一些拥有权利的"人",这促进了那些支持公民社会和宪政民主的行为。自由主义要求人们应当对他们的个人判断和情感约束的整个范围和力量加以抑制。在一个异质社会中,合作依赖于间接性和公正。

Rosenblum, *Another Liberalism* (Cambridge: Harvard University Press, 1987), p. 161.

批判法学中那些鼓吹我们完全放弃法律的思想家们可能主张，法律规则往往无法有效地保护那些需要保护的人们。如果法律反犹太主义，那么它们将无法有效地保护犹太人；如果它们是种族主义的，那么它们将无法有效地保护黑人等。法律规则可能有一些权力限制个人的行为，但是，这个观点认为，它们往往缺乏对那些源自宗教偏见、种族仇恨等形式的行为进行有效限制的力量。因此，如果我们的目标是保护弱者、保护被歧视者以及深受压迫的被排斥者，那么我们就必须离开法律和法律制度。

批判法学式的这个观点包含着对法律促进社会正义的能力某些严重局限性的概括，自由主义法律哲学家们必须承认这些局限性。我将推后到本章的下一个部分来详细讨论这些局限性，并说明最彻底的自由主义理论版本如何对待这些局限性。让我们暂时承认法律无法有效保护那些需要保护的人们。两个直接的问题依然存在。是否有理由相信完全替代法律和法律制度的其他制度性安排会更加有效？是否有理由相信在一个道德、宗教和政治多元的既定背景之下，这些替代性制度安排实际上会加剧不宽容和压迫？

这两个问题会引起制度性安排之类的问题。在一个对善、权利、公正和神圣存在基本冲突的社会中，非法律的冲突解决模式和社会规制模式将怎样运作？上述这些模式怎样保护坚持大众所不喜欢的善或者神圣概念的那些人呢？一旦法律被抛弃，我们就会"摸索着寻找"答案，多尔顿对此的评论看起来已经表明她对什么是这些制度性问题的答案没有明确的想法，甚至连一个此类答案的梗概也没有，很难想象她如何得出结论认为取消法律是更为可取的选择。[58] 为什么不得出相反结论说假如法律被取消事情也同样糟糕？或者为什么不得出结论说事情可能会变得更加糟糕呢？为了使反律法主义的观点所做的不只是在僵局中获胜，这些问题就必须得到回答。

然而，反律法主义观点的主要问题，是它漠视了法律的贡献：法律能够克服不宽容和偏见。在下一个部分，我的目标就是展示这种贡献如何成为可能。

作为保护者的法律

在同霍雷肖（Horatio）的对话过程中，对于那些在法律中寻求保护以避免遭受不正义迫害的人们，哈姆雷特（Hamlet）不屑一顾。这两个人正在讨论被用来书写法律的羊皮纸的类型。

  哈姆雷特：难道羊皮纸不是由羊皮做的吗？
  霍雷肖：哎，大人，它也可以是由小牛皮做成的呀。
  哈姆雷特：他们是一群在那个东西中……寻求确信的羊和

---

[58] 批判理论家理查德·亚伯（Richard Abel）在得出以非正式的社会规制模式来取代法律是可取的结论的过程中，他比多尔顿更加谨慎。在列举正式的法律制度的一些优缺点，并暗示对于它们所做出的最终道德裁决也是不确定的之后，亚伯写到："假如形式主义（formalism）的资产负债表底线不确定，那么对非形式主义（informalism）的裁决也是如此，是不确定的，对此，我们更缺少经验。" See Abel, "Introduction," in *The Politics of Informal Justice*, ed. Abel (New York: Academic Press, 1982) vol. 1, p. 11. 亚伯继续提及了一些方法，而这些方法是非正式的制度为了倾向于加大压迫和不正当统治而采用的。

小牛呀。

(*Hamlet* 5.1.114~17)

那些依靠法律保护的人们,丝毫不知道极易遭受屠夫伤害的危险,实际上不就是羊和小牛吗?法律真的能够保护个人免受国家和个人之间的迫害吗?羊皮纸上的文字真的能够行使一种保护人们的权力吗?

如果法律仅仅是由羊皮纸上的刻印文字、纸张上面的文字所组成,那么它无疑缺乏这一权力。然而,我已经论证过,法律远不止这些。法律不仅仅,或者甚至不主要的是书写在羊皮纸和纸张上面的文字。它存在于人类心灵和行为当中。像社会现实的任何其他因素一样,它由特定的思维和行为模式所构成,而且同样地,它的确有对个人实施限制并且能够规制和限制人们的权力和行动的能力。诚然,我们仍然可以怀疑法律是否只是以那些自由主义传统视为极其重要的方式保护个人:保护人们免受宗教迫害、种族间彼此不容忍以及所有其他形式侵蚀社会的非理性的、不道德的仇恨和恐惧。法律规制商业交易、签订契约和土地买卖是一回事,在那里,法律能够作为一种调和工具来克服囚徒困境般的处境,也能够使所有的人都参与到更加有效地追求其目标的活动中来。自由主义法律传统肯定把这种调解作用视为法律的重要品德。但是,当法律碰到各种形式令人反感的歧视,非理性的恐惧以及人类曾经不幸地遭受的压迫性的不宽容时,它还能够限制和规制权力和行为吗?它能够限制宗教偏见或者种族仇恨的言论吗?它能够保护被排斥者、被鄙视者或者弱者吗?对于那些与查禁他们通讯、压迫他们人身的人持不同意见的人们,法律能够给予保护吗?

有一个观点值得我们认真考虑,这个观点主张,法律无法战胜人类趋向不宽容、压迫和迫害的冲动,这不是因为社会规则与生俱来就没有能力限制行为,而是因为此类冲动将把法律规制它们的正式努力淹没殆尽。至少,如果此类冲动像自由主义通常所认为的那么有力,那么这种冲动将会淹没法律。

这个观点有这样一个重要的真理因素,即考虑到自由主义对人类本性的描绘,法律将被证明不具有有效地限制人们的不宽容、压迫和迫害冲动的能力:法律规则和程序本身,作为与社会中强有力的规范和道德力量的对立物,没有能力战胜强烈要求压迫、迫害和羞辱弱势群体的欲望。或许有些自由主义者认为,法律自身可以中和习俗和文化的力量,但他们错了。假如一个社会沸腾着一股根深蒂固的、普遍的、狂暴的反犹太主义的情绪,那么运用法治有效地防止虐待犹太人就是不可能的。较为可能的是,会有一些法律准许这种虐待,而且/或者,存在某些非正式的机制,对那些以某种法律所禁止或者未经法律认可赋权的方式迫害犹太人的任何人予以保护。如果法律规则必须单枪匹马对抗那些在一个文化中起作用的强有力的非法律规范,那么它们无法完成限制权力的压迫性行使这一任务。它们至少需要从某些其他社会规范上得到援助。当然,在额外的辅助性规范当中,尽管必须有一种规范要求对法治本身的尊重,但是,面对强有力的对抗规范,所需要的远远不止这一点。

或许对我在这里所倡导的一般观点的最为著名支持者就是托克维尔(Tocqueville)了。在考察完美国的文化和法律之后,他总结说:"英裔美国人的法律和习俗因此是他们之所以伟大的特殊而又主要的原因。"[59] 但是，托克维尔很快又修正了他的主张，他明确无误地表示相信，我们的习俗比我们的法律重要得多，我们的习俗会击败那些与它们基本目标相背的任何法律的运作：

> 我确信，最佳的地理位置和可能最好的法律，没有一国习俗的支持也不能维护一个政体；但后者却能减缓最不利的地理位置和最坏法律的影响。习俗的这种重要性，是研究和经验不断提醒我们注意的一项普遍真理。[60]

自然，并非所有的自由主义者都会像托克维尔走得那样远，认为非法律的社会规则的重要性是首位的，而法律的重要性则是次要的。近来一个关于托克维尔的阐述者甚至认为托克维尔的自由主义版本的特征是"奇怪的"，部分原因是这个法国思想家认为非法律的社会规则具有压倒一切的重要性。[61] 但是，任何一个相信法律规则可以在其他相关社会规范与之对抗的情况下单凭自身就能够有效地发挥作用的自由主义者已经极力地夸大了法律的力量。最彻底的自由主义法律哲学版本能够而且也应当允许这样的观念，即非法律的社会规范经常能够击败正式法律规则和程序

---

[59] Alexis de Tocqueville, *Democracy in America* (New York: Vintage, 1945), vol. 1, p. 332.

[60] Ibid., p. 334.

[61] Roger Boescher, *The Strange Liberalism of Alexis de Tocqueville* (Ithaca, N. Y.: Cornell University Press, 1987), pp. 177~85.

的运作。[62]

与为了有效地保护人们免受不宽容、偏见和压迫的迫害，法律需要其他社会规范的协助这一历史上就存在的没有什么特别之处的主张相比，自由主义法律哲学家们可以阐述得更深入一些。他们同意像戴维·特鲁比克（David Trubek）这样的批判理论家的主张，他认为对于那些植根于我们政治思想传统中的实现所有人的平等和自由理想，当代自由主义民主制度远未达到。而且他们可以同意与特鲁比克一道拒绝接受"这样的错觉——只是法律和法律制度的改变——没有社会其他方面的改变——就能够解决紧张关系或者消除两者之间的距离"，这种紧张关系或者距离产生于我们的政治理想和政治观念之间深刻的差距。[63] 它与最彻底的自由主义法律理论版本的主张，即在当代自由民主制度中，存在许多深刻的不公正，单凭法律手段无法根除完全一致。然而，自由主义法学家可能而且应当强调，此类的不公正没有法律的协助，也不可能以任何安全可靠和持久的方式被消除。

假如反对法律能够有效地保护人们免受不宽容和压迫的冲动的观点与最彻底的自由主义法律版本结合到一起，那么它必然断言，法律规则在以下意义上要么多余，要么无用：法律规则限制压迫性

---

[62] 欧文·菲斯（Owen Fiss），一位当代自由主义法学家，他坚持认为，如果法律在没有得到一般文化组成部分的诸多规范的协助，它就无法履行自由主义赋予它的保护民众的职责。他写到："在一个规模较大的社会中，法律已经遭到了公共价值观念瓦解的威胁……为了挽救法律，我们必须站在法律之外看待法律。" Fiss, "The Death of Law?" *Cornell Law Review* 72 (1986): 14. 无论菲斯的观点——法律正在遭受威胁——正确还是错误，很清楚，他懂得法律依赖于其他文化。他也知晓这种依赖是相互的，这一点是任何一个自由主义法律家都不应该忽视的。See "The Death of Law?" p. 15.

[63] David Trubek, "Complexity and Contradiction in the Legal Order: Balbus and the Challenge of Critical Social Thought about Law," *Law and Society Review* 11 (1977): 545.

冲动只有在它们不被需要时才起作用,因为其他社会规范也会发挥作用,当其他社会规范不具有充分的强制力而需要法律规则时,法律规则又一点作用没有。然而,这一看法因几个原因所以是不合情理的。

一旦承认社会规则能够限制行为,那么就没有理由认为法律规则无力行使某些独立的限制性影响。一旦认可这一独立的影响,那么就没有理由否认法律规则能够在制止压迫性权力方面做出的贡献。

法律规则除了行使它们自身的权力之外,它们还能够与其他的社会规则相互作用,并且有助于改变这些社会规范。法律可以成为能够创造出更深入地灌输宽容和相互尊重精神的文化过程的组成部分。或许该过程的最好目标就是这样一种局面,在那里,法律反对权力的压制性倾向和行使已多余。或许这一目标只是一个不切实际的幻想而已。但是即使它不是幻想,即使有朝一日会实现这一目标,就当前以及可预测的将来而言,我们仍然处于并且还将处于一个法律绝非一个赘物的阶段。[64]

在批评自由主义法律哲学的过程中,罗伯特·戈登反对"一种规则拜物主义,它假定拯救只能通过规则来实现,而不是通过规则

---

[64] 许多少数派的法律学者虽然欢迎批判法学对在当代自由主义民主社会中普遍存在的种族主义、男性至上主义以及经济剥削现象加以批评,但是,他们拒绝接受批判法学的激进观点——法律权利和规则并不能为个人提供真正的保护,因此应当被抛弃,这十分有启发性。理查德·德尔加多将批判法学对权利和规则的抨击描述为是"批判法学计划当中最成问题的方面"。Delgado, "The Ethereal Scholar: Does Critical Legal Studies Have What Minorities Want?" *Harvard Civil Rights – Civil Liberties Law Review* 22 (1987): 304. See also Patricia Williams, "Alchemical Notes: Reconstructing Ideals from Deconstructed Rights," *Harvard Civil Rights – Civil Liberties Law Review* 22 (1987): 423~24.

制定者们试图将之象征化和明确化的社会实践来实现"。[65] 现在应该清楚的是，在这一点上，戈登对自由主义的批评依据的是几个错误的观念。第一，自由主义理论未许诺通过法律规则的拯救；它所许诺的是，一个有法律的社会比一个抛弃了法律的社会能够更好地履行保护民众免受不宽容、偏见和压迫的职责。第二，戈登提出了一个错误的二分法：保护必须要么通过规则（他大概想到的是法律规则），要么通过种种非法律的社会实践来完成。最彻底的自由主义理论版本拒绝接受这种二分法，而且认为，保护民众免受不宽容、偏见以及压迫的迫害，就应当既要求法律规则，也应当要求至少某些补充性的社会实践。

莫顿·霍维茨（Morton Horwitz）正确地指出，法治不仅能够对权力的压制性和误导性运用加以限制，也能够约束权力的仁慈和有益的运用。[66] 那么，法治是否应当受到珍视，这应该依是否有更大的需求要通过法治限制人们的不宽容和压制性冲动而定，或者有更大的需求从法治的限制中解放宽容和仁慈的冲动的需要而定。我相信，对于这一问题，并没有一个先验（Priori）的答案。就此而言，霍维茨说把法治描述为一个"绝对的人性的善"，一个由汤姆森描述的特征,[67] 就是一个错误，在这一点上，他是完全正确的。然而，过去好几个世纪的迫害、偏见以及不宽容的这段令人遗憾的人类历史迫使我们得出了一个不可避免的结论：在民族国家的背景

---

[65] Robert Gordon, "Unfreezing Legal Reality: Critical Approaches to Law," *Florida State Law Review* 15 (1987): 219.

[66] Morton Horwitz, "The Rule of Law: An Unqualified Human Good?" *Yale Law Journal* 86 (1977): 566.

[67] Ibid. See E. P. Thompson, *Whigs and Hunters: The Origins of the Black Act* (New York: Pantheon, 1975), p. 266.

下，在可预知的未来，以合法性要求限制不宽容和压迫冲动的需要将继续远远大于把宽容和仁慈从法治的限制当中解放出来的需要。[68]

毫无疑问，自由主义传统中有许多因素夸大了法律独自能够给予当代自由主义社会其所具有的人道和宽容程度的范围。毫无疑问，自由主义传统中有许多因素夸大了法律能够如其所愿地对抗一个文化所具有的、不易改变的习俗和传统的力量。我们应当有智慧地牢记托克维尔关于法律失败的教训，即在一个文化场景中，法律曾试图运作以对抗普遍的、根深蒂固的社会规范，其结果是，法律失败了。但是不认真地考虑法律所提供的保护，只简单地把它们视为多余的或者无用的而加以处理，同样也是错误的。在法律因从文化的其他部分所接受到的支持不充分因而无用的区域与法律因文化的其他部分提供了所有的我们能合理地要求的保护因而是多余的区域之间，有一个非常宽阔的区域。恰是在该区域边界之内，法律能够而且的确能够起重要作用。恰是在该区域边界之内，法律权利能够而且确实能够起作用以保护民众免受不宽容、偏见和压迫这些罪恶的迫害。这就是法哲学中自由主义传统的核心所在。它是一个值得我们效忠的传统。

---

[68] 当唐·赫佐格（Don Herzog）辛辣地写到："没有人曾害怕过法治会阻止权力的仁慈行使：国家工作人员几乎很难坦然自若地等着为我们做些令人满意的善行。哎呀，法律禁止他们这样做。"他极端地夸大了自由主义的情形。See Herzog, "As Many as Six Impossible Things Before Breakfast," p. 619. 赫佐格的声明表明他对20世纪法理学许多重要议题之一的忽略，即行政性管理——福利国家与法治是否协调一致？参见第二章。当然，批判法学理论家们可能并不试图证明福利国家就是一种善的手段。然而许多自由主义者可能会试图证明，福利国家就是一种善的手段，而且肯定这样做的人应当带着几分小心来诉说下列主张：遵守法治可能致使福利国家的活动陷入瘫痪，即使这些自由主义者并没有得出结论说这一主张就是正确的。

索引

abel, Richard, 理查德·亚伯, 第196页注释

abortion, 堕胎, 69, 84, 172

abstraction, 抽象

 as essential to liberal law, 对自由主义法律而言是必要的~, 192~93

 as essential to rules, 对规则而言是必要的~, 180~81, 189~90

Ackerman, Bruce, 布鲁斯·阿克曼, 7, 第75页注释

administrative – regulatory state, 行政—规制国家

 and legal realism, ~和法律现实主义, 154;

 and rule of law, ~和法治, 第51页及以下, 第201页注释

altruism, 利他主义, 109, 111~17, 120页及以下

antinomianism, 反律法主义, 100~102, 196; see also informalism, 也可参见非形式主义

antinomy, 矛盾

 of legislation, 立法的~, 59, 69, 71, 77

 of rules and values, 规则和价值的~, 59, 69, 71, 77, 80

---

* 索引中的页码采用的是原文书的页码, 即本书边码。——编者注

252 批判法学

anti-Semitism, 反犹太主义, 195, 197

Aristotle, on rule of law, 亚里士多德论法治, 22~23, 25

Autonomy, 自治; See freedom, 参见自由

Bartlett, Willard, 威拉德·巴特利特, 44

Benhabib, Seyla, 塞拉·本哈比, 第93页注释

Bentham, Jeremy, 杰里米·边沁
    on lawyers, ~论法学家, 第191页注释
    on rule of law, ~论法治, 22

Bingham, Joseph, 约瑟夫·宾厄姆, 第153页注释

Black, Hugo, 雨果·布莱克, 65

Blackmun, Harry, 哈里·布莱克蒙, 第44页注释

Bowers v. Hardwick, 鲍尔斯诉哈德威克案, 第44页注释

Boyle, James, 詹姆斯·博伊尔
    on law-politics distinction, ~论法律—政治的区分, 79~80
    on meaning, ~论含义, 58, 97
    on neutrality, ~论中立, 58

Boys Market v. Retail Clerk's Union, 博伊斯市场诉零售职工工会案, 64~65, 84, 88

Brandt, Richard, 理查德·勃兰特, 第74页注释

Brennan, William 威廉·布伦南, 64~65, 88

Brest, Paul, 保罗·布雷斯特, 第91页注释

Brink, David, 戴维·布林克, 第34页注释

Brosnan, Donald, 唐纳德·布罗斯南, 第21页注释

Burger, Warren, 沃伦·伯格, 第44页注释

Cardozo, Benjamin, 本杰明·卡多佐, 43~45, 49, 96

Carrington, Paul, 保罗·卡林顿, 第9页注释

Coleman, Jules, 朱尔斯·科尔曼, 第39页注释

community, 团体, 16~18

compromise, 妥协
    and liberal state, ~与自由主义

国家, 5, 26, 71~72, 83, 85, 87~88, 100, 102, 145~47

 and political neutrality, ~与政治中立性, 76

 and rights, ~与权利, 72, 83

Constant, Benjamin, 本杰明·贡斯当, 22, 68

Critical Legal Studies (CLS), 批判法学

 charges of totalitarianism against, 极权主义指控~, 16~18

 and instrumentalist view of rules, ~与规则的工具主义观, 151~52

 and law – politics distinction, ~与法律—政治区分, 14~15, 第79页及以下, 第98页及以下, 184~86

 on liberalism as incoherent, ~论自由主义的法律是不一致的, 3~4, 第57页及以下

 major theoretical aim of, ~的主要理论目标, 3, 5, 19~21, 138

 on rule of law as myth, ~论作为神话的法治, 10, 13, 第52页注释

Dalton, Clare 克莱尔·多尔顿

 on doctrinal inconsistencies, ~论原则性的不一致, 119

 on elimination of law, ~论法律的消亡, 191~92, 196

 on fundamental contradiction, ~论基本矛盾, 188

 on meaning of legal categories, ~论法律范畴的含义, 第19页注释, 58, 91

Daniels, Norman, 诺曼·丹尼尔, 第74页注释

deconstructionism, 解构主义, 19, 20, 68, 93, 95, 169

Delgado, Richard, 理查德·德尔加多, 第200页注释

Dicey, A. V., 阿尔波特·恩·戴雪, 52~53

duck – rabbit thesis, 鸭子—兔子命题 105~6, 120~21, 第130页及以下, 142

due process, 正当程序, 26, 28, 第42页注释, 54

Duhem, Pierre, 皮埃尔·迪昂,

94~95

Dummet, Michael, 迈克尔·达米特, 94~95

Durkheim, Emile, 爱弥尔·涂尔干, 179

duty to aid a stranger, 帮助陌生人的义务, 128

and truncation thesis, ~与帮助陌生人的义务和剪裁命题, 145

Dworkin, Ronald, 罗纳德·德沃金, 7, 68

 on CLS, ~论批判法学, 7

 criticisms of Hutchinson, ~对哈钦森的批判, 125~27, 130

 on general theory of interpretation, ~论解释的一般理论, 第35页注释, 46

 on hard cases, ~论疑难案件, 35~36, 38, 45~46, 77

 on integrity, 37, ~论一致性, 146~47

 on law–politics distinction, ~论法律—政治的区分, 37, 89

 on legal principles, ~论法律原则, 35, 41, 53

 on rule of law, ~论法治, 12, 30, 37, 52, 89

 and soft conventionalism, ~与柔性规约主义, 第47页注释

 and truncation thesis, ~与剪裁命题, 145~47

Dworkinite legal reasoning 德沃金式的法律推理

 criticisms of, ~的批判, 42~44

 and law–politics distinction, ~与法律—政治的区分, 50~51

 role of in our legal culture, ~在我们法律文化中的地位, 45, 47~49

Edgerton, Robert, 罗伯特·埃杰顿, 113, 115, 第149页注释

epistemological neutrality, 认识论上的中立性, 73~75, 78

equal protection doctrine, 平等保护原则, 142~45

equality under law, 法律面前的平等, 22, 第23页注释

Escola v. Coca–Cola Bottling Co., 埃斯科落诉可口可乐灌装公司案, 第45页注释

Ewald, William, 威廉·埃瓦尔德,

第 8 页注释

fair notice，公正告知，23~24，107~8，112

Feinberg, Joel，乔尔·范伯格，第17页注释，68

fetishism，拜物主义，16，200

Fish, Stanley，斯坦利·菲什，第81页注释

Fiss, Owen，欧文·菲斯，第81页注释，第198页注释

Form, problem of，形式问题，106~7

Foucault, Michel，米歇尔·福柯，92

Frank, Jerome，杰罗姆·弗兰克，153

freedom 自由

and CLS，~与批判法学，16~18

as constraint on politics，对政治施加约束的~，75~76，83

and neutrality，~与中立，73

and pluralism，~与多元主义，13

problem of，~问题，62，82

and state，~与国家，23

Freeman, Alan，艾伦·弗里曼，7，181

Fried, Charles，查尔斯·弗里德，135~37

Fuller, Lon, on rule of law，隆·富勒论法治，12

functionalism，功能主义，150，157

fundamental contradiction，基本矛盾

defined，确定的~，187

and rule of law，~与法治，188

Gabel, Peter，彼得·加贝尔

on future of law，~论法律的未来，第190页注释

and Ultra-theory，~与极端理论，164，167

Galston, William，威廉·高斯顿

criticisms of Unger，~对昂格尔的批判，161~62

on politics，~论政治，194

Gordon, Robert，罗伯特·戈登

on rule fetishism，~论规则拜物主义，200

and ultra-theory，~与极端理论，164，168

Greenawalt, Kent，肯特·格里纳沃

尔特，第 48 页注释

Hamlet，哈姆雷特，196

Hare, R. M.，R·M·黑尔，第 74 页注释

Harries, Karsten，卡斯腾·哈里斯，第 17 页注释

Hart, H. L. A.，H·L·A·哈特
    on hard cases，~论疑难案件，34~35，77
    on legal indeterminacy，~论法律不确定性，29~30，32~34，50；
    on nature of law，~论法的性质，32
    on rule of law，~论法治，29~30，52，77，89
    on social rules，~论社会规则，31，80~81，179~80

Hayek, Friedrich，弗里德里希·奥古斯特·冯·哈耶克
    on administrative-regulatory state，~论行政规制国家，28~30，55~56
    on rule of law，~论法治，11

Herzog, Don，唐·赫佐格，第 94 页注释，第 201 页注释

Hobbes, Thomas，托马斯·霍布斯，第 153 页注释

Hobhouse, L. T.，on rule of law，L·T·罗纳德·特劳里妮·霍布豪斯论法治，11

Horwitz, Morton，莫顿·霍维茨，200

Humboldt, Wilhelm von，威廉·冯·胡姆博尔特，68

Hunt, Alan，艾伦·亨特，99，第 155 页注释

Hurley v. Eddingfield，赫尔利诉埃丁菲尔德案，86

Hutchinson, Allan，阿伦·哈钦森，123~26

individualism，个人主义，109~17，120 页及以下；and pluralism，与多元主义，115

informalism，非形式主义，第 196 页注释；See also antinomianism，也可见反律法主义

intelligible essences，可理解的本质，63，68，97

intolerance，不宽容；参见 oppression

iron law of oligarchy，寡头政治的铁律，157

Kairys, David，戴维·凯瑞斯
 on law as oppressive，~论作为压迫性的法律，15
 on predictability in law，~论法律的可预测性，183
 on stare decisis，~论遵循先例，152

Kelman, Mark，马克·凯尔曼
 on criminal law，~论刑事法律，121
 criticism of Unger，~对昂格尔的批判，70~71
 on "Form and Substance"，~论"形式和实质"，111 页及以下
 on neutrality，~论中立性，58，102

Kelsen, Hans，汉斯·凯尔森，第 48 页注释

Kennedy, Duncan，邓肯·肯尼迪
 on doctrinal structure，~论原则性的结构，131~32
 on fundamental contradiction，~论基本矛盾，187~88
 on legal indeterminacy，~论法律的不确定性，15
 on legal reasoning，~论法律推理，14
 and patchwork thesis，~与拼凑命题，120~21，127~28
 on rights，~论权利，14，18
 on rules and standards，~论规则和标准，106~17，120~21
 and ultra-theory，~与极端理论，164

Kierkegaard, Soren，索伦·基尔基格德，191

Kirchheimer, Otto，奥托·柯基黑莫，第 28 页注释

Klare, Karl，卡尔·克拉尔
 on abstraction，~论抽象性，189~90
 on legal indeterminacy，~论法律的不确定性，15
 on legal reasoning，~论法律推理，14

language, 语言
  holistic view of, ~整体观, 95
  network view of, ~网络观, 94~96
Larmore, Charles, 查尔斯·拉莫尔, 75
law-and-society movement, 法律和社会运动, 512
legal accountability, 法律责任, 23~25
legal authority, 法律权威, 30~31, 38~39, 181~82
legal formalism, 法律形式主义, 79页及以下, 第196页注释
legal neutrality, 法律的中立性, 76~77, 79页及以下
legal realism, 法律现实主义, 19, 31, 78, 109~10, 152
  and administrative-regulatory state, ~与行政—规制国家, 154
  and rule of law, ~与法治, 154
  and rule skepticism, ~与规则怀疑主义, 152~54, 164
  and ultra-theory ~与极端理论, 164, 167
legal rules, as overinclusive and underinclusive, 作为过度包容和包容不足的法律规则, 108; 也可见规则
legal standards, as subject to abuse, 易遭滥用的法律标准, 108
legalism, 法条主义, 100, 第101页注释, 第189页注释
liberal democracy, 自由主义的民主
  CLS critique of, 批判法学对~的批判, 171~72, 193
  as nonneutral, 非中立的~, 193~94
liberal rule of law, 自由主义的法治
  and current legal categories, ~与当前的法律范畴, 第102页注释
  defined, 限定的~, 57
  generic model of, ~的普遍模式, 第22页及以下, 51, 89~90
  and law-politics distinction, ~与法律—政治的区分, 13~14, 50~51, 89~90, 184~86
  and legal indeterminacy, ~与法律的不确定性, 29~31, 48~49

limits of，~的局限性，85

and radical indeterminacy，~ 与极端不确定性，92~94，98

liberal theory, soundest version of，自由主义理论的最为健全版本，75，175，189，195，198~200

Llewellyn, Karl，卡尔·卢埃林，152~53，第178页注释

Locke, John, on rule of law，约翰·洛克论法治，10，22

Lynd, Staughton，斯托顿·林德，第155页注释

MacPherson v. Buick，麦克弗森诉别克案，43~44，49

Madison, James，詹姆斯·麦迪逊，76

Malinowski, Bronislaw，布罗尼斯卡斯帕·马林诺夫斯基，150~51，162，第192页注释

Martin v. Herzog，马丁诉赫佐格案，96

Marx, Karl，卡尔·马克思，190

Marxism，马克思主义，150，157~59

maximum - coherence convention，最大限度一致性规约，41，45~47，119

and law - politics distinction，~ 与法律—政治的区分，50，89~90，185

and legal indeterminacy，~ 与法律的不确定性，48~49

Mead, George Herbert，乔治·赫伯特·米德，第180页注释

meaning 含义；See language，参见语言

Mensch, Elizabeth，伊丽莎白·曼赛奇，7

Michelman, Frank，弗兰克·米歇尔曼，第30页注释

Michels, Robert，罗伯特·米歇尔斯，157

Mill, John Stuart，约翰斯图尔特·密尔，68

Montgomery v. National Convoy & Trucking Co.，蒙哥马利诉国家护运和货运公司案，第128页注释

moral truth，道德真实，72

Munger, Frank，弗兰克·芒格，第21页注释

nation-state, 民族—国家, 101~2

naturalistic thesis, 自然主义命题
  criticized, 受批判的~, 161~64
  defined, 限定的~, 155

Neumann, Franz, 弗朗兹·诺伊曼
  on legal accountability, ~论法律责任, 24~25
  on rule of law, ~论法治, 第28页注释

neutrality, 中立性
  in liberal theory, 自由主义理论中的~, 4, 第57页及以下, 68, 193~94
  See also epistemological neutrality, 也可参见认识论上的~
  legal neutrality, 法律~
  political neutrality, 政治~
  rights neutrality, 权利~

Nietzsche, Friedrich, 弗里德里希·尼采, 68

Norris–LaGuardia Act, 诺里斯—拉瓜迪亚法案, 64~65, 84, 88

oppression, 压迫
  law as ineffective against, 法律在反抗~方面是无效的, 3, 5~6, 195~99
  law as instrument of, 作为~工具的法律, 15~16, 193
  law as protection against, 作为保护民众免受~的法律, 6, 199~201; See also anti–Semetism, 也可参见反犹太主义; racism 种族主义

order, problem of, 秩序问题, 62, 82

patchwork thesis, 拼凑命题, 4~5, 105~6, 142
  defined, 限定的~, 117
  flaw in CLS argument for, 批判法学主张~的瑕疵, 126~30, 139
  and liberalism, ~与自由主义, 118~19
  and rules v. stardards, ~与规则对标准, 121~23

Peller, Gary, 加里·佩勒
  on law–politics distinction, ~论法律—政治的区分, 98~99
  on meaning of legal rules, ~论法

律规则的含义, 58

on neutrality, ~论中立性, 58, 98~101

on radical indeterminacy, ~论极端不确定性, 92~96

Pennock, J. Roland, J·洛兰德·彭诺克, 52

plain meaning, theory of, 平白含义理论, 62~63

Plato, on the rule of law, 柏拉图论法治, 22~23, 25

pluralism, 多元主义

and Dworkin's theory, ~与德沃金的理论, 36

and liberal state, ~与自由主义国家, 5, 69, 72, 146~47, 192, 第195页注释

limits of, ~的局限性, 85

political neutrality, 政治中立性, 70~71, 76, 77, 82~83, 87

precedent, doctrine of, 先例原则; See stare decisis, 参见遵循先例

Quine, W. V. O., 奎因, 94~95, 97

racism, 种族主义, 195, 197

radical indeterminacy, 极端不确定性, 91~98, 168~69

Rawls, John, 约翰·罗尔斯, 7, 68, 75

Raz, Joseph, 约瑟夫·拉兹

criticism of Hayek, ~对哈耶克的批判, 55

on the good, ~论善, 第75页注释

on the rule of law, ~论法治, 11

reflective equilibrium, 反思平衡, 74

reification, 具体化, 168

relativism, 相对主义, 93

right-answer thesis, 正确答案命题, 第30页注释, 48

rights, 权利

CLS critique of, 批判法学对~的批判, 14, 18, 78, 170, 175~76, 第200页注释

and compromise, ~与妥协, 72

as constraints on politics, 作为对政治加以约束的~, 25, 73, 75, 173

in hard cases, 疑难案件中的~, 36

and law – political distinction, ~与法律—政治的区分, 175

and property, ~与财产, 170~71, 174

and utilitarianism, ~与功利主义, 第 73 页注释

rights neutrality, 权利中立性, 73, 78, 83

Rosenblum, Nancy, 南希·罗森布拉姆, 第 195 页注释

Rostow, W. W., W·W·罗斯托, 第 159 页注释

rule conception of society, 社会规则概念, 150~52

rule of recognition, 承认规则, 32, 81

rule skepticism, 规则怀疑主义, 152~55, 164

    and rule of law, ~与法治, 153~54

rules, 规则

    and abstraction, ~与抽象, 180~81, 189~90

    constraint exercised by, 由~行使的约束限制, 180~81

    as elastic, 有弹性的~, 第 191 页注释

    Hart's theory of, 哈特的~理论, 31, 179~80

    instrumentalist view of, 工具主义~观, 151~53

    moderate realist view of, 温和的现实主义的~观, 152~53

    and standards, ~与标准, 107 页及以下。See also antinomy: of rules and values, 也可参见~和价值的矛盾

legal rules, 法律~

secondary rules of meaning, 含义的次要~

rules of adjudication, 裁判~, 32

Sartorius, Rolf, 罗尔夫·萨特里厄斯

    and law-politics distinction, ~与法律—政治的区分, 第 41 页注释

    and legal principles, ~与法律原则, 40~41

    and maximum – coherence convention, ~与最大限度一致性的规约, 40~42

Sartre, Jean Paul, 吉恩·保罗·萨特, 190

Schlegel, John, 约翰·施莱格尔, 7

secondary rules of meaning, 含义的次要规则, 第81页及以下, 91~92

Seron, Carroll, 卡罗尔·赛罗恩, 第21页注释

settled law, defined, 被限定的既定法律, 35

Shklar, Judith, 朱迪思·什科拉, 第101页注释

Simon, William, 威廉·西蒙, 第191页注释

Sinclair Refining Co. v. Atkinson, 辛克莱冶炼厂诉阿特金森案, 64, 84

Singer, Joseph, 约瑟夫·辛格

    on legal indeterminacy, ~论法律的不确定性, 15

    on legal reasoning, ~论法律推理, 第91页注释

    on predictability in law, ~论法律的可预测性, 183

Singer, Peter, 彼得·辛格, 第74页注释

Smith, Adam, 亚当·斯密, 110

Socrates, 苏格拉底, 23

Solum, Lawrence, 劳伦斯·索勒姆, 8, 第19页注释

Soper, Philip, 菲利普·索珀, 第35页注释, 第39页注释

Spann, Girardeau, 吉拉尔多·斯潘, 58

stare decisis, 遵循先例, 47, 152

state and society, 国家和社会, 23

Stick, John, 约翰·斯蒂克, 8, 183

superliberalism, 超自由主义, 171, 173, 176, 177, 194

super-theory, defined, 被限定的超级理论, 164~65

Taft-Hartley Act, 塔夫脱-哈特利法案, 64~65, 84, 88

Tarasoff v. Regents of University of California, 塔拉索弗诉加利福尼亚大学校务委员案, 第128页注释

teleology, 目的论, 68~69

Ten, C. L., C·L·坦恩, 41n

Thomas v. Winchester, 托马斯诉温彻斯特案, 43~44

Thompson, E. P., E·P·汤姆森, 201

Tocqueville, Alexis de, 夏尔·阿列克西·德·托克维尔, 198, 201

Trubek, David, 戴维·特鲁比克, 199

truncation thesis, 剪裁命题, 5, 105~6, 第139页及以下

Tushnet, Mark, 马克·图什内特
 as CLS radical, ~作为批判法学极端派, 19
 on liberal theory, ~论自由主义理论, 18
 on liberal values, ~论自由主义的价值, 第8页注释, 169~70
 on radical indeterminacy, ~论极端不确定性, 91
 and rule skepticism, ~与规则怀疑主义, 154
 and ultra-theory, ~与极端理论, 164, 167, 177

ultra-theory, 极端理论
 CLS version of, 批判法学的极端理论版本, 166, 175~76
 criticisms of, 对~的批判, 177~81
 defined, 限定的~, 165~66
 and doctrinal structure, ~与原则性结构, 169
 and existentialism, ~与存在主义, 167
 and legal rights, ~与法律权利, 170
 political program of, ~的政治计划, 176

Unger, Roberto, 罗伯特·昂格尔
 changes in the views of, ~观念中的变化, 8, 第57页注释, 158~59
 as CLS moderate, ~作为批判法学中的温和派, 19~20
 on contract doctrine, ~论合同法原理, 132~35
 on deep structure theory, ~论深层结构理论, 第157页及以下
 on deviationist doctrine, ~论偏

离原则，131，133～35

on doctrinal structure，～论原则结构，131～32

and duck-rabbit thesis，～与鸭子—兔子命题，第130页及以下

on empowered democracy，～论赋权民主，173～76，194

on freedom，～论自由，17

on human nature，～论人性，160，162

on legal formalism，～论法律形式主义，79，第82页及以下

on legal interpretation，～论法律解释，58～64，91

on liberal democracy，～论自由主义的民主，171

on liberal rule of law，～论自由主义的法治，第60页及以下，170～71

and patchwork thesis，～与拼凑命题，141

on positivist social science，～论实证的社会科学，158

on rights，～论权利，173

and rule skepticism，～与规则怀疑主义，154

on society as artifact，～论作为人类产品的社会，第155页及以下

on solidarity，～论社会团结，133

utilitarianism，～功利主义，67，第73页注释

virtue，德性，23，25

West, Cornel，科内尔·韦斯特，第8页注释

White, Byron，拜伦·怀特，第44页注释

Will, George，乔治·威尔，第144页注释

Williams, Patricia，帕特丽夏·威廉斯，第200页注释

Winch, Peter，彼得·温彻，150

Wittgenstein, Ludwig，路德维格·维特根斯坦，120

图书在版编目（CIP）数据

批判法学：一个自由主义的批评 ／（美）奥尔特曼著；信春鹰译 —北京：中国政法大学出版社，2009.8
ISBN 978-7-5620-3540-4

Ⅰ.批... Ⅱ.①奥...②信... Ⅲ.法学流派-研究-西方国家 Ⅳ.D909.1

中国版本图书馆CIP数据核字(2009)第142403号

书　　名	批评法学：一个自由主义的批评
出 版 人	李传敢
出版发行	中国政法大学出版社(北京市海淀区西土城路25号)
	北京100088信箱8034分箱　邮政编码100088
	zf5620@263.net
	http://www.cuplpress.com (网络实名：中国政法大学出版社)
	(010)58908325（发行部）　58908285（总编室）　58908334（邮购部）
承　　印	固安华明印刷厂
规　　格	880×1230　32开本　8.75印张　185千字
版　　本	2009年11月第1版　2009年11月第1次印刷
书　　号	ISBN 978-7-5620-3540-4/D·3500
定　　价	20.00元

声　　明　　1. 版权所有，侵权必究。
　　　　　　2. 如有缺页、倒装问题，由本社发行部负责退换。

本社法律顾问　　北京地平线律师事务所